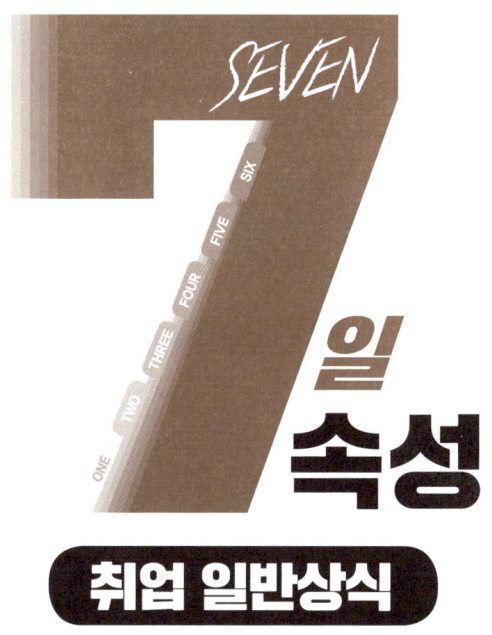

시대에듀

# 머리말

일반적으로 누구나 알고 있거나, 혹은 알아야 하는 지식을 우리는 상식이라고 합니다. 현대인이라면 당연히 갖춰야 할 기본소양이지만, 취업 시장에서 필요한 상식은 일상생활 수준의 상식만으로는 부족합니다. 일반적인 지식의 범위를 넘어 사회적으로 논란이 된 이슈와 시사에 대해 더 많은 공부와 준비가 필요하기 때문인데요.

공기업이나 기업체, 언론사의 필기 상식시험뿐만 아니라 면접에서까지 깊은 지식을 물어보는 경우가 많아지면서 최근의 채용 전형에서 상식은 합격의 당락을 좌우할 만큼 중요해졌습니다. 이제 상식공부는 개인의 선택이 아닌 취업을 위한 필수 준비코스입니다.

흔히 신문을 꾸준히 읽으면 상식공부를 따로 할 필요가 없다고 얘기하기도 합니다. 하지만 요즘과 같은 정보의 홍수 시대에 그 많은 정보를 다 습득하고 이해할 시간이 있을까요? 특히 가짜뉴스처럼 확실하지 않은 정보가 무분별하게 유통되는 상황에서 단기간에 정보를 올바르게 이해하고 분석하는 것은 쉽지 않은 일입니다.

이렇듯 바쁜 시간을 쪼개어 깊이 있는 상식을 학습해야 하는 분들을 위해 시사상식연구소는 빠른 시간 내에 상식을 마스터할 수 있도록 〈7일 속성 취업 일반상식〉을 준비했습니다. 최근 몇 년간의 빈출상식과 중요 개념들을 분석하고, 가장 이슈가 되고 있는 최신 시사 등 꼭 알아야 하는 핵심을 공략하여 시간을 아끼는 효율적인 학습을 할 수 있습니다. 〈7일 속성 취업 일반상식〉은 아래와 같은 구성입니다.

**01** 공기업·언론사·기업체 취업 등 상식이 필요한 모든 시험 및 면접을 빠르게 마스터할 수 있도록 빈출상식 및 중요 개념만을 선별해 수록하였습니다.

**02** 7일 동안 하루에 한 분야씩 최신 시사상식, 핵심상식, 기출문제를 단계적으로 공부하여 학습의 효율성을 높이고자 하였습니다.

**03** 공기업·언론사·기업체에서 출제되는 면접 및 논술 질문을 정리하여 빈틈없이 취업을 준비할 수 있게 하였습니다.

# 이 책으로 공부하는 방법

## 최신 시사상식
최근 이슈가 된 핵심 키워드를 담아 필기·논술·면접 시험에 필요한 지식을 쌓을 수 있게 하였습니다.

## NEWS 엿보기
제시된 키워드가 왜 이슈가 되었는지 짧은 NEWS 엿보기를 통해 살펴보고 그 맥락을 짚어봅니다.

## 관련 상식
핵심 키워드와 함께 알아두면 좋은 관련 내용을 더해 상식이 더욱 풍부해집니다.

## 출제기관 확인
실제로 출제됐던 기관을 표시하여 최신 시험경향을 파악할 수 있도록 하였습니다.

## 기출문제 Check

시험에 실제 출제되었던 문제들을 풀어봄으로써 앞에서 공부했던 이론들을 다시 한 번 복습합니다.

## 논술·면접 문제로 마무리

공기업·언론사·기업체 취업에 실제 나왔던 논술·면접 문제들을 살펴보고 최종적으로 관련 상식을 정리합니다.

## 자투리 상식은 덤~

시험 직전 외워두면 좋은 유용한 상식만을 모았습니다. 틈틈이 보고 챙겨두세요.

# 목차

## 속성 1일차　정치·법률

| | |
|---|---|
| Step1　최신 시사상식 | 002 |
| Step2　일반 핵심상식 | 008 |
| Step3　기출문제 Check | 032 |
| 논술·면접 기출문제 | 036 |

## 속성 2일차　국제·북한

| | |
|---|---|
| Step1　최신 시사상식 | 038 |
| Step2　일반 핵심상식 | 044 |
| Step3　기출문제 Check | 060 |
| 논술·면접 기출문제 | 066 |

## 속성 3일차　경제·경영·금융

| | |
|---|---|
| Step1　최신 시사상식 | 068 |
| Step2　일반 핵심상식 | 076 |
| Step3　기출문제 Check | 108 |
| 논술·면접 기출문제 | 112 |

## 속성 4일차　사회·노동·환경

| | |
|---|---|
| Step1　최신 시사상식 | 114 |
| Step2　일반 핵심상식 | 122 |
| Step3　기출문제 Check | 145 |
| 논술·면접 기출문제 | 150 |

## 속성 5일차　역사·철학·종교

| | |
|---|---|
| Step1　최신 시사상식 | 152 |
| Step2　일반 핵심상식 | 158 |
| Step3　기출문제 Check | 184 |
| 논술·면접 기출문제 | 188 |

## 속성 6일차　과학·IT

| | |
|---|---|
| Step1　최신 시사상식 | 190 |
| Step2　일반 핵심상식 | 198 |
| Step3　기출문제 Check | 216 |
| 논술·면접 기출문제 | 220 |

## 속성 7일차　문화·미디어·스포츠

| | |
|---|---|
| Step1　최신 시사상식 | 222 |
| Step2　일반 핵심상식 | 228 |
| Step3　기출문제 Check | 248 |
| 논술·면접 기출문제 | 252 |

## 부록　필수 암기상식

| | |
|---|---|
| 우리 주변의 모든 '최초' | 254 |
| 숫자로 외우는 상식 | 256 |
| 우리말 어휘 | 259 |
| 유의·반의 관계 한자어 | 263 |
| 한자성어 | 265 |
| 모아보는 테마별 상식 | 282 |

# 속성 1일차

## 정치·법률

Step 1 최신 시사상식
Step 2 일반 핵심상식
Step 3 기출문제 Check
　　　　논술·면접 기출문제

# 최신 시사상식

**STEP 01**

### 중대재해처벌법
■ 경향신문, 조선일보, 서울교통공사

중대한 인명피해를 주는 산업재해가 발생했을 경우 사업주에 대한 형사처벌을 강화하는 내용의 법안이다. 이에 따라 근로자가 사망할 경우 사업주에게 1년 이상의 징역 혹은 10억원 이하의 벌금을 부과할 수 있고, 법인에는 50억원 이하의 벌금을 부과할 수 있다. 또 노동자가 다치거나 질병에 걸리는 경우 7년 이하의 징역 또는 1억원 이하의 벌금에 처해진다. 2021년 1월 8일 국회 본회의를 통과하여 2022년 1월 27일부터 상시 근로자 50인 이상 기업에 적용됐고, 2024년 1월 27일부터는 50인 미만 사업장에도 적용됐다. 단, 5인 미만 사업장은 적용대상에서 제외된다.

#### NEWS 엿보기

정부와 주요 경제단체 및 중소기업계의 요청에도 불구하고 여야가 중대재해처벌법(중대재해법) 확대시행 2년 유예 법안을 처리하는 문제에 대해 끝내 합의에 이르지 못하면서 2024년 1월 27일부터 50인 미만 사업장에도 중대재해법이 적용됐다. 이에 따라 상시 근로자가 5~49명인 사업 또는 사업장은 업종과 직종에 관계없이 모두 적용된다. 노동부에 따르면 법안의 확대적용으로 83만 7,000개의 중소기업이 새롭게 중대재해법 적용을 받게 됐으며, 종사자는 약 800만명으로 알려졌다.

## 계엄령

■ 뉴스1, 은평구도시공사

전시나 사변 또는 이에 준하는 국가 비상사태가 발생하는 경우 국가의 안녕과 공공질서를 유지하기 위해 법률이 정하는 바에 따라 선포하는 국가긴급권으로 대통령의 고유권한이다. 헌법 제77조 및 계엄법에 따라 대통령은 국무회의의 의결을 통해 비상계엄 또는 경비계엄을 선포할 수 있고, 국방부 장관과 행정안전부 장관이 이를 건의할 수 있다. 계엄령이 선포되면 해당지역 내 행정권·사법권이 군으로 이관되고, 헌법에 보장된 국민의 기본권을 제한할 수 있다.

### NEWS 엿보기

영국 로이터저널리즘연구소가 2025년 초 세계 48개국을 대상으로 실시한 디지털 뉴스 이용 행태 온라인 조사를 바탕으로, 12·3 비상계엄이 초래한 혼란 속에서 한국의 전통적 매체들이 팩트체크에 힘쓴 결과 신뢰를 되찾았다고 평가했다. 연구소는 "윤석열 대통령의 계엄 선포로 한국사회가 혼란에 빠지면서 SNS에서 허위 조작정보와 루머가 빠르게 확산됐다"며 "이에 대응해 주요 언론사들은 팩트체크 기능을 강화했으며 신뢰할 수 있는 중요한 정보원으로 부상했다"고 분석했다.

## 노란봉투법

■ 경향신문, 한겨레, MBN

2025년 9월 2일 국무회의에서 의결된 노란봉투법에는 '사용자'의 범위를 넓혀 하청 노동자에 대한 원청의 책임을 강화하고, 노조나 노동자에 대한 손해배상 범위를 제한하는 내용 등이 담겼다. 아울러 불법파업 등 쟁의행위로 손해가 발생했을 때 손해배상 책임을 파업 참가자의 기여도에 따라 개별적으로 산정하도록 했다. 사실상 기업이 불법행위를 한 노조 개인에 대한 손배소를 할 수 없도록 한 것이다.

> **NEWS 엿보기**
>
> 한국경영자총협회는 2025년 9월 3일 한국프레스센터에서 '주요기업 인사·노무 담당 임원(CHO) 간담회'를 열었다. 이 자리에 모인 국내 주요기업 CHO들은 시행을 앞둔 노란봉투법과 관련해 원하청 산업 생태계 붕괴를 우려하며 정부가 법 시행에 따른 불확실성을 최소화해달라고 정부에 촉구했다.

## 양형기준 ■뉴스1

대법원 산하의 양형위원회에서 44개 범죄유형별로 그 특성을 반영해 제정하는 기준이다. 죄질과 피의자의 책임정도, 범죄예방과 재범방지, 피의자의 사회복귀 등 다양한 면을 고려해 세워진다. 형사재판에서 판사는 형법에 각 범죄유형별로 규정된 형벌 중에서 징역이나 벌금형 같이 선고할 형의 종류를 선택한다. 그리고 법률에 규정된 바에 따라 형을 가중·감경해 형량을 결정하는데, 이때 참조하는 기준이 '양형기준'이다. 양형기준은 법적 구속력은 없지만, 판사가 양형기준과 다른 형량을 내리려면 반드시 합당한 사유를 판결문에 적어야 한다.

> **NEWS 엿보기**
>
> 2025년 9월 대법원 양형위원회는 보이스피싱과 마약범죄 확산, 국경을 초월한 자금 이동 등으로 더욱 교묘한 수법으로 진화해 증가하는 돈세탁 범죄를 제대로 처벌하기 위한 양형기준을 신설하기로 했다.

## 토지거래허가제
■ 이데일리

땅 투기를 억제하기 위해 국토교통부 장관과 시·도지사가 특정 지역을 거래규제지역으로 지정하는 제도로 1979년 도입됐다. 주로 계획개발 예정지나 수도권의 과밀지역 등의 투기를 방지하고 지가가 급등하는 것을 억제하기 위한 목적으로 지정한다. 거래규제지역으로 지정되면 주택 등을 매매할 때 관할 시장이나 구청장의 허가를 받아야 하고, 2년 실거주 의무가 생겨 전세를 낀 매매인 이른바 '갭투자'가 금지된다.

### NEWS 엿보기

2025년 10월 15일 정부는 주택시장 안정화 정책을 발표하면서 규제지역 및 토지거래허가구역을 서울 25개 자치구 전체와 경기 12개 지역(과천, 광명, 수원 영통·장안·팔달구, 성남 분당·수정·중원구, 안양 동안구, 용인 수지구, 의왕, 하남)까지 확대 지정했다.

## 친족상도례(親族相盜例)
■ 머니투데이

8촌 내의 혈족이나 4촌 내 인척, 배우자 간에 발생한 절도·사기죄 등 재산범죄에 대해 형을 면제하거나, 고소하지 않으면 공소를 제기할 수 없는 형법상 특별 규정이다. 1953년 형법 제정 당시 가족 내부에서 일어난 재산범죄에는 국가가 최대한 개입하지 않는다는 원칙에 의해 도입됐다.

### NEWS 엿보기

2024년 6월 헌법재판소가 친족상도례 규정에 헌법불합치 판결을 내리면서 관련조항의 법적용이 중지됐다. 아울러 2024년 4월에는 학대 등 패륜행위를 한 가족에게도 의무적으로 일정유산을 상속하도록 한 현행민법인, 이른바 '유류분' 규정이 헌법에 어긋난다는 헌재 판단이 나오기도 했다.

**유류분(遺留分)**
민법에서 고인의 의지와는 상관없이 의무적으로 가족에게 일정 비율의 재산을 상속하도록 정한 것을 말한다. 이와 관련해 최근에는 2019년 사망한 가수 고(故) 구하라 씨를 어릴 적 버리고 가출했던 친모가 나타나 상속권을 주장하면서 논란이 됐다. 이에 대해 부양의무를 이행하지 않았거나 학대 등의 범죄를 저지른 가족의 상속권을 박탈할 수 있도록 하는 민법 개정안인 '구하라법'이 발의됐고, 제22대 국회에서 3번째 도전 끝에 통과됐다.

## 고위공직자범죄수사처(공수처)  ■ 경향신문, KBS, 영화진흥위원회

대통령을 비롯해 국회의원, 국무총리, 검사, 판사, 경무관급 이상 경찰 등 고위공직자들이 직무와 관련해 저지른 범죄에 대한 수사를 전담하는 기구다. 고위공직자의 부정부패 수사라는 목적 외에 기소권을 독점해온 검찰을 견제한다는 점에서 문재인 정부가 추진한 '검찰개혁의 핵심'으로 평가받았다. 공수처 검사는 공수처장과 차장 각 1명을 포함해 25명 이내로 한다.

### NEWS 엿보기

고위공직자범죄수사처(공수처)가 출범한 지 3년이 지났지만, 수사·기소 권한의 범위가 세밀하게 규정되어 있지 않아 검찰과 여전히 갈등을 빚는 것으로 나타났다. 초대 공수처장으로 부임한 김진욱 처장이 2024년 1월 20일 임기를 마치고 퇴임한 가운데 2기 공수처장은 수사력 부족 등의 비판을 극복하는 것과 함께 미비한 제도 정비에 힘을 쏟아야 한다는 지적이 나왔다.

## 탄핵  ■ 부산일보

신분이 보장된 고위직 공무원의 잘못·비리에 대해 국회의 소추로 해임 또는 처벌하는 제도다. 우리나라의 탄핵은 국회에서 소추 및 의결을 하며 의결 통과가 되면 대상자의 권한이 정지되고 이후 헌법재판소에서 탄핵의 최종 여부를 결정한다. 국회에서의 필요정족수는 피소추인의 신분에 따라 다르며, 헌법재판소에서 6인 이상의 인용(認容) 의견이 있어야 한다.

### NEWS 엿보기

2025년 10월 24일 더불어민주당은 고(故) 채상병 수사 외압 의혹 피의자인 이종섭 전 국방부 장관에 대한 구속영장을 기각한 것을 계기로 사법부에 대한 압박수위를 다시금 높였다. 민주당 내부에서는 처음으로 조희대 대법원장에 대한 탄핵을 추진해야 한다는 주장이 나오기도 했다.

## 내란죄
■ 한겨레

현행 대한민국 형법에서 '대한민국 영토의 전부 또는 일부에서 국가권력을 배제하거나 국헌을 문란하게 할 목적으로 일으키는 폭동'으로 규정한다. 공소시효 자체가 적용되지 않는 중범죄이므로 대통령의 불소추특권의 예외 사항이고, 현직 대통령의 긴급체포 및 구속이 가능하다. 내란죄의 형량은 우두머리의 경우 사형, 무기징역 또는 무기금고뿐이다.

**외환죄**
외국과 내통하여 대한민국의 대외적 안전을 해치는 적대행위를 획책하거나 실행하는 행위를 말한다.

### NEWS 엿보기

12·3 비상계엄 관련 '외환 의혹'을 수사하는 조은석 내란 특별검사팀이 윤석열 전 대통령을 비롯한 주요 피의자들을 재판에 넘겼다. 특검팀은 피의자들이 '비상계엄 명분 만들기'를 위해 평양에 무인기를 날리는 비정상적인 군사작전을 감행했고, 이로 인해 국익이 저해됐다고 판단했다. 특검팀은 수사 끝에 적국과의 '통모'가 요건인 외환유치 혐의가 아닌 일반이적 혐의를 적용했다.

# STEP 02 일반 핵심상식

---

## | 정치 · 법률 |

### 숙의민주주의
■ KBS, 뉴스1

'숙의(熟議)'는 '깊이 생각하여 넉넉히 의논함'을 뜻하는 것으로, 이러한 '숙의'가 의사결정의 중심이 되는 형식을 숙의민주주의라고 한다. 직접민주주의적인 형태로서, 다수결로 대표되는 대의민주주의의 한계를 보완하는 기능을 하는 것이다. 첨예한 갈등이 존재하는 사안에 관하여 단순히 찬성 혹은 반대로 의견을 대립하는 것이 아니라, 충분한 시간을 두고 전문가가 제공하는 지식과 정보를 바탕으로 한 학습 및 의견수렴 과정을 거치며 이해와 공감을 통해 해결책을 도출해낸다는 장점이 있다.

### 국적(國籍)
■ 한국언론진흥재단

출생에 의해 국적을 취득하는 것을 선천적 취득이라고 하며 속인주의와 속지주의가 있다. 속인주의는 독일, 일본, 스위스 등이 택하고 있으며 부모의 국적에 따라 자녀의 국적을 결정하는 혈통주의이다. 속지주의는 영국, 미국 등이 취하고 있으며 부모의 국적에 관계없이 자기가 출생한 지역에 따라 국적을 결정하는 출생지주의이다. 우리나라의 국적법은 '속인주의'를 원칙으로 속지주의를 보충하고 있으며 '부모양계혈통주의'를 표방하고 있다.

**부모양계혈통주의**
출생 당시 어머니 또는 아버지가 대한민국의 국민이면 출생과 동시에 대한민국 국적을 취득한다(국적법 제2조 제1항 제1호).

- 인지 : 혼인 외에 출생한 자녀에 대하여 친아버지나 친어머니가 자기 자식임을 인정함으로써 법률상 친자관계로 되는 행위
- 귀화 : 다른 나라의 국적을 취득하여 그 국가의 국민이 되는 일
- 국적회복 : 국적을 잃었던 자가 다시 국적을 얻는 일

### 국민의 4대 의무

■ 장애인고용공단

대한민국 헌법은 납세 · 국방 · 교육 · 근로 · 재산권 행사 · 환경보전의 의무를 6가지 의무로 규정하고 있다. 그중 근로의 의무, 납세의 의무, 국방의 의무, 교육의 의무를 4대 의무라 한다.

### 삼권분립

■ 한국소비자원

국가권력을 입법권, 행정권, 사법권으로 나누는 것을 말한다. 영국의 철학자 존 로크가 처음 주장한 이론에서 비롯했다. 국가권력의 집중과 남용을 막기 위해 입법권, 행정권, 사법권으로 분리하여 이를 각각 국회, 정부, 법원이 맡음으로써 상호 간 견제를 통해 국민의 자유를 보장하려는 제도다.

### 공직선거법

■ 국민일보, 이투데이, SBS

공직선거법은 대한민국 헌법과 지방자치법에 의한 선거가 국민의 자유로운 의사와 민주적인 절차에 의하여 공정히 행하여지도록 하고 선거와 관련한 부정을 방지함으로써 민주정치의 발전에 기여함을 목적으로 한다. 대통령 선거, 국회의원 선거, 지방의회의원 및 지방자치단체 의장의 선거에 적용한다.

## 국가의 3요소
■ 매일신문

국가가 존립하기 위해서는 국민(사람)과 영토, 주권(정부)이라는 3가지 요소가 있어야 한다. 그 중 주권은 국가의 의사를 결정할 수 있는 권력을 말한다.

## 교섭단체(交涉團體)
■ 경인일보, 뉴스1, SBS, 대구의료원

소속 국회의원의 20인 이상을 구성 요건으로 하며, 하나의 정당으로 교섭단체를 구성하는 것이 원칙이지만 복수의 정당이 연합해 구성할 수도 있다. 매년 임시회와 정기회에서 연설을 할 수 있고 국고보조금 지원도 늘어난다.

**국고보조금**
국가가 추진하는 산업정책을 장려하는 차원에서 무상으로 지급하는 보조금

> **국회법 제33조 제1항(교섭단체)**
> 국회에 20인 이상의 소속의원을 가진 정당은 하나의 교섭단체가 된다. 그러나 다른 교섭단체에 속하지 아니하는 20인 이상의 의원으로 따로 교섭단체를 구성할 수 있다.

## 밴드왜건 효과(Band Wagon Effect)
■ 광주광역시도시공사, 국민연금공단, 한국자산관리공사

서커스 행렬을 선도하는 악대 마차를 '밴드왜건'이라 하는데, 사람들이 무의식적으로 이곳에 이끌리면서 군중이 점점 증가하는 현상에서 생긴 표현이다. 선거에서 특정 유력 후보의 지지율이 높은 경우 그 후보자를 지지하지 않던 유권자들까지 덩달아 지지하게 되는 현상이다.

## 캐스팅보트(Casting Vote)
■ SBS, KBS, 전남신용보증재단

합의체의 의결에서 가부동수인 경우에 의장이 가지는 결정권이다. 우리나라 국회에서는 가부동수인 경우 헌법 제49조에 따라 부결된 것으로 본다. 또 양대 당파의 세력이 거의 비슷하여 제3당이 비록 소수일지라도 의결의 가부를 좌우할 경우 "제3당이 캐스팅보트를 쥐고 있다"고 말하기도 한다. 더불어민주당과 국민의힘이 '검수완박법' 추진을 두고 갈등을 빚을 당시 정의당이 캐스팅보트로 떠올랐는데, 당초 법안을 반대했던 정의당이 찬성으로 돌아서면서 2022년 5월 검수완박법이 통과됐다.

## 섀도캐비닛(Shadow Cabinet)
■ 한국일보, SBS, MBN, TV조선, 매일신문

'그림자 내각'이란 뜻으로 19세기 이래 영국에서 시행되어 온 제도이다. 야당이 정권 획득에 대비하여 총리와 각료로 예정된 멤버를 미리 준비해두는 것인데, 우리나라에서는 '예비내각'으로 통한다. 정권을 잡기 전 미리 각료 후보를 조직해두고 정권을 획득하면 그 멤버들이 국정을 운영하며 미리 수립한 정책을 추진하게 된다.

### 키친캐비닛(Kitchen Cabinet)
미국의 7대 대통령인 앤드류 잭슨(Andrew Jackson)이 참모진과의 불화로 자문이 필요할 때 자신의 지인들을 식사에 초대해 국정을 논의한 것에서 유래한 단어로, 대통령과 함께 식사를 하거나 식사에 초대될 정도로 가까운 지인이나 친구들을 말한다. 이들은 대통령과 어떠한 사적인 이해관계나 정치적 관계를 떠나 수평적인 관계에서 대화를 하므로 여론을 전달하는 통로 역할을 할 수 있다.

## 네포티즘(Nepotism) ▪ MBN

자기 친척에게 관직이나 지위·명예 등을 부여하는 친족 중용주의이다. 족벌주의, 연고주의라고도 한다. 중세 로마교황들이 자기 사생아를 '조카(Nephew)'라고 부르면서 등용하던 것에서 유래했다. 현재는 의미가 확대되어 조직 내 구성원 중 권력자의 가족이나 친지를 우대하는 차별적 행위를 의미한다. 네포티즘은 권력부패의 온상이자 정실인사의 대명사로 인식되고 있다.

## 이원집정부제(二元執政府制) ▪ BBS

행정부의 권한을 대통령과 내각수반이 나누어 행사하는 정치제도로 대통령제와 의원내각제가 절충된 정부 형태이다. 전통적으로 대통령은 국민의 직접선거로 선출되고 평상시에는 국무총리(수상)가 행정권을 주도하지만, 비상사태가 발생하면 대통령이 행정권을 장악하여 단순한 국가 원수로서의 지위뿐 아니라 실질적인 행정을 담당하게 된다. 프랑스 제5공화국의 정치 형태가 대표적이다. 프랑스는 대통령과 총리의 소속정당이 다를 경우 코아비타시옹(Cohabitation)이라고 하는 여야동거정부의 모습이 나타난다.

**코아비타시옹**
'함께'라는 뜻의 'Co-'와 '거주'라는 뜻의 'Habitation'이 합해져 만들어진 '동거'라는 뜻의 프랑스어로, '좌우동거체제', '좌우동거정부' 등으로 번역된다. 1986년 프랑스 총선에서 사회당의 미테랑 대통령이 집권한 상황에서 우파정당의 내각이 출범하면서 좌익과 우익이 공존하는 정권이 등장하게 되었는데, 이 상황을 '동거'에 비유하면서 생겨났다.

## 대의제(代議制) ▪ 서울신문

간접민주제 또는 대표민주제라고 불리는 이 제도는 국민이 직접 국가의 의사를 형성하지 않고, 대표자를 선출하여 간접적으로 의사결정 과정에 참여하는 국가 의사결정의 원리이다. 이 제도는 대부분의 나라에서 의회정치의 형태로 시행되고 있으며, 간접민주제의 형태를 분류해 보면 대의정치·정당정치·대표민주제·책임정치 등을 들 수 있다.

**정당정치**
정권을 잡고 있는 정당의 정책을 기초로 운용하는 정치

**책임정치**
국가가 국민에 대하여 책임을 지는 정치

## 대통령의 지위와 권한
■ 경인일보, 폴리텍, 한국에너지공단

대통령은 한 나라의 원수이자 외국에 대해 국가를 대표하는 자로 국가 원수로서의 권한과 행정부 수반으로서의 권한이 있다. 대통령의 선출 방식이나 임기는 나라 또는 정부 형태에 따라 다르다.

- 국가 원수로서의 권한 : 긴급명령권, 조약 체결·비준권, 국민투표 부의권, 국가 대표 및 외교에 관한 권한 등
- 행정부 수반으로서의 권한 : 국군통수권, 법령 집행권, 공무원 임면권, 법률안 거부권 등

**긴급명령권**
국가 비상사태 등 중대한 위기가 있거나 예상될 때 법에 따른 권한에 구애받지 않고 긴급한 조치를 위해 명령할 수 있는 권한

**국군통수권**
국군을 지휘하고 통솔하는 권한

## 헌법재판소(憲法裁判所)
■ MBN, 근로복지공단, 경상대학교병원

헌법에 관한 분쟁이나 법률의 위헌 여부, 탄핵, 정당의 해산 등에 관한 것을 사법적 절차에 따라 해결하는 특별 재판소이다. 1987년 이전에는 대법원과 헌법위원회가 헌법재판소의 기능을 담당하였으나 제6공화국 때 개정된 헌법에 의해 1988년 헌법재판소가 출범했다. 헌법재판소장은 대통령이 국회의 동의를 얻어 임명하며, 재판관은 총 9명으로 대통령과 국회, 대법원장이 각각 3명씩 선출하여 대통령이 임명한다. 헌법재판소 재판관의 임기는 6년이고, 연임할 수 있으며, 정년은 70세이다. 헌법재판소의 권한에는 탄핵심판, 위헌법률심판, 정당해산심판, 권한쟁의심판, 헌법소원심판 등이 있다.

## 게리맨더링(Gerrymandering)

■ MBC, 한국환경공단, 경향신문

1812년 당시 미국 매사추세츠 주지사 게리가 공화당 후보에게 유리하도록 선거구를 재조정했는데 그 모양이 마치 그리스 신화에 나오는 샐러맨더와 비슷하다고 한 데서 유래한 말이다. 이는 특정 정당이나 후보자에게 유리하도록 선거구를 인위적으로 획정하는 것을 의미하며, 이를 방지하기 위해 선거구 법정주의를 채택하고 있다.

## 레임덕(Lame Duck)

■ 서울시복지재단, 화성도시공사

절름발이 오리라는 뜻이며, 현직에 있던 대통령의 임기 만료를 앞두고 나타나는 것으로 대통령의 권위나 명령이 제대로 시행되지 않거나 먹혀들지 않아서 국정 수행에 차질이 생기는 일종의 권력누수 현상이다. 이 레임덕이 발생하기 쉬운 경우는 임기 제한으로 인해 권좌나 지위에 오르지 못하게 된 경우, 임기 만료가 얼마 남지 않은 경우, 집권당이 의회에서 다수 의석을 얻지 못한 경우 등이 있다.

## 로그롤링(Log-rolling)

■ 남양주도시공사, 서울교통공사

정치세력이 이익을 위해 경쟁세력의 요구를 수용하거나 암묵적으로 동의하는 정치적 행위를 의미하며 '보트트랜딩(Vote-tranding)'이라고도 한다. 원래는 '통나무 굴리기'라는 뜻으로 두 사람이 통나무 위에 올라가 굴리면서 목적지까지 운반하되, 떨어지지 않도록 보조를 맞춘다는 말에서 유래된 것이다. 두 개의 경쟁세력이 적극적으로 담합을 하거나 아니면 묵시적으로 동조하는 것을 의미한다.

## 독트린(Doctrine) ▪ YTN, KBS

어원은 라틴어 'Doctrina'로 종교의 교리나 교의를 뜻하는 말이다. 정치나 학문 등의 '주의' 혹은 '신조'를 나타내는 뜻으로 쓰이거나, 강대국 외교 노선의 기본 지침으로 대내외에 천명될 경우에도 사용된다.

> **역대 미국 대통령들의 독트린**
> ① 먼로 독트린(Monroe Doctrine)
> 1823년 유럽 열강으로 하여금 미 대륙을 식민지화하거나 미 대륙에 있는 주권 국가에 대한 간섭을 거부하는 내용
> ② 트루먼 독트린(Truman Doctrine)
> 1947년 공산주의 확대를 저지하기 위하여 자유와 독립의 유지에 노력하며, 소수의 정부지배를 거부하는 의사를 가진 나라에 대하여 군사적·경제적 원조를 제공한다는 내용
> ③ 닉슨 독트린(Nixon Doctrine)
> 1969년 발표한 고립주의 외교정책으로 미국은 아시아 제국(諸國)과의 조약상 약속을 지키지만, 강대국의 핵에 의한 위협의 경우를 제외하고는 내란이나 침략에 대하여 아시아 각국이 스스로 협력하여 그에 대처하여야 할 것 등의 내용
> ④ 부시 독트린(Bush Doctrine)
> 2001년 9·11 테러 이후 발표한 외교정책으로 미국은 자국의 안보를 위해 선제공격도 불사하며, 테러리스트뿐 아니라 그들을 지원하는 국가도 모두 적으로 간주한다는 강경한 대외정책 원칙

## 스핀닥터(Spin Doctor) ▪ MBN, 전남신용보증재단

정부 수반에게 유리한 여론 조성을 담당하는 정치 전문가로, 정책을 시행하기 전에 국민들의 의견을 대통령에게 전달하여 설득하고 대통령의 의사를 국민에게 설명한다. 이러한 과정에서 대통령에게 유리한 여론을 조성하거나 왜곡할 수도 있다.

## 언더독 효과(Under Dog Effect)

■ SBS, 창원문화재단, 화성여성가족청소년재단

개싸움 중에 밑에 깔린 개(Under Dog)가 이기기를 바라는 마음과 절대강자에 대한 견제심리가 발동하게 되는 현상에서 생긴 표현으로, 선거철에 유권자들이 지지율이 낮은 후보에게 동정표를 주는 현상을 말한다. 여론조사 전문가들은 밴드왜건과 언더독이 동시에 나타나기 때문에 여론조사 발표가 선거결과에 미치는 영향은 중립적이라고 본다.

> **브래들리 효과(Bradley Effect)**
> 여론조사 때는 흑인 등 유색인종 후보를 지지한다고 했던 백인들이 정작 투표에서는 백인 후보를 선택하기 때문에 나타나는 현상이다. 1982년 미국 캘리포니아 주지사 선거에서 민주당 후보였던 흑인 토머스 브래들리가 여론조사와 출구조사에서 백인 공화당 후보에 앞섰지만, 실제 선거 결과 브래들리가 패했다. 전문가들은 이 원인으로 백인 일부가 인종 편견에 대한 시각을 감추기 위해 투표 전 여론조사에서는 흑인 후보를 지지한다고 거짓진술을 했기 때문이라고 분석했다.

## 비례대표제(比例代表制)

■ MBN, SBS

사표(死票)를 방지하고 소수표를 보호하는 동시에 국민의 의사를 정확·공정하게 반영하는 것이 목적이다. 비례대표제의 장점은 투표권자들이 투표하는 한 표의 가치를 평등하게 취급한다는 점에서 참다운 선거권의 평등을 보장하고, 정당정치 확립에 유리하며, 소수 의견을 존중하고 다양한 여론을 반영한다는 것이다. 단점으로는 군소정당이 난립하고, 정당 간부의 횡포가 우려된다는 점이 있다.

> **사표(死票)**
> 선거에서 낙선된 후보에게 지지한 표로, 유효투표이지만 당선자 결정에 있어서 영향을 끼치지 못한 표이다.

**직능대표제**
직업별 이익을 대변하는 전문가를 대표로 선출하는 제도로 우리나라에서는 채택하고 있지 않다. 각계각층의 의사를 반영할 수 있으나, 소당분립이 초래되고 직능별 분류가 어렵다.

## 국회의원

■ 경향신문, SBS, 폴리텍, 한국서부발전

국회의 구성원으로, 만 18세 이상의 국민 중 선거에 의해 선출되며 임기는 4년이다. 국회의원은 입법과 관련하여 헌법과 법률을 개정 제안·의결한다. 또한 국가재정과 관련하여 정부의 예산안을 심의·확정하고 결산을 심사하며, 일반국정과 관련하여 감사와 조사를 실시한다. 국회의원의 수는 200명 이상으로 하되 구체적인 수는 법률로 정한다. 2020년 1월 14일 개정된 「공직선거법」에 따르면 국회의원 정수는 300명으로, 지역구 의원 253명과 비례대표 의원 47명으로 구성된다.

**국회의원의 특권과 의무**

| 특권 | 면책특권 | 국회의원이 국회에서 직무상 행한 발언과 표결에 대해 국회 외에서 책임을 지지 않으나 국회 내에서는 책임을 추궁할 수 있다. |
|---|---|---|
| | 불체포특권 | 국회의원은 현행범인 경우를 제외하고는 회기 중에 국회의 동의 없이 체포 또는 구금되지 아니하며, 회기 전에 체포·구금된 때에는 현행범이 아닌 한, 국회의 요구가 있으면 회기 중 석방된다. |
| 의무 | 헌법상 | 겸직금지의무, 청렴의무, 국익우선의무, 지위남용금지의무 |
| | 국회법상 | 품위유지의무, 국회의 본회의와 위원회 출석 의무, 의사에 관한 법령·규칙 준수의무 |

## 보궐선거
■ 이투데이, 한국일보, 주택도시보증공사, 수원문화재단

지역구 국회의원·지방의회의원, 지방자치단체장 및 교육감의 임기 개시 후에 사퇴·사망·피선거권 상실 등으로 신분을 상실하여 결원 또는 궐위가 발생한 경우에 실시하는 선거이다. 보궐선거의 선거일은 4월과 10월의 첫번째 수요일로 법정되어 있다. 단, 임기 만료에 의한 지방선거나 국회의원 선거 및 대통령 선거가 있는 때에는 선거일에 동시 실시한다. 비례대표 국회의원, 비례대표 지방의회의원의 궐원 시에는 보궐선거를 실시하지 않고 의석승계를 하게 된다. 대통령이 궐위된 때에는 보궐선거라 하지 않고 '궐위로 인한 선거'라 하며, 궐위로 인한 선거에서 당선된 대통령의 임기는 전임자의 잔임 기간이 아니라 당선이 결정된 때부터 새로 임기가 개시되어 5년간 재임하게 된다.

## 스윙보터(Swing Voter)
■ SBS, MBC

선거 등의 투표행위에서 누구에게 투표할지 결정하지 못한 유권자를 말한다. 스윙보터들은 지지하는 정당과 정치인이 없어서 그때그때의 정치상황과 이슈에 따라 투표하는 경향이 있다. 그러나 이들이 선거에 끼치는 영향력은 크기 때문에 선거를 앞둔 정치인들은 스윙보터들의 표를 얻기 위해 총력을 기울인다.

## 포퓰리즘(Populism)

■ 인천교통공사, 폴리텍

대중의 인기를 얻는 데만 급급해 정책의 현실성이나 가치판단, 옳고 그름 등 본래의 목적을 외면하는 정치 형태로 '대중 영합주의' 혹은 '민중주의'라고도 한다. 1870년대 러시아의 브나로드(V narod)에서 비롯된 정치적 이데올로기인데, 현대에서의 포퓰리즘은 일반대중, 저소득계층, 중소기업 등의 지지를 확보하기 위해 본래의 목적을 외면하는 지나친 대중화를 의미한다.

**브나로드(V narod)**
러시아어로 '민중 속으로'를 뜻하는 말로, 차르 체제 말기에 젊은 지식인층에 의해 전개된 농촌계몽운동을 말한다.

## 오픈 프라이머리(Open Primary)

■ 장애인고용공단

미국에서는 본 선거를 치르기 전에 선거구별로 후보자를 선정하는 예비선거(Primary)를 치르는데, 이때 투표 자격을 당원으로 제한하지 않고 무소속 유권자나 다른 정당원에게도 투표할 수 있는 자격을 개방하는 방식을 오픈 프라이머리라고 한다. '개방형 예비선거', '완전국민경선제'라고도 불린다. 단, 유권자는 한 정당의 예비선거에만 투표할 수 있다. 오픈 프라이머리를 실시하게 되면 정당의 권력자들이 움켜쥐고 있던 공천권이 국민에게 돌아가게 된다.

**진성당원제**
당비를 낸 당원이 당권을 갖는 제도로, 당의 운영 및 의사결정에 당원들이 참여하고 숙의를 반영할 수 있는 장치로 개발되었다.

### 오픈 프라이머리의 장·단점

| 장점 | 단점 |
| --- | --- |
| 상황식 후보 결정 | 인지도 낮은 정치 신인에게 불리 |
| 소신정치 확대 | 진성당원제와의 충돌 |
| 국민이 직접 뽑은 후보라는 명분 형성 | 타 정당 지지자가 경쟁력이 약한 후보에게 표를 몰아주는 역선택 가능 |
| 대국민 관심 유발로 경선 흥행 | 금품선거가 될 우려 |

## 주요 공직자의 임기
■ MBN, 국가철도공단, 포천도시공사, 폴리텍

- 임기 2년 : 검찰총장, 국회의장, 국회부의장
- 임기 4년 : 감사원장, 감사위원, 국회의원
- 임기 5년 : 대통령
- 임기 6년 : 헌법재판소재판관, 중앙선거관리위원장, 대법원장, 대법관
- 임기 10년 : 일반법관

## 주요 국회 안건별 정족수
■ 뉴스1

| 조건 | 안건 |
|---|---|
| 재적 2/3 이상 | 국회의원 제명, 대통령 탄핵 소추, 헌법개정안 의결, 국회의원 무자격 결정 |
| 재적 과반수의 출석, 출석 2/3 이상 | 법률안 재의결, 의안의 번안의결 |
| 재적 3/5 이상 | 무제한토론(필리버스터)의 종결 의결, 체계·자구심사 본회의 부의 요구, 신속처리안건 지정 |
| 재적 과반수 | 계엄 해제 요구, 대통령 탄핵소추 발의, 일반 탄핵소추, 국무총리·국무위원 해임 건의, 안건 신속처리 건의, 국회의장·부의장 선출, 헌법개정안 발의 |
| 재적 1/3 이상 | 무제한토론 종결 발의, 무제한토론 요구, 일반 탄핵소추 발의, 국무총리·국무위원 해임 건의 발의 |
| 재적 1/4 이상 | 국회의원 석방요구 발의, 국정조사 발의, 전원위원회, 임시회 소집요구, 휴회 중 본회의 재개 요구 |
| 재적 1/5 이상 | 위원회 개회, 본회의 개회, 표결 방식 변경 요구 |

## 직접민주정치

■ EBS, 국민일보

국가의사를 결정하는 데 있어서 대표자를 대상으로 하지 않고 국민이 직접 참여하는 제도를 말한다. 국민투표·국민발안·국민소환·참여민주주의 등의 형태로 나타나며, 대표를 뽑아 간접적으로 정치에 참여하는 대의제와 반대되는 개념이다.

- 국민투표 : 국가의 중대 정책이나 헌법개정안을 결정할 때 일반 국민의 전체 의사를 물어보기 위하여 실시하는 투표이다.
- 국민발안 : 국민 또는 한 지방의 주민이 입법에 관한 제안을 하는 것으로 고대 그리스의 도시국가에서부터 행해졌다. 우리나라의 현행 헌법에서는 채택하고 있지 않다.
- 국민소환 : 선거에 의해 선출된 대표 중에서 유권자들이 부적격하다고 생각하는 자를 임기가 끝나기 전에 국민투표에 의해 파면하는 제도를 말한다.

## 특수활동비

■ 조선일보, 한겨레

정보 및 사건 수사와 그밖에 이에 준하는 국정 수행 활동에 직접 소요되는 경비를 말한다. 특수 활동을 실제로 수행하는 사람에게 필요한 시기에 지급하는데, 세부적인 지급대상과 지급방법 및 구체적인 시기는 각 중앙관서가 업무의 특성을 감안하여 집행한다. 감사원의 지침에 따르면 지급한 상대방에게 영수증의 교부를 요구하는 것이 적당하지 않은 경우 그 사유와 지급일자, 지급목적, 지급 상대방, 지급액을 명시한 관계 공무원의 영수증서로 대신할 수 있어 세부 명세를 알 수 없기 때문에 갖은 비리로 논란이 됐다.

## 핵추진 잠수함

핵반응로(원자로)를 동력원으로 사용하는 잠수함이다. 기동 중 연료가 거의 소모되지 않아서 매우 오래 잠항할 수 있고, 속도와 작전범위, 지속능력이 기존의 디젤 잠수함보다 훨씬 우월하다. 미국과 러시아, 영국, 프랑스, 중국, 인도 등이 보유해 운용 중이다. 지난 2025년 10월 경주에서 열린 아시아태평양경제협력체(APEC)의 한미 정상회담에서 이재명 대통령은 도널드 트럼프 미국 대통령에게 핵잠수함의 연료를 공급받을 수 있도록 결단해달라고 했고, 이에 트럼프 대통령은 "핵추진 잠수함을 (한국이) 건조할 수 있도록 승인했다"고 밝혔다. 이로써 30년 묵은 안보과제로 미국의 동의를 얻지 못해 번번이 좌절됐던 핵추진 잠수함 도입이 가시화됐다.

## 필리버스터(Filibuster)

■ 아주경제, 이투데이, 양주도시공사

국회의원들이 안건에 대해 무제한 토론에 나서는 것으로, 국회법에 명시된 합법적 의사진행 방해를 뜻한다. 소수당이 다수당의 독주를 막기 위해 활용하는 제도라고 할 수 있다. 한국에서는 지난 1973년 폐지됐다가 2012년 일명 국회선진화법으로 불리는 국회법 개정안이 통과되면서 부활했다. 현행 국회법은 '재적의원 3분의 1 이상'의 서명으로 필리버스터를 할 수 있도록 하고 있다. 제도가 보장된 이후 2016년 2월 테러방지법의 본회의 의결을 저지하기 위해 처음으로 필리버스터가 이뤄졌다.

## 정치 · 법률

### 국민참여재판
■ 조선일보, 한국장애인고용공단

만 20세 이상의 국민 중 무작위로 선정된 배심원(예비배심원)이 참여하는 형사재판이다. 배심원으로 선정된 국민은 피고인의 유무죄에 관하여 평결을 내리고, 유죄 평결이 내려진 피고인에게 선고할 적정한 형벌을 토의하는 등 재판에 참여하는 기회를 갖게 된다. 다만 배심원들이 내린 평결에 법적인 구속력은 없다.

> **배심원**
> 재판이나 기소과정에 참여하여 사실문제를 판단하는 법률전문가가 아닌 일반 시민

#### 한국의 배심원제도
- 배심원들이 유·무죄를 판단하는 제도로 유죄 판단이 섰을 경우에는 시민들이 법관과 함께 양형을 논의하도록 하지만 결정은 하지 못한다.
- 배심원의 의견은 원칙적으로 만장일치제로 하되 의견 통일이 되지 않을 경우 법관과 함께 토론한 뒤 다수결로 유·무죄 여부를 가린다. 이와 함께 배심원 의견의 '강제력'은 인정하지 않고, 권고적인 효력만 인정한다.
- 법관이 배심원의 의견과 다른 판결을 하게 되면, 판결문에 배심원의 의견을 따로 기록하도록 한다.
- 배심원들의 의견은 강제력이 없는 만큼 법정에서 따로 공개하지 않는 대신 배심원의 의견을 문서로 남겨 사건과 관련된 사람들은 열람할 수 있도록 한다.
- 피고인이 원하지 않으면 시행할 수 없다.
- 배심원단은 법정형이 사형인 때에는 9명, 그 밖의 사건은 7명으로 구성된다. 배심원은 해당 지방법원 관할 구역에 살고 있는 20세 이상 국민 중에서 무작위로 선정된다.
- 국회의원이나 변호사, 법원·검찰 공무원, 경찰, 군인 등은 배심원으로 선정될 수 없다.

## 기본 6법

■ 한겨레, 조선일보

- **헌법** : 국가의 통치체제와 기본권 보장의 기초에 관한 근본 규범이다.
- **민법** : 일반인의 사적 생활관계인 재산관계와 가족관계를 규율하는 법이다.
- **형법** : 범죄와 형벌을 규정한 법으로, 어떤 행위가 범죄이고 이에 대한 법적 효과로서 어떤 형벌이 부과되는가를 규정한다.
- **상법** : 기업의 상거래 · 경영에 대한 법률이다.
- **민사소송법** : 사법체계의 권리 실현을 위한 재판절차를 규정하는 법으로서, 민사집행법과 더불어 사법적 법률관계에 관한 절차법을 이룬다.
- **형사소송법** : 수사 및 형사재판 절차를 규정한 공법으로, 수사의 절차, 재판의 개시, 재판 절차, 판결의 선고, 선고된 판결에 대한 불복 및 확정 등에 대한 일반적인 법규정을 망라한 절차법이다.

**절차법**
실체법과 대립되는 개념으로, 권리를 실현하기 위해 취해야 하는 방법을 규율하는 형식법이다.

## 법의 체계

■ 경인일보

- **헌법** : 모든 법령의 근본이 되며 다른 법률이나 명령으로는 변경할 수 없는 국가의 최상위 규범이다.
- **법률** : 헌법이 정하는 절차에 따라 국회에서 제정하며 일반적으로 국민의 권리와 의무사항을 규정한다.
- **명령**
  - **대통령령** : 법률을 시행하기 위해서 필요한 사항에 관하여 대통령이 발하는 명령
  - **총리령 · 부령** : 국무총리 또는 행정 각부의 장관이 그의 소관 사무에 관하여 법률이나 대통령의 위임에 의거하여 발하는 명령

- 지방자치 법규
  - 조례 : 지방자치단체가 법령의 범위 내에서 자기의 사무에 관하여 규정한 것
  - 규칙 : 지방자치단체의 장이 법령 또는 조례에서 위임한 범위 내에서 그 권한에 속하는 사무에 관하여 규정한 것

## 헌법 개정 절차
■ MBC, 방송통신심의위원회

- 제안
  - 대통령은 국무회의 심의를 거친다.
  - 국회 재적의원 과반수 또는 대통령의 발의로 헌법 개정안을 제안한다.
- 공고 : 제안된 개정안은 대통령이 20일 이상의 기간 동안 이를 공고해야 한다(의무규정).
- 국회 의결
  - 국회는 헌법개정안이 공고된 날로부터 60일 이내에 의결해야 한다.
  - 국회의 의결은 재적의원 3분의 2 이상의 찬성을 얻어야 한다.
- 국민투표
  - 국회를 통과한 개정안은 30일 이내에 국민투표에 붙여야 한다.
  - 국회의원 선거권자 과반수의 투표와 투표자 과반수의 찬성을 얻어야만 헌법 개정이 확정된다.
- 공포 : 헌법 개정이 확정되면 대통령은 즉시 이를 공포해야 한다.
- 시행

## 법률상 연령

■ 뉴스1, 한겨레

| 구분 | 연령 | 구분 | 연령 |
|---|---|---|---|
| 형법상 형사 미성년자 | 만 14세 미만 | 투표권 행사 가능 | 만 18세 이상 |
| 부모 동의하에 결혼 가능 | 만 18세 | 대형면허 취득 가능 | 만 19세 이상 |
| 부모 동의 없이 약혼 또는 혼인 가능 | 만 19세 이상 | 민법상 미성년자 | 만 19세 미만 |
| 1종 보통운전 면허 취득 가능 | 만 18세 이상 | 인터넷 성인 영화 관람 가능 | 만 18세 이상 |
| 성인영화 극장 관람 가능 | 만 18세 이상 | 군대 입대 | 만 18세 이상 |

**성인영화**
청소년 관람불가 등급 판정을 받은 영화로, 고등학교 재학 중이 아닌 만 18세 이상 성인부터 관람이 가능하다. 즉, 연령제한에 걸리지 않더라도 고등학교에 다니는 학생이라면 현행법상으로는 관람이 불가능하다.

## 법률제정절차

■ 경향신문

법률안의 제안(국회의원과 정부가 제출) → 법률안의 심의와 의결(국회의장이 상임위원회에 회부) → 상임위원회의 심사 → 법제사법위원회의 체계·자구심사 → 전원위원회의 심사 → 본회의 상정(심의·의결) → 정부이송 → 대통령의 거부권 행사 → 공포

- 제안 : 국회의원 10인 이상 또는 정부가 제안한다.
- 의결 : 제출된 법률안은 소관 상임위원회의 심사를 거쳐 본회의에 회부되고 질의·토론을 거쳐 재적의원 과반수의 출석과 출석의원 과반수의 찬성으로 의결한다.
- 공포 : 의결된 법률안은 정부로 이송되어 15일 이내에 대통령이 공포하고, 법률에 특별한 규정이 없는 한 공포된 날로부터 20일을 경과함으로써 효력이 발생한다.

**법제사법위원회**
국회의 상임위원회 중 하나로, 법무부·대검찰청·법제처·감사원과 관련된 사무 또는 헌법재판소·대법원·군사법원과 관련된 사무에 대한 논의를 담당한다.

## 법 적용의 원칙
■ 방송통신심의위원회, 영화진흥위원회

- **상위법 우선의 원칙**
  실정법상 상위의 법규는 하위의 법규보다 우월하며, 상위의 법규에 위배되는 하위의 법규는 정상적인 효력이 발생하지 않는다는 원칙이다.
- **특별법 우선의 원칙**
  특정한 사람, 사물, 행위 또는 지역에 국한되는 특별법이 일반법보다 우선적으로 적용된다는 원칙이다.
- **신법 우선의 원칙**
  법령이 새로 제정 또는 개정되어 법령 내용에 충돌이 생겼을 때, 신법이 구법에 우선적으로 적용된다는 원칙이다.
- **법률불소급의 원칙**
  죄형법정주의의 파생원칙 중 하나로 새롭게 제정 또는 개정된 법률은 그 법률이 효력을 가지기 이전에 발생한 사실에 대해 소급하여 적용할 수 없다는 원칙이다. 기득권의 존중 또는 법적 안정성을 반영한 것이며 특히 형법에서 강조된다.

**신법과 구법**
동일한 사항에 관하여 적용되는 신법이 제정되었을 때 구법의 규정에 저촉되는 경우 신법의 효력발생과 동시에 구법의 효력이 상실되는 것이 원칙이다. 다만, 구법의 적용으로 인한 행위가 존속하는 경우 신법과의 관계를 규정하는 것을 경과규정이라고 하며, 일반적으로 부칙에서 이를 규정한다.

**죄형법정주의**
범죄와 형벌에 대하여 미리 법률로 정해놓아야 한다는 기본원칙으로, 법적 안정성을 보호하고 형벌권의 자의적 행사로부터 개인의 권리를 보장하기 위함이다.

## 연동형 비례대표제
■ 한겨레

지역구 당선자 수와 전체 의석수를 연동해 정당 득표율로 총 의석수를 배분하는 선거제노다. 먼저 징딩 득표율에 비례하여 정당별 총 의석수를 배분하고 여기에 지역구 당선자 수를 뺀 만큼을 비례대표 의석으로 배정하는 방식이다. 우리나라는 준(準)연동형 비례대표제를 채택해 정당 득표율에 연동(연동률 50%)해서 각 정당별로 의석을 배분하고 있다.

## 불문법(不文法)

■ 근로복지공단, 서울시복지재단

법규범의 존재 형식이 제정되지 않은 법체계에 의하는 것을 말하며, 비제정법이라고도 한다. 성문법에 대응하는 것으로 관습법이나 판례법, 조리 등이 이에 속하며 영미법계에서는 주된 법원(法源)으로 인정하지만, 대륙법계에서는 보충적 법원으로 보는 것이 일반적이다.

**성문법**
문자·문서의 형식으로 표현되고 일정한 절차와 형식을 거쳐서 제정, 공포된 법을 말한다. 국민의 권리를 보장할 목적으로 법치주의를 채택하고 있는 근대국가는 성문법을 갖추고 있는 것이 일반적이며, 대표적인 예로 함무라비 법전이 있다. 헌법, 법률, 명령, 조례, 규칙, 조약 등이 성문법에 해당한다.

**판례법**
법원의 재판이 동일한 판결을 반복하면서 재판의 선례가 다음의 재판을 구속할 때 형성되는 불문법이다.

**조리**
일반적으로 인정되는 객관적인 원리 또는 법칙으로, 이치에 맞도록 행동하거나 존재하는 상태를 의미한다.

## 비례성의 원칙

■ 이데일리, 한국농수산식품유통공사

비례성의 원칙은 행정의 목적과 그 목적을 실현하기 위한 수단의 관계에서 그 수단은 목적을 실현하는 데에 적합해야 하며 최소 침해를 가져오는 것이어야 할 뿐만 아니라, 그 수단의 도입으로 인해 생겨나는 침해가 의도하는 이익·효과를 능가하여서는 안 된다는 원칙을 말한다. 법치국가원리의 파생원칙의 하나로, 법치국가원리를 택하고 있는 나라에 있어서 헌법차원의 법원칙으로서의 성질과 효력을 가진다고 말할 수 있다. 과잉금지의 원칙이라고도 부른다.

## 신의성실의 원칙

■ 국민일보, 광주보훈병원

권리의 행사나 의무의 이행을 '신의'에 좇아 '성실'히 하여야 한다는 원칙을 말한다. 법의 흠결이 있는 경우에 이를 보충하기 위한 수단으로 작용하여야 하는 것이지, 독립적으로 새로운 법률제도를 창조하는 것이 아니다. 또 신의칙은 강행규범에 위반되어서는 안 된다. 당사자의 행위가 신의칙에 위반된다고 하더라도 신의칙을 적용함으로써 선량한 풍속과 기타 사회질서에 관계되는 강행규범을 위반해서는 안 된다. 이는 신의칙을 고려하다가 사회의 정당한 풍속을 저해해서는 안 되기 때문이다.

**강행규범**
그 규범에 대한 어떠한 일탈도 허용되지 않으며 규범의 성립 후에 생긴 동일한 성질의 일반 국제법 규범에 의해서만 변경되는 것으로서, 국제사회 전체가 수락 승인한 규범

**민법 제2조(신의성실)**
- 제1항 : 권리의 행사와 의무의 이행은 신의에 좇아 성실히 하여야 한다.
- 제2항 : 권리는 남용하지 못한다.

## 재정신청제

■ 문화일보, SBS, 방송통신위원회

기소편의주의와 기소독점주의를 견제하기 위한 제도로 경찰, 검찰 등 수사공무원이 직무와 연관되어 저지른 범죄에 대해 검찰이 공정성을 잃을 경우 이를 견제하기 위해 시행하고 있는 제도이다.

**기소편의주의**
공소를 제기함에 충분한 혐의가 인정되고 소송조건을 갖춘 때라고 하더라도 검사의 재량에 따라 공소를 제기하지 않을 수 있다는 것이다.

**기소독점주의**
공소권(공소를 제기하고 수행할 권한)을 검사에게 독점시키는 주의로 재판을 받게 할지 여부를 결정할 수 있는 권한은 오직 검사만 갖는다는 것이다.

## 김영란법

■ 서울경제, MBC

공직자 등의 공정한 직무수행을 저해하는 부정청탁 관행을 근절하고, 금품 등의 수수행위를 직무관련성 또는 대가성이 없는 경우에도 제재하도록 하여 공정한 직무수행을 보장하고 공공기관에 대한 국민의 신뢰를 확보하기 위해 이 법률이 발의되었다. 그러나 위헌 논란으로 헌법소원까지 제기되었지만 2016년 7월 28일 헌법재판소의 합헌 결정에 따라 2016년 9월 28일부터 시행되었다.

**음식물·경조사비·선물 등의 가액 범위**
- 음식물(제공자와 공직자 등이 함께하는 식사, 다과, 주류, 음료) : 5만원(2024년 8월 27일부터 상향)
- 경조사비 : 축의금·조의금은 5만원. 다만, 축의금·조의금을 대신하는 화환·조화는 10만원
- 선물 : 금전, 유가증권, 음식물 및 경조사비를 제외한 일체의 물품, 그 밖에 이에 준하는 것은 5만원. 다만, 농수산물 및 농수산가공품(농수산물을 원료 또는 재료의 50%를 넘게 사용하여 가공한 제품)은 15만원(설날·추석명절에는 최대 30만원)

## 특별검사제

■ SBS

고위층의 비리혐의 조사 시 검찰의 중립적 수사가 어려운 점 때문에 관련 사건을 검찰이 아닌 독립적인 권한을 가진 특별검사(특검)를 임명하여 수사 및 공소 유지를 담당하게 하는 제도이다. 크게 개별 사건마다 국회의 의결을 거쳐 특검수사를 진행하는 한시적 특검제와 특검을 상설기구화하거나 국회의 의결만으로 특검 투입을 보장하는 상시적 특검제로 나뉜다.

## 헌법소원(憲法訴願)

■ 한국일보, 정부법무공단

우리나라 헌법 제111조 제1항 제5호는 헌법재판소 관장 사항으로 '법률이 정하는 헌법소원'을 규정하고 있다. 헌법소원은 대한민국 국민이면 누구나 청구할 수 있고, 자연인뿐만 아니라 회사와 같은 법인도 청구할 수 있다. 헌법소원은 권리구제형 헌법소원과 위헌심사형 헌법소원으로 나뉘며, 헌법소원의 청구 기간은 그 사건이 발생한 날로부터 1년 이내, 그리고 기본권 침해사유를 안 날로부터 90일 이내이다.

- 권리구제형 헌법소원 : 공권력의 행사 또는 불행사로 인하여 헌법상 보장된 기본권을 침해받은 자가 제기하는 헌법소원
- 위헌심사형 헌법소원 : 법원에 위헌법률심판 제청 신청이 기각된 때 제청신청을 한 당사자가 헌법재판소에 제기

**위헌법률심판 제청**
법원에서 재판 중인 소송 사건에서 그 사건에 적용될 수 있는 법률이 헌법에 위배되는지의 여부를 결정하도록 헌법재판소에 요청하는 제도

## 상소제도

■ 영화진흥위원회, 이투데이

- 상소 : 1심 재판에 불만이 있을 경우 2심, 3심 등 상급법원에 다시 재판해줄 것을 요구하는 것으로, 상소는 항소와 상고를 포괄적으로 아우르는 말이다.
- 항소 : 1심 재판, 즉 지방법원의 재판에 불복하여 2심(고등법원)에 상소하는 것
- 상고 : 2심 재판, 즉 고등법원의 항소 재판에도 불복하여 3심(대법원)에 상소하는 것
- 항고 : 재판에서 판결 외에 결정·명령에 대해 불복할 때에 하는 신청

**파기환송**
상급법원이 원심(하급법원)의 판결을 파기하고 사건을 다시 심판하도록 원심으로 돌려보내는 것이다. 사건을 돌려받은 법원은 상급법원이 파기의 이유로 삼은 사실 및 법률상 판단에 기속된다(그 판단을 따라야 함). 다만 사실관계가 새롭게 드러나면 새로운 판단을 할 여지는 있다.

# STEP 03 기출문제 Check

**01** 다음 중 우리나라 법률에서 정하는 촉법소년의 연령은? 〈서울시공공보건의료재단〉

① 만 12세 이상 만 16세 미만
② 만 11세 이상 만 15세 미만
③ 만 10세 이상 만 14세 미만
④ 만 13세 미만

 촉법소년은 형법에 저촉되는 행위를 한 만 10세 이상 만 14세 미만인 소년, 소녀를 말한다. 형사책임 능력이 없어 형사처벌을 받지 않고, 가정법원의 처분에 따라 보호처분을 받거나 소년원에 송치된다.

**02** 다음 중 대통령 선거 과정에서 낸 선거비를 전액 보전받기 위한 득표 비율은? 〈문화일보〉

① 3%
② 10%
③ 15%
④ 40%

 **선거비용보전**
공직선거법은 선거공영제의 일환으로 요건을 갖추면 선거과정에서 후보자가 선거비용으로 지불한 금액을 돌려준다. 대선과 총선, 지선에 따른 요건의 구분은 없다. 후보가 당선되거나 선거 도중 사망한 경우, 혹은 당선되지 않더라도 총 투표수의 15% 이상 득표한 경우 전액 보전하며 10% 이상 득표한 경우 반액을 보장한다.

**03** 다음 중 "국회의 동의를 얻어 대통령이 임명한다"는 헌법 조문의 적용을 받지 않는 공직은? 〈한겨레〉

① 대법관
② 대법원장
③ 국무총리
④ 헌법재판관

 헌법재판관은 대통령이 임명하며, 국회의 동의가 필요하지 않다.

**04** 다음 보기에 나온 사람들의 임기를 모두 더한 것은? 〈대전도시공사〉

> 국회의원, 대통령, 감사원장, 대법원장, 국회의장

① 18년  ② 19년
③ 21년  ④ 22년

 **주요 공직자의 임기**
국회의원 – 4년, 대통령 – 5년, 감사원장 – 4년, 대법원장 – 6년, 국회의장 – 2년


**05** 다음 중 위헌법률심판 제청에 대한 설명으로 옳지 않은 것은? 〈경향신문〉

① 재판 중인 사건에 적용되는 법률의 위헌 여부를 따지는 것이다.
② 제청 결정이 나도 해당 재판은 이어진다.
③ 제청 신청이 기각되면 항고할 수 없다.
④ 위헌 결정이 내려지면 해당 법률은 그 재판에 한해 효력을 상실한다.

위헌법률심판 제청은 법원에서 재판 중인 소송 사건에서 그 사건에 적용될 수 있는 법률이 헌법에 위배되는지의 여부를 결정하도록 헌법재판소에 요청하는 제도로 제청 결정이 나면 해당 재판은 중지된다.


**06** 다음 빈칸 안에 공통으로 들어갈 말로 적당한 것은? 〈방송통신심의위원회〉

> ( )은/는 주로 소수파가 다수파의 독주를 저지하거나 의사진행을 막기 위해 합법적인 방법을 이용해 고의적으로 방해하는 것이다.

① 필리버스터  ② 매니페스토
③ 캐스팅보트  ④ 스윙보터

 필리버스터는 정국을 불안정하게 만드는 요인이 되기도 하기 때문에 우리나라 등 많은 나라들은 발언시간 제한 등의 규정을 강화하고 있다.


Answer  01 ③  02 ②  03 ④  04 ②  05 ②  06 ①

**07** 다음 중 재선거와 보궐선거에 대한 설명으로 옳지 않은 것은? 〈광주보훈병원〉

① 재선거는 임기 개시 전에 당선 무효가 된 경우 실시한다.
② 보궐선거는 매년 4월 첫 번째 주 수요일에 실시한다.
③ 비례대표 국회의원의 결원 시에는 보궐선거를 실시한다.
④ 보궐선거 이전에 대선·총선·지방선거가 있을 경우 함께 실시할 수 있다.

 보궐선거는 일반적으로 4월이나 10월 첫 번째 주 수요일에 실시하며, 대선·총선·지방선거와 시기가 겹칠 경우 한꺼번에 실시한다. 비례대표 국회의원의 결원 시 선거구선거관리위원회는 궐원통지를 받은 후 10일 이내에 의석을 승계할 자를 결정해야 한다.


**08** 다음 중 범죄와 형벌에 대해 미리 법률로서 정해놓아야 한다는 원칙은? 〈한국보훈복지공단〉

① 죄형법정주의　　　　　② 특별법우선주의
③ 법률유보의 원칙　　　　④ 법률우위의 원칙

 죄형법정주의는 범죄와 형벌에 대하여 미리 법률로 정해놓아야 한다는 기본원칙으로, 법적 안정성을 보호하고 형벌권의 자의적 행사로부터 개인의 권리를 보장하기 위한 것이다.


**09** 원내 교섭단체를 구성하기 위해 필요한 의원의 수는? 〈문화일보〉

① 10명　　　　　　　　　② 15명
③ 20명　　　　　　　　　④ 30명

교섭단체는 국회의 원활한 의사진행을 위한, 중요 안건에 관하여 사전협의를 위해 구성한 의원단체를 말한다. 국회법 제33조에 따라 20인 이상의 소속의원을 가진 정당은 하나의 교섭단체가 되며, 다른 교섭단체에 속하지 않는 20인 이상의 복수 정당의 의원으로 따로 교섭단체를 구성할 수도 있다.

**10** 헌법재판소의 관할 업무가 아닌 것은?  〈수원문화재단, 안전보건공단〉

① 헌법소원된 법률심판
② 대통령에 대한 탄핵안심판
③ 정당 해산에 대한 심판
④ 개헌안에 대한 심판

 **헌법재판소**
제6공화국 체제에서 국가의 중심을 잡고 입법·사법·행정 사이의 권한을 조율하기 위해 만들어진 별도의 법정이다. 대법원의 명령, 조례 등에 대한 심사, 위헌법률심사, 헌법소원, 대통령 탄핵, 정당 해산, 권한쟁의 등에 대한 심사를 맡는다.

**11** 다음 중 직접세에 해당하는 세금은?  〈KNN〉

① 법인세                ② 인지세
③ 부가가치세           ④ 개별소비세

 직접세는 세금을 납부할 의무를 지닌 사람과 부담하는 사람이 동일하여 조세부담이 전가되지 않는 조세를 말한다. 종류에는 법인세, 소득세, 상속세, 종합부동산세, 증여세 등이 있다.

**12** 우리나라 국회에 대한 설명으로 옳은 것은?  〈서울시설공단〉

① 국회의원을 체포 또는 구금하려면 언제나 국회의 동의가 있어야 한다.
② 국회의원의 임기는 5년이다.
③ 국회는 재적의원 과반수의 찬성으로 의결한다.
④ 국회의 의원정수는 지역구 국회의원과 비례대표 국회의원을 합하여 300명으로 한다.

④ 공직선거법 제21조 제1항
① 현행범인 경우에는 예외이다.
② 국회의원의 임기는 4년이다.
③ 국회는 헌법 또는 법률에 특별한 규정이 없는 한 재적의원 과반수의 출석과 출석의원 과반수의 찬성으로 의결한다. 가부동수인 때에는 부결된 것으로 본다.

Answer  07 ③  08 ①  09 ③  10 ④  11 ①  12 ④

## 속성 1일차 정치·법률
### 논술 · 면접 기출문제

- 정치의 사법화, 사법의 정치화 현상에 대한 이야기가 나오고 있는데, 구체적인 사례를 들어 바람직한 방향을 논하시오. 〈서울신문〉

- 고향사랑기부제의 시대적 필요성과 현주소를 쓰고, 활성화 방안을 논하시오. 〈농민신문〉

- 중대범죄자 신상공개와 인권보호 간 관계를 사례를 들어 논술하시오. 〈한겨레〉

- (민주노총 시위 사례 제시) 야간집회, 공권력 개입 등과 관련해 집회와 시위의 자유는 어디까지 보장해야 하는지, 문제가 발생할 경우 어떻게 해결해야 하는지 칼럼 형식으로 작성하시오. 〈조선일보, TV조선〉

- 국민연금 개혁 방안에 대해 논하시오. 〈이데일리〉

- 비동의 강간죄의 쟁점을 설명하시오. 〈경인일보〉

- 정부의 가짜뉴스 근절대책과 언론의 자유는 양립 가능한가, 불가능한가? 〈경인일보〉

- 중대재해처벌법과 관련해 본인의 입장을 서술하시오. 〈조선비즈〉

- 국회선진화법에 대해 간략하게 논하시오. 〈SBS〉

- 연동형 비례대표제에 대해 간략히 서술하시오. 〈MBN〉

- 원자력 발전이 탄소중립 대안 에너지로 적합한지에 대해 논쟁이 있다. 이러한 배경을 바탕으로 원전정책에 대한 본인의 주장과 당위성을 논하시오. 〈가톨릭평화방송〉

- 단순 다수결 투표를 보완할 대안을 열거하고, 장단점을 나열하시오. 〈한국경제〉

- 경찰의 대외적 이미지에 대해 말해 보시오. 〈경찰청〉

**1일차 학습완료 check** ☐

# 속성 2일차

## 국제·북한

Step 1 　 최신 시사상식
Step 2 　 일반 핵심상식
Step 3 　 기출문제 Check
　　　　　 논술·면접 기출문제

# STEP 01 최신 시사상식

## MASGA
■ SBS, 머니S

'Make American Shipbuilding Great Again'의 약어로 '미국의 조선업을 다시 위대하게'라는 의미다. 트럼프 미 행정부의 슬로건인 MAGA(Make America Great Again)에서 착안해 만들어졌다. 우리정부가 미국과의 통상 협상 과정에서 제안한 전략적 협력 구상으로, 우리나라의 조선사들이 미국 내 조선소에 투자하거나 조선소를 설립하고, 여기에 우리정부가 정책금융기관 등을 통해 금융지원을 제공하는 것이다. 지원규모는 수십 조원에 이를 것으로 전망됐다.

### NEWS 엿보기

지난 2025년 10월 아시아태평양경제협력체(APEC) 정상회의에서 한국 정부는 미국에 대한 3,500억달러 투자 패키지를 구체화하며 현금투자규모를 2,000억달러로 하되 연간 200억달러 상한선을 긋는 선에서 합의했다. 아울러 나머지 1,500억달러는 한미 조선업 협력 프로젝트인 MASGA(마스가)에 할당됐다.

## 지니어스법(GENIUS Act)
■ 머니S

미국이 가상자산의 일종인 스테이블코인의 확산을 목적으로 제정한 법이다. 정식명칭은 '미국 스테이블코인 혁신 수립과 지도에 대한 법'이다. 스테이블코인은 비변동성 가상자산으로 법정통화나 실물자산의 가격과 연동된다. 지니어스법은 스테이블코인의 발행기준과 담보요건을 강화하고 자금세탁방지 법률 준수를 의무화하는 내용을 담고 있다. 연방정부의 인가를 받은 기관이나 기업만이 스테이블코인 발행주체가 될 수 있으며, 발행한 모든 코인에 대해 현금이나 국채 등 안전성과 유동성이 확보된 자산을 1:1 비율로 보유해야 한다.

### NEWS 엿보기

미국이 스테이블코인을 제도권으로 편입하는 지니어스법을 통과시킨 것을 계기로 유럽 디지털 화폐의 경쟁력에 대한 우려가 심화됨에 따라 유럽연합(EU) 관계자들이 '디지털 유로' 계획에 박차를 가하고 있는 것으로 알려졌다.

## 디리스킹(Derisking) ■ 한겨레

'위험 제거'를 뜻하는 영단어로 원래는 금융기관이 위험 관리를 위해 광범위하고 무차별적으로 거래를 제한하는 것을 가리키는 말이었다. 그러나 2023년 3월 30일 우르줄라 폰데어라이엔 유럽연합(EU) 집행위원장이 대중정책 관련 연설에서 언급한 이후 중국과 경제적 협력관계를 유지하면서도 과도한 경제적 의존도를 낮춰 위험요소를 관리하는 전략을 의미하는 용어로 사용되고 있다.

### NEWS 엿보기

홍콩 사우스차이나모닝포스트(SCMP)는 중국이 2023년 경제성장률 5.2%를 기록하며 목표치를 달성했지만 부채(Debt), 디플레이션(Deflation), 디리스킹(Derisking), 인구통계(Demographics)의 경제 재앙 '4D'에 직면했다고 진단했다.

## 파나마운하
■ 한겨레, 한국경제

중남미의 파나마 지협을 가로질러 건설된 운하로 태평양과 대서양을 연결하는 길이 82km의 운하다. 운하의 건설로 북아메리카 서부와 동부를 오가기 위해 남아메리카를 우회해야 했던 경로를 약 1만 5,000km 줄일 수 있었다. 수에즈운하와 더불어 세계 2대 운하로 꼽힌다. 파나마운하는 1903년 프랑스계 회사로부터 굴착권을 매입한 미국이 건설을 시작해 12년 만에 완공했다. 운하의 운영권은 미국이 갖고 있었으나 파나마는 지속해서 반환을 요구했고, 1977년 파나마운하조약을 체결해 1999년 운영권이 파나마로 이전됐다.

### NEWS 엿보기
2025년 제47대 미국 대통령으로 취임한 도널드 트럼프가 다시 파마나운하의 환수 가능성을 거론해 화제가 됐다. 그는 취임 직후부터 파나마운하를 되찾고 캐나다를 미국의 51번째 주로 만들겠다고 공개적으로 발언한 바 있다.

## 보편관세
■ 은평구도시공사, 이데일리

도널드 트럼프 미국 대통령이 2024년 대선기간 중 발표한 관세정책 중 하나로 모든 수입품에 일괄적으로 관세를 부과해 기존의 복잡한 관세체계를 단순화하는 것을 골자로 한다. 즉, 특정 국가나 상품이 아니라 모든 무역국과 상품에 동일한 관세율을 적용하겠다는 것이다. 트럼프는 '새로운 미국 산업주의'라는 공약을 내세우면서 "모든 국가에서 수입하는 모든 상품에 10~20%의 보편관세를 부과하고, 중국산 제품에는 최소 60%의 관세를 부과하겠다"라고 밝힌 바 있다. 그러나 다른 국가들이 이에 상응하는 조치를 취할 경우 무역전쟁이 확산할 수 있다는 우려가 나왔다.

> **NEWS 엿보기**
>
> 2025년 11월 1일 산업통상부에 따르면 우리나라의 대미수출은 2025년 7월부터 전년대비 감소세가 이어졌다. 보편관세 15%, 자동차 관세 25%, 철강 관세 50%의 영향으로 인해 해당 부문에서 실적 감소가 발생했으나, 반도체 수출 호조로 만회하는 구도가 반복됐다고 밝혔다.

## 한미안보협의회(SCM ; Security Consultative Meeting)

1968년부터 한반도 안보와 연합방위 능력을 제고하기 위해 열리는 한미 국방각료급 연례회의를 말한다. 1968년 1월 21일 북한 특수부대원 31명이 청와대 기습을 시도하고 이틀 뒤 원산 인근 공해상에 있던 미국 정보함 푸에블로호가 북한의 초계정과 미그기에 의해 납치되는 사건이 벌어지자 한미 양국은 국방장관 회담을 연례적으로 개최하기로 합의, 공식 대화채널을 가동했다. 1971년 서울회의부터 지금의 한미안보협의회(SCM)로 불렸다.

> **NEWS 엿보기**
>
> 2022년 11월 제54차 한미안보협의회의(SCM)에서 사이버 위협에 공동으로 대응하기 위한 공조 강화를 위해 사이버동맹 훈련을 실시하기로 합의함에 따라 2024년 1월 15~26일 한국의 사이버작전사령부 훈련장에서 사이버동맹 훈련이 처음 실시됐다.

## 미국 되찾기 작전(Operation Take Back America)

'불법이민을 근절하고, 그와 관련한 카르텔과 초국가적 범죄단체를 완전히 제거함으로써 미국 지역사회를 폭력 범죄자로부터 보호한다'는 목적 아래 법무부의 자원을 총동원하는 미국 전국단위 계획이다. 하지만 작전명인 '미국 되찾기(Reclaim America)'는 '미국을 백인 민족국가로 되찾아야 한다'는 인종주의적 주장을 펼치며 이를 위해 폭력시위를 주도하는 극우성향 혐오단체들이 주로 사용하고 있는 구호이기도 하다.

### NEWS 엿보기

미국 이민세관단속국(ICE)과 국토안보수사국(HSI) 등은 조지아주에서 한국인 근로자 300여 명을 불법체류자로 취급하며 체포한 것에 대해 미국 되찾기 작전의 일환이라고 밝혔다.

## 한미 방위비분담 특별협정(SMA)

한미 양국은 1991년 제1차 협정을 시작으로 2024년 10월까지 총 12차례의 협정을 맺어왔으며, 주한미군 주둔비용에 관한 방위비분담을 위해 체결하고 있는 특별협정에 기본을 두고 있다. 주로 미군이 한국에서 고용하는 근로자의 인건비(비중 약 40%), 군사건설 및 연합방위증강사업(40%), 군수지원비(20%) 등의 명목으로 지원되고 있다. 양국은 트럼프 2기 행정부가 들어서기 직전에 2026~2030년에 적용되는 12차 협정을 타결했다. 2026년 분담금은 2025년 대비 8.3% 오른 1조 5,192억 원으로 정해졌다. 그러나 한국을 여러 차례 '부자나라'로 불러온 트럼프 대통령이 SMA 재협상을 요구할 수 있다는 관측이 취임 전부터 꾸준히 제기됐다.

> **NEWS 엿보기**
>
> 2025년 7월 한미정상회담을 앞두고 도널드 트럼프 대통령이 한국의 기여가 적다는 인식을 종종 드러내 온 만큼, 바이든 행정부 시절 타결된 12차 방위비분담특별협정(SMA)의 재개정 문제가 협상 테이블에 오를 수 있다는 전망이 나왔다.

## 골든돔(Golden Dome)

러시아, 중국, 북한, 이란 등의 미사일 공격을 방어하기 위한 미국의 차세대 미사일 방어시스템이다. 2025년 5월 20일 도널드 트럼프 미국 대통령은 임기가 종료되는 2029년 1월까지 골든돔을 실전에 배치하겠다고 발표했다. 이스라엘의 '아이언돔'과 유사한 시스템으로 기존의 미사일 방어체계로 막기 어려운 극초음속미사일로부터 미국 본토를 방어하기 위해 우주기술을 활용하는 것이 핵심이다. 적 미사일을 탐지하고 요격한다는 점에서 기존 미사일 방어체계와 유사하지만, 적외선 기술을 사용해 미사일이 지상에 도달하기 전에 우주에서 요격한다는 특징을 갖고 있다.

**아이언돔(Iron Dome)**
이스라엘이 2011년부터 운용한 미사일 방어 체계로, 영토를 돔(둥근 지붕) 형태의 방공망으로 감싸듯 적의 공격을 차단하는 시스템이다. 로켓탄, 박격포탄 등이 날아올 경우 근거리에서 이를 탐지해 공중에서 요격하는 방식이다.

> **NEWS 엿보기**
>
> 일론 머스크의 우주기업 스페이스X가 미국의 차세대 미사일 방어망 '골든돔'을 지원하는 위성 계약을 수주할 예정이라는 소식이 나왔다. 월스트리트저널은 도널드 트럼프 대통령 임기 내에 골든돔을 가동하려는 촉박한 일정 때문에, 위성 제조·발사 경험이 풍부한 스페이스X가 수주에 유리한 고지를 선점했다고 분석했다.

## STEP 02 일반 핵심상식

| 국제 · 북한 |

### 고노 담화
■ 문화일보, 한국일보, 폴리텍

1993년 8월 4일 고노 요헤이 일본 관방장관이 위안부 문제와 관련, 일본군 및 관헌의 관여와 징집·사역에서의 강제성을 인정하고 문제의 본질이 중대한 인권 침해였음을 승인하면서 사죄한 것으로 일본 정부의 공식 입장이다.

- **무라야마 담화** : 1995년 당시 일본 무라야마 총리가 식민지 지배와 침략의 역사를 인정하고 사죄하는 뜻을 공식적으로 표명한 담화이다. 외교적으로 일본이 가장 적극적으로 일본의 식민지배를 사죄한 것으로 평가되지만 강제동원 피해자에 대한 배상 문제와 군 위안부 문제 등에 대한 언급은 없었다.
- **미야자와 담화** : 1982년 역사교과서 파동 시 미야자와 당시 관방장관이 "일본 정부가 책임지고 교과서 기술을 시정하겠다"고 밝힌 내용으로, 일본은 이에 근거해 교과서 검정기준에 '근린제국 조항'을 집어넣었다.

**근린제국 조항**
근린제국이란 가까운 이웃이라는 뜻에서 비롯한 것으로, 주변 국가라는 의미를 지니고 있다. 일본은 교과서 검정기준을 둘러싼 논란이 일자 '근린제국 조항'을 도입하면서 근현대사의 역사적 사건을 다룰 때 국제적인 이해의 시점에서 배려할 것이라는 뜻을 밝힌 바 있다.

## 공동경비구역(JSA ; Joint Security Area) ■ MBC

1953년 10월 군사정전위원회 본부구역 군사분계선상에 설치한 지대로 '판문점'이라고도 한다. 비무장지대에 남과 북의 출입은 제한적이지만 양측이 공동으로 경비하는 공동경비구역은 비무장지대 내 특수 지역으로써 양측의 허가받은 인원이 출입할 수 있다. 이 구역 내에 군사정전위원회와 중립국감시위원단이 있다. 공동경비구역은 휴전선 155마일 중 한국군과 미군으로 구성된 UN사령부 경비대대가 북한과 함께 관할하는 유일한 지역이다.

**군사분계선**
(MDL ; Military Demarcation Line)
1953년 한국전쟁 정전협정으로 설정된 남북한의 육상 군사경계선이다.

**비무장지대**
(DMZ ; Demilitarized Zone)
군대 주둔이나 무기 배치, 군사시설 설치가 금지되는 지대로 한국의 DMZ는 MDL을 중심으로 남북 2km, 약 3억평의 완충지대다.

## 국제사법재판소(ICJ ; International Court of Justice) ■ 조선일보, MBC

국제연합(UN)의 주요 사법기관으로, 국가 간 분쟁의 법적 해결을 위해 설치되었다. 재판소는 UN 총회·안전보장이사회에서 선출된 15명의 재판관으로 구성되며, 국제법을 원칙으로 적용하여 심리한다. 법원 판결의 집행은 헌장에 따라 '만약 사건의 일방 당사국이 재판소가 내린 판결에 따라 자국이 부담하는 의무를 이행하지 않을 경우 타방의 당사국은 안전보장이사회에 제소'할 수 있다. 재판소는 네덜란드 헤이그에 있다.

**심리**
법률상 재판의 기초가 되는 사실관계를 명확히 하기 위해 법원이 행하는 공식적 심사 행위

### 국제형사재판소(ICC ; International Criminal Court)
국제사회가 집단학살, 전쟁범죄 등을 저지른 개인을 신속하게 처벌하기 위한 재판소다. 세계 최초로 발족한 상설 재판소로 반인도적 범죄를 저지른 개인을 개별국가가 기소하기를 주저할 때에 국제형사재판소의 독립검사가 나서서 기소할 수 있도록 했다. 본부는 네덜란드 헤이그에 있으며 2002년 7월에 정식 출범했다.

## 국제원자력기구(IAEA ; International Atomic Energy Agency)

■ 전자신문, 부산일보

국제연합(UN) 총회 아래 설치된 준독립기구로서, 전 세계 평화를 위한 원자력의 평화적 사용을 촉진·증대하기 위해 노력하며, IAEA의 원조가 군사적 목적으로 이용되지 않도록 보장하는 데 설립목적을 두고 있다. 1970년에 발효된 NPT(핵확산금지조약)에 따라 핵무기 비보유국은 IAEA와 평화적 핵이용 활동을 위한 안전협정을 체결해야 하며, IAEA는 핵무기 비보유국이 핵연료를 군사적으로 전용하는 것을 방지하기 위해 현지에서 직접 사찰할 수 있다.

**사찰**
핵원료 물질이 군사적인 목적으로 사용되고 있는지를 확인하기 위해 핵물질의 수량을 확인하고 기록과 보고를 감시하는 등의 안전보장조치를 말한다.

## NATO(North Atlantic Treaty Organization : 북대서양 조약기구)

■ 경향신문, 연합뉴스, MBN

북대서양조약을 기초로 미국, 캐나다와 유럽 10개국 등 12개국이 참가해 발족시킨 집단방위기구로, 냉전체제하에서 구소련을 중심으로 한 동구권의 위협에 대항하기 위해 창설되었다. 당시 소련 등 공산권은 NATO에 대한 대항으로 지역안보기구인 바르샤바 조약기구를 창설했다. 그러나 소련의 붕괴로 바르샤바 조약기구가 해체되자 NATO 체제를 변화시켜 미국의 주도로 지역분쟁에 대처하는 유럽 안보기구로 변화했다. 2025년 기준으로 미국, 캐나다, 영국, 프랑스 등 32개국이 회원국으로 가입되어 있다.

**바르샤바 조약기구**
폴란드 바르샤바에서 소련, 폴란드, 체코슬로바키아, 동독, 헝가리, 루마니아, 불가리아, 알바니아 등의 중앙유럽의 공산권 국가들이 세운 경제·군사적 동맹이다.

### 치킨게임(Chicken Game) ■ MBC, 서울시복지재단

어느 한쪽이 양보하지 않을 경우 양쪽 모두 파국으로 치닫게 되는 극단적인 게임이론이다. 과거 미국 청년들 사이에서 유행한 자동차 게임이론에서 유래되었는데, 두 대의 차량이 마주보며 돌진하다가 충돌 직전에 누군가 양보하지 않으면 양쪽 모두 자멸하게 된다는 것이다. 1950~1970년대 미국과 소련 사이의 극심한 군비경쟁을 꼬집는 용어로 사용되면서 국제정치학 용어로 정착되었다. 정치나 노사협상, 국제외교 등에서 상대의 양보를 기다리다가 파국으로 끝나는 것 등을 예로 들 수 있다.

### 마셜 플랜(Marshall Plan) ■ MBC

제2차 세계대전 이후 1947년부터 1951년까지 미국이 전쟁의 피해를 크게 받은 서유럽 16개국에 취한 120억달러 규모의 원조계획으로, 당시 미 국무장관이었던 조지 마셜의 이름에서 따온 것이다. 당시의 미국은 서유럽 경제를 재건시켜야 공산주의 확대를 막을 수 있다고 생각해서 이러한 계획을 취한 것이다.

### 모라토리엄(Moratorium) ■ MBC, SBS, 대구의료원

라틴어로 '지체하다'란 뜻의 'Morari'에서 파생된 말로 대외 채무에 대한 지불유예를 의미한다. 전쟁·지진·경제공황·화폐개혁 등 한 국가 전체 또는 어느 특정 지역에서 긴급사태가 생겼을 때 국가권력을 발동해 일정 기간 동안 금전적인 채무이행을 연장하는 것이다.

## 바젤 협약(Basel Convention) ■ 한국농수산식품유통공사

유해폐기물의 국가 간 불법이동에 따른 전 지구적 규모의 환경오염 방지와 개도국의 환경친화사업을 지원할 목적으로 UN 환경계획(UNEP)과 세계환경단체들이 1983년 3월 스위스 바젤에서 채택한 협약이다. 이 협약의 기본취지는 병원성 폐기물을 포함한 유해폐기물의 국가 간 이동 시, 사전통보 등의 조치를 취함으로써 유해폐기물의 불법이동을 줄이자는 데 있다. 대부분의 환경 관련 국제협약이 미국, 유럽연합(EU) 등 선진국 주도로 이루어진 데 반해 이 협약은 아프리카 등 77그룹이 주도적인 역할을 하고 있다. 우리나라는 1994년 2월 가입하여 '폐기물의 국가 간 이동 및 그 처리에 관한 법률'이 1994년 5월부터 시행되었다.

## 방공식별구역(ADIZ ; Air Defense Identification Zone) ■ 서울시농수산식품공사

자국의 영토와 영공을 방어하기 위한 구역으로 국가안보 목적상 자국 영공으로 접근하는 군용 항공기를 조기에 식별하기 위해 설정되는 공중구역이다. 자국 공군이 국가안보를 위해 일방적으로 설정하여 선포하지만 영공은 아니므로 외국 군용기의 무단 비행이 금지되지는 않는다. 다만, 자국 국가안보에 위협이 되면 퇴각을 요청하거나 격추할 수 있다고 사전에 국제사회에 선포해놓은 구역이다.

> **각 나라별 방공식별구역 표기**
> - 국가별 방공식별구역은 앞에 자국의 영문 이니셜을 붙여 표기한다.
> - 한국 방공식별구역은 KADIZ, 중국 방공식별구역은 CADIZ, 일본 방공식별구역은 JADIZ로 표기한다.

## 브릭스(BRICS)

■ 뉴시스, 조선일보, 한국농수산식품유통공사

브라질(Brazil), 러시아(Russia), 인도(India), 중국(China), 남아공(South Africa) 등 5국의 영문 머리 글자를 딴 것이다. 1990년대 말부터 빠른 성장을 보인 신흥경제국으로 2030년 무렵이면 이들이 세계 최대의 경제권으로 도약할 것으로 보고 있다. 2023년 8월에는 사우디아라비아, 아르헨티나, 아랍에미리트(UAE), 에티오피아, 이란, 이집트가 새로운 회원국으로 포함돼 11개국으로 확대됐다.

## 아그레망(Agrément)

■ YTN

프랑스어로 '동의'를 뜻하는 말로, 특정 인물을 외교 사절로 임명하기 전에 외교 사절을 받아들일 상대국의 의향을 확인하는 것을 의미한다. 상대국이 이의가 없다고 회답하는 것을 '아그레망을 부여한다'라고 하며 아그레망을 얻은 사람을 '페르소나 그라타(Persona Grata)', 아그레망을 얻지 못한 사람을 '페르소나 논 그라타(Persona non-Grata)'라고 한다. 일반적으로 아그레망은 요청 후 20~30일이 경과한 후에 부여하며 대사는 국가원수에게 신임장(Letter of Credence)을 수여받는다.

**페르소나 논 그라타(Persona non-Grata)**
'좋아하지 않는 인물'이란 뜻의 라틴어로 외교상의 '기피인물'을 의미한다. 외교 사절의 아그레망이 요청되었을 때 요청받은 국가는 그 이유를 밝히지 않고 그 사람의 파견을 거부할 수 있다(외교관계에 관한 비엔나 협약 9조 참조).

## 잠수함발사탄도미사일(SLBM)

■ 의정부시설관리공단

대륙간탄도미사일(ICBM), 다탄두미사일(MIRV), 전략핵폭격기 등과 함께 어디서든 핵탄두 공격을 감행할 능력을 갖췄는지를 판단하는 기준 중 하나다. 목표물이 해안에서 더 가까울 때는 잠수함에서 발사할 수 있으며, 조기에 모든 미사일을 탐지하기 어렵다는 장점이 있다.

**대륙간탄도미사일(ICBM)**
'대륙간탄도탄'이라고도 하며 5,500km 이상의 사정거리를 가진 탄도미사일로 보통 메가톤급의 핵탄두를 장착한다.

## 아시아 · 태평양 경제협력체(APEC ; Asia-Pacific Economic Cooperation)
■ 서울교통공사, 전북대학교병원

태평양 주변 국가들의 정치 · 경제적 결속을 다지는 기구로 지속적인 경제성장과 공동의 번영을 위해 1989년 호주 캔버라에서 12개국 간의 각료회의로 출범했다. APEC은 세계 GDP의 61.5%, 총 교역량의 50.4%를 점유하는 최대의 지역협력체로 회원국은 한국, 미국, 일본, 오스트레일리아, 뉴질랜드, 캐나다, ASEAN 6개국(말레이시아, 인도네시아, 태국, 싱가포르, 필리핀, 브루나이) 등 총 21개국이 가입돼 있다.

## UN 안전보장이사회
■ KBS, 광주보훈병원

국제연합(UN)의 주요 기관 중 하나로, 전 세계의 평화와 안전을 지키고 분쟁을 해결하기 위해 설치되었다. 이 기관은 15개국(초창기는 11개국)이 참여하고 있는데, '상임이사국'은 이중 고정 멤버로 참여하는 5개국을 이르는 말이다. 그리고 5개국을 제외한 나머지 10개국은 '비상임이사국'이라 하여 임기제로 해마다 5개국씩 교체되고 있다. 비상임이사국의 임기는 2년이며, 중임은 가능하나 연임은 불가능하다. 안보리가 결의안을 마련할 수 있지만, 상임이사국이 거부권을 행사하면 결의안은 채택될 수 없다.

**거부권(Veto, 비토권)**
사안에 대해 거부 · 거절할 수 있는 권리다. 일반적으로 국제법상 안전보장이사회 상임이사국(미국, 중국, 영국, 프랑스, 러시아)이 갖는 특별한 권리이며, 유효한 결정이더라도 상임이사국 중 한 나라도 반대를 하면 그 결정은 성립되지 않는다. 우리나라 대통령의 법률안거부권은 헌법상 거부권 중 하나다.

## G7(주요 7개국 정상회의)

■ 뉴스1, 부산일보

세계 경제가 나아갈 방향과 각국 사이의 경제정책에 대한 협조 및 조정에 관한 문제를 논의하기 위한 주요 7개국의 모임으로, 미국·영국·프랑스·독일·이탈리아·캐나다·일본이 회원국이다. 이들 국가들은 1년에 두세 차례씩 재무장관과 중앙은행 총재들이 연석으로 회동하여 세계경제방향과 각국 간의 경제정책협조조정 문제를 논의하며, 각국 대통령 및 총리가 참석하는 정상회담도 1년에 한 번씩 개최하고 있다.

## 연방준비제도(Fed ; The Federal Reserve)

■ 매일경제

미국 특유의 중앙은행제도로, 미국 전역을 12개 연방준비구로 나눠 각 지구에 하나씩 연방준비은행을 두고 이들을 연방준비제도이사회(FRB)가 통합 관리하는 형태다. 이사회는 각 연방은행의 운영을 관리하고 미국의 금융정책을 결정한다. 그러나 화폐공급 한도를 결정하는 것은 연방공개시장위원회(FOMC)이며, FRB는 FOMC와 손잡고 금융정책을 수행한다. 각 연방은행의 주된 업무는 은행권(연방준비권과 연방준비은행권)의 발행이며 이밖에도 민간금융기관의 예금지불을 집중적으로 보관하고 상업어음 재할인 등을 한다.

## 오슬로 협정

■ 뉴스1

1993년 9월 13일 이스라엘의 라빈 총리와 팔레스타인 해방기구(PLO)의 아라파트 의장이 합의한 오슬로 협정의 결과, 이스라엘은 PLO를 합법적인 팔레스타인 정부로 인정하고, PLO도 이스라엘의 존재 근거를 인정하여 공존의 가능성을 제시했다.

**팔레스타인 해방기구(PLO)**
1964년 팔레스타인 독립국가의 건설을 목표로 하여 결성된 저항 조직이다. 팔레스타인을 대표하는 정치조직이기도 하며 이스라엘에 대항하는 군사 활동과 독립을 위한 외교 활동을 한다.

## UN(United Nations : 국제연합)

■ 코레일

| 설립일 | 1945년 10월 24일 |
|---|---|
| 설립목적 | 전쟁 방지 및 평화 유지, 정치·경제·사회·문화 등 모든 분야의 국제협력 증진 |
| 주요 활동 | 평화유지 활동, 군비축소 활동, 국제협력 활동 |
| 본부 | 미국 뉴욕 |
| 가입국가 | 193개국 |

| 주요 기구 | | |
|---|---|---|
| | 총회 | • 국제연합의 최고 의사결정기관<br>• 9월 셋째 화요일에 정기총회 개최(특별한 안건이 있을 경우에는 특별총회 또는 긴급총회 소집) |
| | 안전보장이사회<br>(안보리, UNSC) | • UN 회원국의 평화와 안보 담당<br>• 5개의 상임이사국(미국·영국·프랑스·러시아·중국)과 10개의 비상임이사국으로 구성됨 |
| | 경제사회이사회<br>(ECOSOC) | • 국제적인 경제·사회 협력과 개발 촉진, UN 총회를 보조하는 기구<br>• UN가맹국 중 총회에서 선출된 54개국으로 구성 |
| | 국제사법재판소<br>(ICJ) | • 국가 간의 법률적 분쟁을 재판을 통해 해결<br>• 네덜란드 헤이그에 위치함 |
| | 신탁통치이사회 | 신탁통치를 받던 팔라우가 1994년 독립국이 된 이후로 기능이 중지됨 |
| | 사무국 | UN의 운영과 사무 총괄 |

**신탁통치**
국제연합의 감독 아래 특정 국가가 특정한 지역에 대해 시행하는 특수통치제도

## 제네바 협약

■ 스튜디오S, 연합뉴스TV

제2차 대전 후인 1949년 8월 12일 스위스 제네바에서 조인된 협약으로 전쟁 피해자 보호를 목적으로 한다. 적십자조약으로도 부르며 '전지(戰地)에 있는 군대의 부상자 및 병자의 상태개선에 관한 조약', '해상에 있는 군대의 부상자·병자·난선자의 상태개선에 관한 조약', '포로의 대우에 관한 조약', '전시의 민간인 보호에 관한 조약' 등 4개 조약으로 되어 있다.

## 핵확산금지조약(NPT ; Nuclear Non-Proliferation Treaty)

■ 한국수력원자력

핵보유국으로 인정받지 않은 나라가 핵을 보유하거나, 핵보유국이 비핵보유국에게 핵무기나 핵개발 관련 기술을 이전하는 것을 금지하는 조약이다. 핵보유국에 대해서는 핵무기 등의 제3자로의 이양을 금지하고 핵군축을 요구한다. 비핵보유국에 대해서는 핵무기 개발·도입·보유 금지와 원자력시설에 대한 국제원자력기구(IAEA)의 사찰을 의무화하고 있다. NPT에서 핵보유국으로 인정하는 나라는 미국, 영국, 러시아, 프랑스, 중국의 5개국이다. 한국은 1975년 정식 비준국이 되었고 북한은 1985년 12월에 가입하였으나 IAEA가 임시 핵사찰 이후 특별 핵사찰을 요구한 데 반발하여 1993년 3월 탈퇴 선언을 했다. 같은 해 6월 미국과의 고위급회담 후에 탈퇴를 보류했으나, 2002년에 불거진 핵개발 문제로 이듬해인 2003년 1월 다시 탈퇴를 선언했다.

## 국제 · 북한

### 최고인민회의
■ 경향신문, 문화일보, YTN

북한의 최고주권기관이자 최고입법기관으로 우리나라의 국회에 해당한다. 1948년 창설되었으며 매년 4월께 정기회의를 열어 헌법과 법률 개정 등 국가정책의 기본원칙 수립, 주요 국가기구 인사, 전년도 예결산과 새해 예산안 승인 등의 기능을 수행한다. 정기회의는 1년에 1~2회, 임시회의는 필요성이 인정되는 경우 또는 대의원 전원의 1/3 이상의 요청이 있을 때 열린다.

### 조선노동당
■ 연합뉴스TV

'주체 사상(主體思想)'을 지도 사상으로 삼고 있는 북한의 집권당으로, 북한정권 수립 이래 지금까지 북한의 모든 영역을 장악하고 있는 권력의 중추이다. 1945년 10월 10일 창당됐으며 국가 · 사회 · 군대를 통제한다. 북한 헌법은 '조선민주주의인민공화국은 조선노동당의 영도 밑에 모든 활동을 진행한다'라는 규정과 함께 당 중앙위원회가 당의 노선과 정책 또는 전략전술에 관한 긴급한 문제를 토의 · 결정하기 위해 당대표자회의를 소집할 수 있다.

> **주체 사상(主體思想)**
> 북한의 공식 통치 이데올로기로, 정치 면에서의 자주, 경제 면에서의 자립, 국방 면에서의 자위(自衛)를 중심 내용으로 한다. 주체 사상은 형식적으론 여전히 제1 통치 이념이지만 실제로는 사문화됐다.

### 한국형 3축 체계
■ 뉴시스, 세계일보, 연합뉴스, 코리아헤럴드

한국의 북핵 대응전략으로 킬체인(Kill Chain) · 한국형 미사일방어(KAMD) · 대량응징보복(KMPR)을 가리키는 말이다. 킬체인은 북한이 핵 · 미사일을 발사하려는 움직임을 보이는 경우 우리 군이 먼저 탐지해 선제타격을 가하는 것으로 총 6단계의 공격형 방위시스템을 말한다.

한국형 미사일방어는 한반도를 향해 날아오는 북한의 탄도미사일 및 항공기를 10~30km의 저고도에서 탐지·요격하는 방어시스템이다. 마지막 단계인 대량응징보복은 북한이 핵·미사일을 발사해 공격하는 경우 북한의 지휘부를 직접 겨냥해 응징 및 보복하는 것으로 북한의 전쟁지휘 기능을 마비시키는 것이 주요 목적이다.

## 국무위원회

■ 연합뉴스TV

2016년 6월 29일에 열린 최고인민회의 제13기 4차 회의에서 국가 주권의 최고정책적 지도기관으로 신설된 국가기구이다. 국방위원회를 폐지함에 따라 김정은의 직책도 국방위원회 제1위원장에서 국무위원장으로 바뀌었다. 국무위원회는 국방건설사업을 비롯한 국가의 중요 정책을 토의·결정하고, 국무위원장 명령·국무위 결정·지시집행정형을 감독하고 대책을 수립하며, 국무위원장 명령·국무위 결정·지시에 어긋나는 국가기관의 결정·지시 폐지 등의 임무와 권한을 가지고 있다.

### 북한 국방위원회

1972년 채택된 사회주의 헌법에 의거해 중앙인민위원회 산하 기관으로 설치되었으나 1992년 개정 헌법에서 독립적인 국가기관이 되었다. 1998년 헌법 개정을 통해 국방위원회의 법적 지위와 권한의 승격을 제도적으로 보장하였고 김정일이 국방위원장으로 다시 추대되면서 북한의 최고권력기관으로 부상했다. 김정일은 1993년부터 국방위원장을 맡아왔으며 2011년 12월 17일 사망하였다. 김정일 사망 후 김정은이 그 직을 맡아오다 2016년에 국방위원회를 국무위원회로 개편하는 등의 조직개편을 실행하였다.

## 개성공단

■ MBC, 조선일보

2000년 8월 현대아산과 북한 조선아시아태평양평화위원회가 합의한 사업으로 한국토지공사와 현대아산이 북한으로부터 토지를 50년간 임차해 공장구역으로 건설하고 국내외 기업에 분양해 관리하는 방식으로 전개되었다. 북측은 2002년 11월 남측 기업의 개성공단 진출을 위해 '개성공업지구법'을 제정하여 공포하였고, 2003년 6월 30일에 착공식이 열렸다. 그러나 2016년 2월 북한의 핵실험과 미사일 발사 등 안보상의 이유로 개성공단 가동이 중단되었다.

**개성공업지구법**
이 법은 모두 5장(제1장 개성공업지구법의 기본, 제2장 개성공업지구의 개발, 제3장 개성공업지구의 관리, 제4장 개성공업지구의 기업창설 운영, 제5장 분쟁해결), 46개 조문으로 구성되었다. 그리고 하위 규정인 시행규정으로는 개발규정, 관리기관설립 운영규정, 광고규정, 기업재정규정, 기업창설 운영규정 등 모두 16개 규정이 제정되었다.

## 북방한계선(NLL ; Northern Limit Line)

■ 한국농수산식품유통공사

해양의 북방한계선은 서해 백령도·대청도·소청도·연평도·우도의 5개 섬북단과 북한 측에서 관할하는 옹진반도 사이의 중간선을 말한다. 북한은 1972년까지 이 한계선에 이의를 제기하지 않았으나 1973년부터 북한이 서해 5개 섬 주변 수역을 북한 영해라고 주장하며 NLL을 인정하지 않고 침범해 남한 함정들과 대치하는 사태가 발생했다.

## 7 · 4 남북공동성명

■ 한국동서발전, 한국산업기술시험원

1972년 남북한 당국이 국토분단 이후 최초로 통일 문제를 합의, 발표한 역사적인 공동성명이다. 이 성명은 통일에 대한 국민적 합의 없이 정부당국자들 간의 비밀회담만을 통해 이루어졌다는 한계가 있지만, 기존의 외세의존적이고 대결지향적인 통일노선을 거부하고 통일의 기본원칙을 도출해냈다는 점에서 의의가 있다.

**7 · 4 남북공동성명의 주요 내용**
1. 외세 간섭 없이 자주적 통일
2. 무력행사 없이 평화적 방법으로 통일 실현
3. 민족 대단결의 도모

## 6 · 15 남북공동선언

■ 한국언론진흥재단, 경향신문, 국민일보, 충북대학교병원

2000년 김대중 전 대통령과 김정일 국방위원장의 남북정상회담에서 이뤄진 공동선언이다. 남측의 김대중 전 대통령과 북측의 김정일 국방위원장이 분단 이후 처음으로 평양에서 만나 진행한 회담의 결과로 채택된 선언이다. 남북정상은 통일 문제를 우리 민족끼리 자주적으로 힘을 합쳐 해나가기로 하였으며, 통일방안으로서 남측의 연합제와 북측의 연방제에 공통성이 있다고 인정하고 이 방향에서 통일을 추구하기로 하는 등 5개 항에 합의하였다.

## 10 · 4 남북공동선언

■ 경향신문, 뉴스1

2007년 노무현 전 대통령과 김정일 국방위원장의 남북정상회담에서 합의한 선언이다. 2007년 남북정상의 상봉은 역사적인 '6 · 15 남북공동선언'과 우리 민족끼리의 정신을 바탕으로 남북관계를 보다 높은 단계로 확대발전시켜 한반도의 평화와 민족공동의 번영, 조국 통일의 새로운 국면을 열어나가는 데 의의가 있다. 남북정상은 10월 4일, 8개 항목과 2개의 별도 항목을 포함한 '남북관계 발전과 평화번영을 위한 선언(10 · 4 선언)'을 발표하였다.

## 4월 판문점선언

■ 경향신문, 뉴시스

문재인 전 대통령과 김정은 북한 국무위원장이 2018년 4월 27일 판문점 평화의 집에서 발표한 남북정상회담 합의문이다. 양 정상은 이 선언을 통해 핵 없는 한반도 실현, 연내 종전 선언, 남북공동연락사무소 개성 설치, 이산가족 상봉 등을 천명하였다.

**판문점선언 주요 내용**
1. 남북관계의 획기적인 개선 및 발전으로 공동 번영과 자주적 한국의 재통일을 앞당김
2. 한반도에서 첨예한 군사적 긴장 상태 완화 및 전쟁 위험 실질적 해소
3. 한반도의 항구적이며 공고한 평화체제 구축을 위한 협력

## 9월 평양공동선언

■ 경인일보

2018년 9월 19일 북한의 평양에서 열린 3차 남북정상회담에서 문재인 전 대통령과 김정은 북한 국무위원장이 합의해 발표한 공동선언이다. 남북정상은 비핵화, 군사, 경제, 이산가족, 문화·체육 등 5개 분야에 대한 구체적인 실천 방안에 합의했다.

**평양공동선언 주요 내용**
1. 한반도 전 지역에서의 전쟁 위험 제거
2. 민족경제 균형 발전
3. 이산가족 문제의 근본적 해결
4. 다양한 분야 교류협력 적극 추진
5. 한반도 비핵화 및 평화 터전 조성
6. 김정은 위원장의 서울 방문

# STEP 03 기출문제 Check

**01** 트럼프 2기 행정부의 관세정책에 대한 설명으로 옳은 것은? 〈은평구도시공사〉

① WTO의 최혜국대우 원칙을 이행하는 것을 이념으로 한다.
② 모든 수입품에 10% 보편관세를 시행했다.
③ 무역적자를 고려하지 않고 모든 교역국에 3%의 추가관세를 동일 부과했다.
④ 보호무역주의 완화를 위해 중국과의 고율관세를 철폐했다.

 트럼프 대통령은 2025년 4월 2일 'Liberation Day' 연설에서 모든 수입품에 10% 보편관세 부과를 선언했고, 4월 5일부터 이를 시행했다. 트럼프 2기 행정부는 WTO 원칙을 사실상 무시하는 보호무역적 보편관세를 도입했고, 추가 관세는 교역국의 무역적자 규모를 고려해 국가별로 11~50% 이상 차등 부과했다. 아울러 중국을 견제하기 위해 중국산 제품에 최대 145%의 고율관세를 매겼다.

**02** 다음 중 한국형 3축 체계에 해당하지 않는 것은? 〈뉴시스〉

① KMPR
② KAMD
③ Kill Chain
④ WMD

 한국형 3축 체계는 우리 군의 미사일 선제 대응방법 순서로서 3축은 북한의 미사일 위협을 실시간으로 탐지해 표적을 타격하는 공격체계인 '킬 체인(Kill Chain, 1축)', 북한의 미사일을 공중에서 방어하는 '한국형 미사일방어체계(KAMD, 2축)', 북한의 미사일 공격 시 미사일 전력과 특수작전부대 등으로 지휘부를 응징하는 '대량응징보복(KMPR, 3축)'을 말한다. 'WMD(Weapon of Mass Destruction)'는 대량살상무기를 의미한다.

**03** 다음 보기에서 설명하는 국제기구는 어디인가?  〈폴리텍〉

> 세계 최대 규모의 인도적 지원기관이자 자연재해, 인재와 같은 긴급상황이 발생한 개발도상국에 식량원조 등을 지원해주는 국제기구다. 2030년까지 기아 없는 세상을 만들기 위해 제로헝거(Zero Hunger) 캠페인을 펼치고 있다.

① FAO
② WFP
③ IFAD
④ ECHO

WFP(World Food Programme : UN 세계식량계획)는 1961년 UN 총회에서 기아해방을 위한 잉여 농산물 원조를 목적으로 창설됐다. 2020년에는 기아 퇴치를 위한 노력과 분쟁 지역에서 벌어진 환경개선, 기아를 전쟁과 분쟁의 무기로 사용하는 것을 막기 위해 펼친 노력 등을 공로로 인정받아 노벨평화상을 수상했다.

**04** 다음 중 국제형사재판소에 대한 설명으로 옳지 않은 것은?  〈충북대학교병원〉

① 집단학살, 전쟁범죄 등을 저지른 개인을 처벌한다.
② 제2차 세계대전 직후 1945년에 발족했다.
③ 본부는 네덜란드 헤이그에 있다.
④ 세계 최초의 상설 전쟁범죄 재판소다.

국제형사재판소(International Criminal Court)는 국제사회가 집단학살, 전쟁범죄 등을 저지른 개인을 신속하게 처벌하기 위한 재판소다. 세계 최초로 발족한 상설 재판소로 반인도적 범죄를 저지른 개인을 개별국가가 기소하기를 주저할 때에 국제형사재판소의 독립검사가 나서서 기소할 수 있도록 했다. 본부는 네널란느 헤이ㄴ에 있으며 2002년 7월에 정식 출범했다.

Answer  01 ② 02 ④ 03 ② 04 ②

**05** 파나마운하에 대한 설명으로 틀린 것은?  〈한겨레〉

① 대서양과 태평양을 잇는 운하다.
② 수에즈운하와 함께 세계 양대 운하로 꼽힌다.
③ 1960년 지미 카터 미 행정부 때 운영권이 파나마로 반환됐다.
④ 2024년 재당선된 트럼프 미국 대통령이 운하의 운영권 환수 가능성을 예고했다.

 1977년 미국은 파나마운하의 반환을 지속적으로 요구하던 파나마정부와 조약을 체결했다. 이 조약은 파나마가 영구적 중립을 지키는 조건으로 미국이 운하를 반환한다는 약속을 골자로 했다.

**06** 현지 정부가 다른 나라의 외교 사절을 승인하는 일을 무엇이라고 하는가?  〈KBS, MBC〉

① 아그레망
② 매니페스토
③ 로그롤링
④ 플리바게닝

 특정 인물을 외교 사절로 보내게 될 경우 관례상 사절을 받아들이는 상대국에 먼저 인물을 받아줄 것인지에 대한 의향을 확인한다. 상대국이 이의가 없다고 확인하는 것을 '아그레망을 부여한다'고 하는데, 이때 상대국이 해당 인물을 거부할 경우 거부된 인물을 '페르소나 논 그라타'라고 한다.

**07** 다음 중 NATO의 회원국이 아닌 국가는?  〈문화일보, 조선일보〉

① 튀르키예
② 폴란드
③ 러시아
④ 노르웨이

 NATO(북대서양 조약기구)는 서방 국가들의 군사동맹으로, 과거 공산권의 바르샤바 조약기구에 대한 군사적 대응으로 설립되어 현재까지 유지되고 있다. 러시아의 우크라이나 침공 이후 중립국을 표방해오던 스웨덴과 핀란드가 NATO 가입 의사를 밝혔으며, 2023년 핀란드, 2024년 스웨덴이 나토에 최종 가입에 성공하면서 2025년 기준 총 32개국이 가입되어 있다.

**08** 다음 설명에 해당하는 국제기구는 무엇인가?  〈MBC〉

- 태평양 주변 국가들의 정치·경제적 결속을 다지는 기구로 지속적인 경제성장과 공동의 번영을 위해 1989년 호주 캔버라에서 12개국 간의 각료회의로 출범했다.
- 1998년 가입국 러시아, 베트남, 페루까지 총 21개국이 가입되어 있으며, 매년 정상들이 모여 개최국 전통복장을 입고 기념사진을 촬영하는 것으로 유명하다.

① ASEM
② G7
③ RCEP
④ APEC

 APEC은 아시아·태평양경제협력체(Asia Pacific Economic Cooperation)라고 한다. 본부는 싱가포르에 있으며, 1년에 한 번씩 회의를 개최한다. 참가자들은 '국가'가 아닌 '경제주체'로서 참가하며 기념사진 촬영 시 시역의 전통복장을 입는다는 특징이 있다.

**09** 남한과 북한의 분계선에 관련된 다음 용어들에 대한 풀이로 틀린 것은? 〈MBC〉

① MDL : 방공식별구역
② NLL : 북방한계선
③ JSA : 공동경비구역
④ DMZ : 비무장지대

 MDL(Military Demarcation Line)은 군사분계선이라고 부른다. 두 교전국 간에 휴전협정에 의해 그어지는 군사 활동의 경계선으로, 한국의 경우 1953년 7월 UN군 측과 공산군 측이 합의한 정전협정에 따라 규정된 휴전의 경계선을 말한다.


**10** 다음에서 설명하는 용어는 무엇인가? 〈MBC〉

- 1878년 조지 홀리오크가 〈데일리 뉴스〉 기고문에서 이 용어를 쓰면서 정치적 의미를 획득했다.
- 미국 대통령 테어도어 루스벨트는 이 용어를 정치적으로 이용한 대표적 인물로 손꼽힌다.

① 쇼비니즘
② 아포리즘
③ 징고이즘
④ 생디칼리슴

 징고이즘(Jingoism)이란 1877년 러시아와 투르크의 전쟁에서 영국의 대러시아 강경책을 노래한 속가 속에 'By Jingo'라는 '어림도 없다'는 뜻의 문구에서 유래한 단어. 공격적인 외교정책을 만들어내는 극단적이고 맹목적이며 배타적인 애국주의 혹은 민족주의를 말한다.


**11** UN 상임이사국에 소속되지 않는 나라는? 〈대전도시철도공사〉

① 중국
② 러시아
③ 프랑스
④ 스웨덴

 UN 안전보장이사회(안보리)는 상임이사국 5개국과 2년 임기의 비상임이사국 10개국, 총 15개국으로 구성된다. 상임이사국은 미국, 영국, 러시아, 프랑스, 중국이다.

**12** 일본이 위안부 모집 과정에서 강제 연행이 있었다는 것을 인정하는 내용이 담긴 담화는?

〈한국사회적기업진흥원〉

① 고노 담화
② 미야자와 담화
③ 무라야마 담화
④ 노변담화

고노 담화는 일본 정부의 공식 입장으로 1993년 8월 4일 고노 요헤이 관방장관이 위안부 문제와 관련해 일본군 및 관헌의 관여와 징집·사역에서의 강제를 인정하고 문제의 본질이 중대한 인권 침해였음을 승인하면서 사죄한 담화다.

**13** 중국이 경제력과 군사력을 바탕으로 취하는 공세적 외교전략을 뜻하는 말은?

〈머니투데이〉

① 전묘외교
② 판다외교
③ 전랑외교
④ 투쟁외교

전랑외교는 중국이 경제력과 군사력의 성장을 바탕으로 무력시위 등 공격적인 형태로 외교전략을 펼치는 것을 말한다. 전랑(戰狼)이란 '늑대전사'라는 뜻으로 2015년과 2017년 중국 인민해방군 특수부대의 전투를 그린 인기 동명 영화의 제목에서 따왔다. 코로나19 팬데믹 이후 중국이 지향한 외교방식이다.

Answer   09 ① 10 ③ 11 ① 12 ① 13 ③

## 속성 2일차 국제·북한
### 논술·면접 기출문제

- 이스라엘과 하마스 전쟁에 대한 역사적·정치적 맥락을 쓰고, 국내 언론의 보도 태도와 내용을 구체적 사례를 들어 서술하시오. 〈YTN〉

- 북핵 해법에 대해 기사 형식으로 작성하시오. 〈뉴시스〉

- '시진핑 체제 유지 및 강화를 위해 중국이 대만을 침공할 가능성이 높다'와 '미국과의 전면전을 피하기 위해 중국이 대만 침공을 결행할 가능성이 낮다' 중 하나의 입장을 고르고 그 이유를 국제정치 중 현실주의 관점에서 서술하시오. 〈매일경제〉

- 남북통일은 경제적 기회인가 위기인가? 〈한국경제TV〉

- 탈세계화, 신냉전 시대에 한국의 바람직한 외교안보 전략과 경제정책에 대해 논하시오. 〈한국경제신문〉

- 북한에 대한 인도적 지원에 대한 견해를 말해 보시오. 〈한국수력원자력〉

- 러시아의 침공 이후 우크라이나가 처한 상황과 앞으로의 전망에 대해 논하시오. 〈헤럴드경제〉

- 미국의 중국 첨단산업 제재에 한국이 동참해야 하는가? 〈머니투데이〉

- 미중 무역분쟁이 한국에 미치는 긍정적 영향과 부정적 영향을 쓰고 한국의 전략을 서술하시오. 〈머니투데이〉

- 한국의 대미·대일·대북 정책에 대해 평가하고 추진 방향성에 대해 서술하시오. 〈코리아헤럴드〉

- 북한 비핵화에 대한 전망과 정부의 역할을 논하시오. 〈MBN〉

- 미국의 석유 자립과 기축통화 사이의 관련성에 대해 기술하시오. 〈아주경제〉

- 통일 이후에 북한에 고속도로를 건설하려고 한다. 어떤 제한과 대처 방안이 필요한지 말해 보시오. 〈한국도로공사〉

2일차 학습완료 check

# 속성 3일차

## 경제·경영·금융

Step 1  최신 시사상식
Step 2  일반 핵심상식
Step 3  기출문제 Check
         논술·면접 기출문제

# STEP 01 최신 시사상식

## 스테이블코인(Stablecoin)
■ 인천글로벌캠퍼스, 머니S

가상화폐의 변동성을 최소화하는 가상화폐의 일종이다. '안정성'을 뜻하는 스테이블이라는 명칭처럼 법정화폐의 '가치 고정화'를 특징으로 하고 가상화폐의 장점인 '거래 투명성'을 겸비한다. 현재 달러와 유로화 등 특정 명목화폐와 동일한 가치를 갖도록 발행되고 있다. 발행하는 측에서는 코인의 가치가 연결된 해당 명목화폐 가치와 1:1 비중을 담보한다고 설명한다. 다만 연결된 명목화폐의 가치가 변하면 스테이블코인의 가치도 그만큼 변동된다.

### NEWS 엿보기

원화를 바탕으로 하는 '스테이블코인'의 국내 제도권 도입을 두고 2025년 5월 한국은행(한은)은 스테이블코인의 편입 인가단계에서 금융위원회에 앞서 한은이 먼저 개입할 수 있어야 한다고 주장했다. 한은은 스테이블코인이 원화수요를 대체해 통화주권을 침해할 것이라 우려했다.

## 캐즘(Chasm)   ■ 부천시공공기관통합채용, 머니투데이

본래 캐즘이란 지질학에서 지층의 균열을 뜻하는 말이다. 이 용어가 경영에서는 새로운 상품을 찾는 혁신적 소비자가 지배하는 초기시장에서 첨단기술이 널리 사용되기 전에, 일시적으로 수요가 정체되거나 후퇴하는 현상을 표현하는 데 쓰인다. 새롭게 개발된 첨단기술 제품이 대중에게 받아들여지고 시장에 정착하기 전에 겪는 침체기를 뜻하는 것이다. 캐즘을 극복하면 대중적 상품으로 자리 잡지만, 그렇지 못하면 얼리어답터의 애호품으로 남게 된다.

### NEWS 엿보기

최근 전기차 수요 증가세 둔화에 따라 완성차 업체들이 재고를 보수적으로 운용하는 가운데 SK온도 '전기차 캐즘(Chasm, 일시적 수요 정체)'에 대응해 글로벌 생산설비 증설 시점을 탄력적으로 운영 중이라고 밝혔다.


## 슈링크플레이션   ■ 광주광역시공공기관통합채용, 한국일보

기업들이 자사 제품의 가격은 유지하고, 대신 수량과 무게·용량만 줄여 사실상 가격을 올리는 전략을 말한다. 영국의 경제학자 '피파 맘그렌'이 제시한 용어로 '줄이들다'라는 뜻의 '슈링크(Shrink)'와 '지속적으로 물가가 상승하는 현상'을 나타내는 '인플레이션'의 합성어다.

### NEWS 엿보기

한국소비자원의 조사에 따르면 2023년 우리나라 식품업계에서 9개 품목, 37개 상품에서 슈링크플레이션이 확인됐다. 이에 정부는 제품의 포장지에 용량이 변경된 사실을 의무적으로 표기하는 방안을 추진했다.

## 밸류업(Value-up)

■ 코리아헤럴드, 한국일보

대상의 가치를 높이거나 향상시키는 행위를 말하며, 따라서 경영에서는 기업가치를 제고하는 것을 의미한다. 밸류업은 가치평가 수준이 비슷한 외국 상장기업에 비해 우리기업의 가치가 낮게 형성되는 현상인 '코리아 디스카운트'를 극복하기 위한 방편이다. 코리아 디스카운트를 극복하기 위해서는 기업 스스로 체질개선을 통해 밸류업 하려는 노력이 필요하다. 소수의 대주주가 기업이익을 독점하는 지배구조를 개선하고 주주환원정책을 펴는 등 만성적인 저평가를 개선하는 데 힘써야 한다.

### NEWS 엿보기

2024년 2월 우리나라 금융위원회는 '기업 밸류업 프로그램'을 발표하며, 기업들의 적극적인 밸류업 참여유도를 위해 다양한 세제지원책을 인센티브로 제시하기로 했다.

## 폴더소비(Folder Consumption)

■ 부산광역시공공기관통합채용

Z세대의 새로운 소비트렌드로서 얻은 정보를 즉시 소비하지 않고 파일 폴더에 넣듯 저장해뒀다가 필요한 순간에 활용하는 것을 말한다. 남들이 다 아는 것을 놓치는 것을 두려워하는 'FOMO'에 대처하기 위한 것으로, 관심 있는 제품이나 콘텐츠, 유용한 정보를 발견하면 스마트폰 등을 통해 저장하고, 이후에 필요할 때마다 꺼내어 소비하는 방식이다.

> **NEWS 엿보기**
>
> KT는 지난 2025년 8월 최신 라이프스타일 키워드와 마케팅 아이디어를 공유하는 'Y트렌드 콘퍼런스' 행사를 열었다. 이 행사에서 Z세대가 직접 선정한 트렌드 키워드가 공개됐는데, '폴더소비'와 'N놀러', '든풀트', '에이아이션십(Ai:tionship)', '셀고리즘' 등 5가지였다.

## 디토소비(Ditto Consumption) ▪ 광주광역시공공기관통합채용

최근 등장한 소비트렌드 중 하나로, 인플루언서·연예인 등 특정인이나 콘텐츠, 커머스를 따라 그대로 물건을 구매하는 것이다. 디토(Ditto)란 '나도, 동감이야'를 의미하는 단어로, 말 그대로 다른 사람이 하는 소비를 그대로 따라하는 소비패턴을 의미한다. 특히 MZ세대에서 유행하는 소비트렌드로 SNS, 유튜브 등에서 인플루언서 등이 추천하거나 구매한 제품을 따라 구매하는 방식으로 나타난다. '남들이 다 가지고 있으니 나도 구입한다'는 의식에서 행하기도 한다.

> **NEWS 엿보기**
>
> 2025년 10월 문화체육관광부와 국립국어원은 최근 SNS를 통해 확산하는 소비트렌드인 디토소비를 '모방 소비'라는 이해하기 쉬운 우리말로 다듬어 공개했다. 디토소비는 국민 수용도 조사에서 우리말로 바꿔 써야 할 말로 가장 많이 선택됐다(77%).

## ESG

■ 연합인포맥스, KNN, 서울교통공사, 신용보증기금

환경(Environmental), 사회(Social), 지배구조(Governance)의 머리글자로 무디스가 고안한 투자가치와 성장가능성의 지속가능 여부를 알려주는 새로운 투자기준이다. 기업이 환경보호에 앞장서는지, 사회적 약자에 대한 지원 및 사회공헌 활동을 활발히 하는지, 법과 윤리를 철저히 준수하는 윤리경영을 실천하는지 등을 평가한다. 2000년 영국의 ESG 정보공시 의무제도 도입을 시작으로 프랑스, 독일 등에서도 해당 제도를 시행하고 있다. 2021년 1월 금융위원회는 우리나라도 2025년부터 유가증권 시장 상장사 중 자산이 2조원 이상인 경우 의무적으로 ESG를 공시하도록 했다. 2030년에는 모든 코스피 상장사로 공시 의무가 확대될 예정이다.

**블라인드 펀드**
투자 대상을 사전에 정해놓지 않고 투자금을 유치한 뒤 우량 투자 대상이 확보되면 투자를 집행하는 펀드

### NEWS 엿보기

KB금융그룹이 2024년 1월 30일 블라인드 펀드의 투자결정 및 운용과정에 ESG 투자기준을 적용한다고 밝혔다. 이에 따라 앞으로 KB금융그룹의 펀드운용 계열사와 투자집행 계열사는 투자 대상의 ESG 경영 전반을 종합적으로 평가한 'ESG 통합역량 체크리스트'를 활용해 산업·섹터별 투자 적격 대상을 선정한다.

## 넥스트레이드(Nextrade)

■ 머니S

한국거래소가 독점하고 있는 증권시장을 경쟁이 가능한 복수시장 체제로 전환해 자본시장의 인프라를 질적으로 발전시키겠다는 목표하에 추진한 다자간매매체결회사(ATS ; Alternative Trading System)를 말한다. ATS는 전산시스템과 네트워크를 활용하여 동시에 다수의 거래자를 대상으로 경쟁매매 등 방법을 통해 상장주권 등을 매매하거나 그에 대한 중개·주선·대리 업무를 하는 투자매매업자 또는 투자중개업자로 정의된다.

### NEWS 엿보기

금융감독원이 2025년 3월 대체거래소(ATS)인 '넥스트레이드' 출범을 앞두고 증권사가 투자자 주문을 최선의 거래조건으로 처리하게 하기 위해 최선집행의무 가이드라인을 마련해 발표했다.

## 옴니보어(Omnivore)

■ SBS

옴니보어는 라틴어로 '무엇이든 먹는', '잡식성'이라는 의미를 가진다. 김난도 서울대 소비자학과 교수가 매년 발간하는 〈트렌드 코리아 2025〉에서는 다양한 취향과 제품군을 선호하는 특성으로서 옴니보어를 새로운 소비트렌드로 제시했다. 고정관념에 얽매이지 않고, 가격·브랜드·상품유형 등 다양한 데 관심을 두며 그로써 자기만의 소비스타일을 완성해나가는 소비자들을 말한다. 이러한 옴니보어가 탄생하게 된 배경에는 개인의 취향과 가치관을 분석하고 상품·서비스를 추천해주는 '마이크로 마케팅'의 역할이 주요했다는 분석이 나온다.

### NEWS 엿보기

예매 플랫폼 '티켓링크'에 따르면 2024년 상반기 프로야구 티켓 구매자 중 54.4%는 여성인 것으로 나타났다. 이는 전년 동기 대비 3.7%포인트 상승한 수치인데, 종래와 달리 프로스포츠가 더 이상 남성의 전유물이 아님을 증명하는 '옴니보어'의 한 사례인 것으로 평가됐다.

### F4 회의 ■ SBS

'Finance 4'의 축약어로 경제부총리, 한국은행 총재, 금융위원장, 금융감독원장이 매주 한 차례 모여 범부처 거시경제·금융현안 등 경제관련 현안을 논의하는 비공개 회의다. 필요시 대통령실 경제수석 등도 참관한다. 경제·금융 당국 수장들이 직접 모여 기관별로 분산돼 있는 각종 정보를 공유하기 때문에 빠른 의사결정이 가능하다. 2025년 초 F4 회의에서는 국가신인도, 부동산 프로젝트 파이낸싱(PF) 재구조화, 가계부채 비율 등을 논의했다.

#### NEWS 엿보기

2024년 12월 3일 계엄선포 1시간여 뒤에 당시 최상목 부총리 겸 기획재정부 장관이 전국은행연합회관에서 한국은행 총재, 금융위원장, 금융감독원장 등과 함께 이른바 F4 회의를 긴급 개최한 것을 두고 "내란에 재정적 지원을 검토한 것 아니냐"는 의혹이 제기됐다.

### CBDC(Central Bank Digital Currency) ■ 조선비즈

중앙은행이 발행하는 법정통화의 디지털 형태를 말한다. 즉, 국가가 직접 보증하는 전자화폐다. 우리말로는 중앙은행 디지털화폐라고 부른다. 각국의 중앙은행이 직접 전자적 형태로 발행하며 실물화폐와 동등한 법적지위를 갖는다. 민간 가상화폐와 달리 가치변동이 없어 안정성을 겸비하고 있다.

#### NEWS 엿보기

최근 트럼프 2기 미국 행정부가 달러 스테이블코인 도입을 추진하는 것과 달리, 2025년 10월 중국 인민은행은 자금세탁과 불법 해외송금 등 스테이블코인 관련 리스크를 거론하며 중앙은행 디지털화폐(CBDC)에 집중한다는 계획을 내놨다.

## 웩시트(Wexit)

■ 머니투데이

부유층을 뜻하는 'Wealthy'와 탈출을 뜻하는 'Exit'의 합성어로 고액자산가들이 더 나은 세제혜택과 삶의 질을 찾아 본국을 떠나는 현상이다. 이들은 본국의 주거환경, 경제, 안보 등에 민감하게 반응하며 상황이 악화될 경우 다른 사람들보다 빠르게 해외로 이주한다. 이로 인해 막대한 자산이 함께 유출돼 국가경제에도 영향을 미친다. 최근 고액자산가들은 소득세, 상속세, 양도세가 없는 아랍에미리트를 주요 이주지로 선택하고 있다. 그 밖에도 이탈리아, 스위스 등이 인기 정착지로 꼽힌다.

### NEWS 엿보기

영국에 살지만 영구거주자가 아닐 경우 해외수입에 과세하지 않는 '비영구거주자(Non-dom)제도'가 폐지되자 많은 부자들이 영국을 떠나는 웩시트 현상이 2025년 4월 이후 급증했다.

# STEP 02 일반 핵심상식

| 경제 · 경영 · 금융 |

### 거시경제
■ 신용보증기금

소비, 투자, 정부지출과 같은 가계·기업·정부 등 개별 경제주체들의 경제행위를 나타내는 통량변수들 간의 관계를 분석함으로써 국민경제가 총체적으로 발전해가는 과정을 연구하는 분야이다. 거시경제 지표로는 소비, 투자, 정부지출, 조세, 국민소득, 화폐, 이자율, 물가, 노동, 자본, 수출, 수입, 환율, 국제수지 등이 있다.

**미시경제**
거시경제와 대응되는 말로 보통 1년 이내의 단기간에 영향을 미치는 요소에 대해 연구하는 경제학 분야이다.

### 거시경제 지표
■ MBC

**국제수지표(BOP ; Balance Of Payment)**

| | 상품수지 | 수출, 수입 |
|---|---|---|
| 경상수지 | 서비스수지 | 운송·여행·통신 서비스, 건설 서비스, 보험 서비스, 금융 서비스, 컴퓨터 및 정보 서비스, 유지보수 서비스, 개인·문화·오락 서비스, 사업 서비스, 지적재산권 등 사용료 |
| | 본원소득수지 | 급료 및 임금, 투자소득 |
| | 이전소득수지 | 개인송금 등 |
| 자본·금융 계정 | 자본계정 | |
| | 금융계정 | 직접투자, 증권투자, 파생금융상품, 기타투자, 준비자산 증감 |
| 오차 및 누락 검토 | | |

**국제수지표의 작성**
국제수지는 현재 국제통화기금(IMF)의 국제수지 매뉴얼에 따라 한국은행이 작성한다.

## 경제성장률

■ 아주경제, 이투데이, 서울주택도시공사

국가의 실질액의 증가율을 나타내고 있기 때문에 실질성장률이라고도 한다.

$$경제성장률(\%) = \frac{금년도\ 실질\ GDP - 전년도\ 실질\ GDP}{전년도\ 실질\ GDP} \times 100$$

## 경제학파 정리

■ CBS, 매일경제

| 구분 | 케인스학파 | 통화주의학파 | 신고전학파 | |
|---|---|---|---|---|
| | | | 화폐적 변동 | 실물적 변동 |
| 시기 | 1930대 | 1970년대 | 1980년대 | |
| 경제학자 | 케인스, 사무엘슨 | 프리드먼, 슈워츠 | 루카스 | 키들랜드, 프레스컷 |
| 경기변동 원인 | 독립투자와 내구소비재 지출의 변화 | 불안전한 통화공급 | 예상치 못한 통화량 변동 | 기술충격 등 실물요인의 변화 |
| 핵심개념 | 재정정책 | 통화준칙 | 합리적 기대 | 기간 간 노동대체 |

### 고전학파와 케인스학파의 주장 차이

| 구분 | 고전학파 | 케인스학파 |
|---|---|---|
| 자본주의 | 안정적(균형) | 불안정(불균형) |
| 시장 | 효율적/완전경쟁 | 비효율적/불완전경쟁 |
| 정책개입 | × | ○ |
| 안정화 정책 | 통화정책(준칙) | 재정정책(재량) |

## 경제협력개발기구(OECD)
■ 경인일보, 한국가스공사, 한국전력기술

제2차 세계대전 뒤 유럽 각국은 협력체제의 정비가 필요하여 1948년 4월 마셜플랜을 수용하기 위한 기구로서 유럽경제협력기구(OEEC)를 출범시켰다. 이후 1960년 12월 OEEC의 18개 회원국에 추가로 미국·캐나다를 포함하여 20개국 각료와 당시 EEC(유럽경제공동체), ECSC(유럽석탄철강공동체), EURATOM(유럽원자력공동체)의 대표들이 모여 '경제협력개발기구조약(OECD조약)'에 서명하고, 1961년에 협정문이 발효됨으로써 탄생하게 되었다. 우리나라는 1996년 12월에 29번째 회원국으로 가입하였다.

**마셜플랜(Marshall Plan)**
제2차 세계대전 후인 1947~1951년 미국이 서유럽 16개 나라에 행한 대외원조계획이다. 정식 명칭은 유럽부흥계획이지만, 당시 미국의 국무장관이었던 마셜이 최초로 공식 제안하여 그의 이름을 따 마셜플랜이라고 한다.

## 과세조건
■ 조선일보

| | |
|---|---|
| 납세의무자 | 세법의 규정에 의하여 세금을 납세할 의무가 있는 자 |
| 과세물건 | 납세의무 성립요건의 물적 요소로서 과세의 목적물로 정하는 물건, 행위, 사실 등의 과세 객체 |
| 과세표준 | 세액산출의 기초가 되는 과세물건의 수량 또는 가액 |
| 세율 | 과세표준에 대한 세액의 비율 |

**과세 종류**
- 등록면허세 : 각종 면허를 받은 자에게 부과되는 조세
- 상속세 : 자연인의 사망에 의해 무상으로 이전되는 재산에 대한 과세
- 소득세 : 개인의 발생 소득을 대상으로 부과하는 조세
- 법인세 : 법인의 발생 소득을 대상으로 부과하는 조세

## 구조조정(Restructuring)
■ 근로복지공단, 코레일

부실해진 기업을 대규모 노동력 감축, 임금 삭감, 자산 매각 등의 수단으로 회생시키는 것을 말한다. 좀 더 넓은 의미로는 기업의 경쟁력을 높이는 일로 볼 수 있다. 대개 기업의 구조조정은 '채권단 자율협약', '워크아웃(기업구조 개선작업)', '기업회생(법정관리)' 등의 순서로 진행된다.

## 국내총생산(GDP ; Gross Domestic Product)
■ 머니투데이, 부천도시공사, 한국우편사업진흥원

일정 기간 동안 한 나라의 영토 안에서 생산된 최종 재화와 서비스의 시장가치 총액을 말한다.
① **일정 기간 동안** : 유량개념을 의미하며 보통 1년을 단위로 측정
② **한 나라의 국경 안** : 속지주의 개념으로 외국인이 국내에서 생산한 것은 포함되지만 내국인이 국외에서 생산한 것은 제외
③ **최종 생산물** : 중간 생산물은 제외
④ **시장가치** : 시장에서 거래된 것만 포함

## 더블딥(Double Dip)
■ 부산일보, 부산대학교병원

경기침체 이후 일시적으로 경기가 회복되다가 다시 침체되는 이중침체 현상을 말한다. '이중강하'라고도 부른다. 더블딥에 빠지면 이전보다 상황이 더욱 악화된다.

> **트리플딥(Triple Dip)**
> 경기가 일시적으로 회복되었다가 다시 침체되는 현상이 반복적으로 일어나는 일

## 규모의 경제
■ 한국전력공사

제조업 등 대량생산이 이루어지는 상황에서 생산규모가 증가함에 따라 생산비에 비해 생산량이 크게 증가하면서 발생하는 경제적 이익을 말하며 규모에 대한 수익이라고도 한다. 규모의 경제는 생산규모와 관련된 것으로 경제규모가 커진다고 해서 반드시 규모의 경제가 발생하는 것은 아니며, 규모의 경제가 독점으로 변할 경우 공급자가 가격을 마음대로 조정할 수 있다는 위험성도 있다.

**범위의 경제**
어떤 기업이 2가지 이상의 제품을 생산할 때, 각각 다른 기업들이 제품을 생산하는 것보다 산업연관성이 있는 기업이 생산하게 될 경우 나타나는 비용 감소 효과(도축업자가 정육점을 오픈하고 식당까지 운영하는 경우)를 말한다.

## 그레셤의 법칙
■ 전남신용보증재단

16세기 영국의 그레셤이 제창한 '화폐 유통에 관한 법칙'으로 당시 영국에서는 귀금속인 금화나 은화가 화폐로 유통되었는데 비양심적인 사람들이 이 화폐의 귀금속 함량을 낮춰서 유통시켰고(악화), 귀금속 함량이 양호한 화폐(양화)를 보유한 사람들은 이를 시장에 풀지 않아 결국 시장에는 귀금속 함량이 낮은 악화만 유통되었다. 이를 가리켜 그레셤은 '악화가 양화를 구축한다'라고 말했고 이러한 현상을 그레셤의 법칙이라 한다.

**토머스 그레셤**
영국의 금융업자·무역업자로, 엘리자베스 1세의 밑에서 재정고문으로 근무하였고, 왕립 증권거래소를 창설하기도 했다.

## 기회비용

■ 경향신문

포기된 재화의 대체기회 평가량을 의미하는 것으로, 어떤 생산물의 비용을 그 생산으로 단념한 다른 생산기회의 희생으로 보는 개념이다. 즉, 하나의 선택에 따라 포기하게 된 선택의 가치로, 대안이 여러 가지인 경우에는 포기한 대안들 중 가장 큰 가치를 의미한다. 여기서 중요한 것은 선택에 영향을 주지 않는 비용인 매몰비용은 기회비용에 포함되지 않는다는 것이다.

**매몰비용(Sunk Cost)**
의사결정을 하고 실행한 이후에 발생하는 비용으로 어떤 선택을 하든지 회수할 수 없다. 함몰비용이라고도 한다.

## 기준금리

■ 국립호남권생물자원관, 연합뉴스

한 국가의 각종 금리를 대표하는 금리로, 일반 시중은행들이 중앙은행으로부터 대출을 받을 때 적용되는 금리다. 우리나라는 한국은행의 금융통화위원회에서 결정한다. 기준금리에 따라서 시중은행의 금리도 변하는데, 우리나라의 경우 7일물 환매조건부채권(RP)금리가 기준금리 역할을 한다. 기준금리 변동은 '동결'과 인상되는 경우 0.25%p(베이비스텝), 0.50%p(빅스텝), 0.75~1.00%p(자이언트스텝) 인상으로 이뤄진다. 반대로 인하될 때는 '베이비컷(0.25%p)', '빅컷(0.50%p)', '자이언트컷(0.75~1.00%p)'이라고 한다.

### 중립금리
경제가 인플레이션이나 디플레이션의 압박 없이도 잠재성장률 수준을 회복할 수 있는 이론적 금리 수준을 뜻하는 용어. 경제상황에 따라 달라지기 때문에 이론상으로만 존재한다.

### 카르텔(Cartel)
■ 원주시시설관리공단

담합(談合)이라고도 하며 기업 상호간의 경쟁의 제한이나 완화를 목적으로 상품 또는 용역의 가격이나 생산수량, 거래조건, 거래상대방, 판매지역을 제한하는 기업간에 결성되는 기업결합형태를 말한다. 공동행위, 기업연합(企業聯合)이라고도 한다. 일반적으로 카르텔은 가맹기업의 자유의사에 의하여 결성되나, 국가에 의하여 강제적으로 결성되는 경우도 있다.

### 골디락스(Goldilocks)
■ CBS, 국립호남권생물자원관

높은 성장률을 기록하면서도 물가 상승 압력이 거의 없는 이상적인 경제 상황을 표현하는 것으로, 영국 동화〈골디락스와 곰 세 마리〉에 등장하는 소녀의 이름에서 유래한 용어이다. 동화에서 여주인공 골디락스는 곰이 끓이고 나간 세 가지의 수프인 뜨거운 것과 차가운 것, 적당한 것 중에서 적당한 것을 먹고 딱딱한 침대, 너무 물렁한 침대, 적당한 침대 중 적당한 침대에 누워 쉬는데 이러한 골디락스를 경제에 비유하여 뜨겁지도 차갑지도 않은, 안정적인 경제 상태를 표현한다. 가격이 아주 비싼 상품과 싼 상품, 중간 가격의 상품을 함께 진열하여 중간 가격의 상품을 선택하게 유도하는 판촉기법을 '골디락스 가격'이라고 하기도 한다.

### 리니언시(Leniency)
■ 서울대병원

담합에 가담한 사실을 자수하면 제재를 면제해주는 제도로 1·2순위 자진신고자에게 각각 과징금의 100%, 50%를 감면해준다. 그러나 담합 사실을 허위·과장 제보하거나 담합을 주도하고도 자진신고를 통해 과징금을 감면받는 이른바 '얌체 리니언시' 문제도 있다.

## 리디노미네이션(Redenomination) ▪ 경남신용보증재단

한 나라에서 통용되는 화폐의 액면가(디노미네이션)를 동일한 비율의 낮은 숫자로 변경하는 조치를 말한다. 이전에는 '디노미네이션(Denomination)'이라고 불렸으나 디노미네이션이 화폐, 채권, 주식 등의 액면금액을 의미하는 것이므로 한국은행은 화폐단위 변경을 영어로 표현하려면 '리디노미네이션' 또는 '디노미네이션의 변경'이라고 쓸 것을 권장하고 있다.

## 빅맥 지수(Big Mac Index) ▪ 영화진흥위원회

맥도날드의 빅맥 햄버거 값을 비교해 각국의 통화가치와 통화의 실질구매력을 평가하는 지수이다. 영국 이코노미스트지는 전 세계적으로 팔리고 있는 맥도날드 햄버거인 빅맥 가격을 기준으로 한 빅맥 지수를 분기별로 발표하는데, 이것은 '환율은 두 나라에서 동일한 상품과 서비스의 가격이 비슷해질 때까지 움직인다'는 구매력 평가설을 근거로 적정 환율을 산출하는 데 활용된다.

> **신라면 지수**
> 2012년 농심이 세계 주요 10개국에 수출한 신라면 가격을 비교해 발표했다. 빅맥 지수와 마찬가지로 각국의 구매력을 평가하는 것이 목적이며, 당시 신라면 지수가 가장 높은 나라는 호주로 가장 낮은 홍콩에 비해 3.3배가 높았다.

## 세이의 법칙(Say's Law)  ■ 국민체육진흥공단

'공급은 스스로 수요를 창조한다'는 법칙으로 '판로설'이라고도 한다. 이 이론에 의하면 생산된 것이 판매되지 않아 기업들이 휴업을 하고 실업이 발생하는 사태는 있을 수 없다. 총 공급의 크기가 총 수요의 크기를 결정하기 때문에 총 공급과 총 수요는 언제나 일치하고 그 결과 항상 완전고용이 달성된다고 보았기 때문이다. 하지만 1930년대의 대공황처럼 공급된 것이 판매되지 않아 공장들이 문을 닫게 되고 대량실업과 대량의 유휴설비가 발생한 경우를 설명할 수 없었다. 이에 케인스는 세이의 법칙을 비판하며 세이의 법칙과는 정반대로 '총 수요량이 총 공급량을 결정한다'는 '유효수요의 원리'를 내놓았다.

> **유효수요의 원리**
> 총 수요의 크기가 총 공급의 크기를 결정하기 때문에 불완전고용을 극복하기 위한 방법으로 유효수요의 창출이 필요하다는 이론이다.

## 수요의 법칙(Law of Demand)  ■ 교통안전공단

상품가격이 오르면 수요량은 감소하고 가격이 내리면 수요량은 증가하는 식으로 시장 전체의 상품가격과 수요량 사이에는 역(逆)의 관계가 성립하는데 이러한 관계를 뜻한다.

> **공급의 법칙(Law of Supply)**
> 어떤 상품에 관한 시장공급량과 시장가격과의 관계에 관한 법칙이다. 만약 다른 모든 여건이 일정할 때 어떤 상품의 가격이 상승하면 그 상품의 공급량은 증가하고, 가격이 하락하면 공급량은 감소하는 관계를 가리킨다.

## 스태그플레이션(Stagflation)  ■ 행정공제회, 언론중재위원회

경기침체를 의미하는 '스태그네이션(Stagnation)'과 물가 상승을 의미하는 '인플레이션(Inflation)'을 합성한 용어로, 경제 활동이 침체되고 있는 상황에서도 물가는 지속적으로 상승하고 있는 현상이다. 이러한 스태그플레이션이 발생할 경우 경제성장과 물가안정 어느 쪽도 달성하기가 힘들어진다.

- 초인플레이션(하이퍼인플레이션) : 인플레이션의 범위를 초과하여 경제학적 통제를 벗어난 인플레이션이다.
- 디스인플레이션 : 인플레이션이 발생해 통화가 팽창하여 물가가 상승할 때, 그 시점의 통화량·물가수준은 유지한 채 안정을 도모하며 서서히 인플레이션을 수습하는 경제정책을 의미한다.
- 애그플레이션 : 농산물 상품의 가격 급등으로 일반 물가도 덩달아 상승하는 현상이다.
- 리디노미네이션 : 화폐가치에 대한 변동 없이 화폐 액면단위를 낮추는 것이다.

## 유로존(Eurozone)  ■ 부산대학교병원

유럽연합(EU)의 단일화폐인 유로를 국가통화로 도입하여 사용하는 국가나 지역을 의미한다. 오스트리아, 핀란드, 독일, 에스토니아, 프랑스, 아일랜드, 스페인, 라트비아, 벨기에, 키프로스, 그리스, 슬로바키아, 이탈리아, 룩셈부르크, 몰타, 네덜란드, 포르투갈, 슬로베니아 등 총 18개국이 가입되어 있었으나 2015년 리투아니아, 2023년 크로아티아가 추가로 유로존에 포함됨에 따라 20개국이 되었다. 유로존에 가입하려면 정부의 재정적자 규모가 국내총생산(GDP)의 3% 미만, 정부의 공공부채 규모가 국내총생산의 60% 이내, 인플레율(물가상승률)이 유로존 회원국 최저 3개국보다 1.5%를 초과하지 않을 것 등의 조건을 충족해야 한다.

## 양적완화(Quantitative Easing)
■ 중앙일보, YTN

정책금리 인하를 통한 통화정책으로는 좀처럼 경기침체에서 벗어나지 못할 때 발권력(채권이나 은행권 등을 발행할 수 있는 힘)을 가진 중앙은행이 시중에 직접 통화를 공급하는 정책을 말한다. 장기적으로는 부작용을 초래할 수 있어 사실상 중앙은행이 쓸 수 있는 마지막 카드라고 봐야 한다. 1990년대 일본에서 거품경제가 붕괴한 후 정책금리를 제로 수준까지 낮췄음에도 불구하고 극심한 디플레이션 상태에서 벗어나지 못하자 은행들이 보유한 장기국채를 매입하는 방식으로 양적완화 정책을 동원한 바 있다.

**디플레이션**
물가가 지속적으로 하락하고 경제활동이 침체되는 현상

**내재가치**
자산으로부터 얻을 수 있는 미래의 기대수익을 현재가치로 환산한 것을 말한다.

### 거품경제
일반적인 재화나 서비스의 가격이 안정되어 있는 반면, 자산가격만 비정상적으로 급등하는 현상을 의미한다. 경제 분야에서 '버블(Bubble, 거품)'이란 자산의 시장가격과 내재가치 간의 차이로 정의되는데, 즉 내재가치에 비해 시장가격이 과대평가된 것을 말한다. 거품보다 약한 가격 상승 현상은 '붐(Boom)'이라고 한다. 버블은 1990년대 초 일본 경제가 침체한 대표적인 원인이기도 하다.

## 테이퍼링(Tapering)
■ 아주경제, 머니투데이, MBC, 한국주택금융공사

은행이 국채 매입 등으로 통화량을 늘리는 정책인 양적완화를 점진적으로 축소하는 것을 말한다. 즉, 경제가 침체되면 돈을 풀고 회복세를 보이면 시중에 푼 돈을 점차 줄여 나가는 것이다. 미국이 테이퍼링을 시행하면 시장에 도는 돈이 줄어들기 때문에 금리와 환율이 상승하며, 주가가 하락하는 현상이 일어나기도 한다.

## 엥겔 계수(Engel's Coefficient) ▪ KBS, 서울시복지재단

저소득 가계일수록 식료품비가 차지하는 비율이 높고, 고소득 가계일수록 식료품비가 차지하는 비율이 낮다는 통계적 법칙을 이른다. 1857년 독일 통계학자 엥겔이 가계 지출을 조사한 결과 발견하고 명명하였다. 식료품비가 가계의 총 지출액에서 차지하는 비율, 즉 엥겔 계수는 소득수준이 높아짐에 따라 점차 감소하는 경향이 있다. 보통 엥겔 계수가 0.5 이상이면 후진국, 0.3~0.5이면 개발도상국, 0.3 이하이면 선진국이라고 한다.

## 자유무역협정(FTA ; Free Trade Agreement) ▪ 뉴시스, 광주보훈병원, 중소기업유통센터

국가 간에 상품·서비스 교역에 대한 관세 및 무역장벽을 철폐함으로써 배타적인 무역특혜를 서로 부여하는 협정이다. FTA는 그동안 유럽연합(EU)이나, 북미자유무역(NAFTA) 등과 같이 인접 국가나 일정한 지역을 중심으로 이루어졌기 때문에 흔히 지역무역협정(RTA ; Regional Trade Agreement)이라고도 부른다. 한국은 1998년 대외경제 조정위원회에서 FTA 체결을 추진하기 시작하였으며 2004년 4월 1일부터 한국 최초의 한-칠레 FTA가 발효되었다.

- 관세동맹(Customs Union) : 회원국 간 역내무역 자유화 외에도 역외국에 대해 공동관세율을 적용해 대외적인 관세까지도 역내국들이 공동보조를 취함[남미 공동 시장(MERCOSUR)]
- 공동 시장(Common Market) : 관세동맹 수준의 무역정책 외에도 회원국 간 노동, 자본 등 생산요소의 자유로운 이동 가능[유럽공동체(EC), 중앙아메리카 공동 시장(CACM)]

## 재정정책(Government Fiscal Policy)

■ 주택도시보증공사, 인베스트조선

정부의 지출수준·조세율·공채 발행 등을 조절하여 국민경제의 안정적 성장을 추구하는 재정운용정책을 말한다. 선진국들은 재정정책의 기조를 설정할 때 통화정책에 의존하는 단기적인 경기 상황에 초점을 맞추기보다는 장기적 재정건전성의 제고와 국민세금의 효과적 활용에 더 큰 비중을 두고 있다.

## 재화

■ 매일신문, MBC

- **정상재** : 소득이 증가(감소)했을 때 수요가 증가(감소)하는 재화
- **열등재** : 소득이 증가(감소)했을 때 수요가 감소(증가)하는 재화
- **경제재** : 희소성이 있어 대가를 지불하지 않고는 얻을 수 없는 경제적 가치가 있는 것
- **자유재** : 사용가치는 있으나 무한하여 교환가치가 없는 비경제재(공기)
- **대체재** : 한 재화에 대한 수요와 다른 재화의 가격이 같은 방향으로 움직이는 관계에 있는 재화(커피-홍차, 소고기-돼지고기)
- **보완재** : 하나의 소비 활동을 위해 함께 소요되는 경향이 있는 재화(커피-설탕, 만년필-잉크)
- **기펜재** : 특수한 열등재의 한 종류로, 재화가격이 상승(하락)할 때 수요량이 오히려 상승(하락)하는 재화(쌀 가격이 오르면 고기 소비를 줄이고 더욱 쌀 위주로 소비해야 한다)

## 레몬마켓(Lemon Market)

■ 한국경제, 화성도시공사

쓸모없는 재화나 서비스가 거래되는 시장을 의미한다. 미국에서 '시큼하고 맛없는 과일'로 통용되는 레몬은 '불량품'을 뜻하기도 하는데, 이를 경제 분야에 차용한 표현이다. 정보의 비대칭성으로 소비자들은 판매자보다 제품에 대한 정보가 적을 수밖에 없는데, 소비자들은 자신들이 속아서 구매할 것을 우려해 싼값만 지불하려 하고 이로 인해 저급품만 유통되는 시장을 가리킨다.

### 피치마켓(Peach Maaket)
가격에 비해 고품질의 상품이나 서비스가 거래되는 시장을 의미한다.

## 지니(Gini) 계수

■ 부산일보, 한겨레

계층 간 소득분포의 불균형 정도를 나타내는 수치로, 소득이 어느 정도 균등하게 분배돼 있는지를 평가하는 데 주로 이용된다. 저소득층에서 고소득층을 향하는 사람의 수를 누적 백분율로 하여 가로축으로 나타내고 그 사람들의 소득에 대한 누적 백분율을 세로축으로 나타낸다. 이때 그려지는 대각선을 활 모양의 곡선인 로렌츠 곡선과 대각선으로 둘러싸인 면적을 대각선 아래쪽의 직각 삼각형의 면적으로 나눈 비율이 0에 가까울수록 소득분배가 평등하게 이루어졌다고 판단한다.

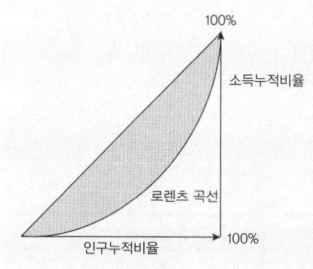

x축에 소득자 수의 누적 백분율을, y축에 소득 금액의 누적 백분율을 취함으로써 얻어진 곡선으로 소득분포의 불균등을 나타내기 위하여 미국인 통계학자 로렌츠가 고안해낸 누적 도수 분포 곡선이다.

## 뱅크런(Bank Run)

■ 머니투데이, 뉴시스, KBS

은행을 뜻하는 'Bank'와 달린다는 의미의 'Run'의 합성어로, 예금자들이 은행에서 예금을 인출하기 위해 몰려드는 현상을 일컫는 말이다. 예금을 맡긴 은행에 무슨 문제가 생겨 파산할지도 모른다고 생각하는 예금자들이 서로 먼저 돈을 찾으려고 은행으로 뛰어가는 모습에서 유래했다.

## 필립스 곡선

■ 아시아경제, 연합뉴스TV

실업률이 낮으면 임금상승률이 높고, 실업률이 높으면 임금상승률이 낮다는 관계를 나타낸 곡선이다. 영국 경제학자 필립스가 실제 영국의 사례를 토대로 분석한 결과에서 x = 실업률, y = 임금상승률로 하여 $\log(y + 0.9) = 0.984 - 1.394x$라는 관계를 도출하였다. 이 경우 실업률이 5.5%일 때 임금상승률은 0이 된다. 최근에는 임금상승률과 실업률의 관계보다는 물가상승률과 실업률의 관계를 보는 것이 일반적이다.

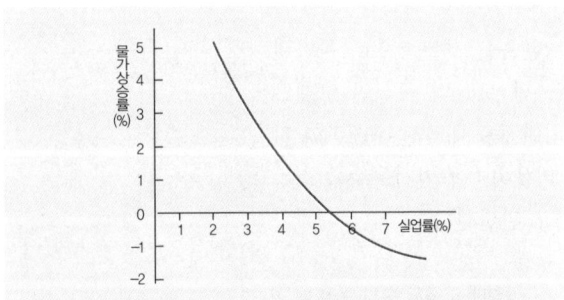

경제성장과 물가안정 사이의 상충관계를 확인할 수 있는 곡선으로 실업률을 낮추기 위해서는 더 높은 물가상승률을 감수할 수밖에 없다는 사실을 보여준다.

## | 경제 · 경영 · 금융 |

### 그린 마케팅(Green Marketing)
■ 서울주택도시공사

환경적 역기능을 최소화하면서 소비자가 만족할 만한 수준의 성능과 가격으로 제품을 개발하여 환경적으로 우수한 제품 및 기업이미지를 창출함으로써, 기업의 이익 실현에 기여하는 마케팅이다. 자연의 오염 흡수 능력(자정 능력)을 초과하지 않는 한도 내에서 자원을 사용하는 지속 가능한 개발의 이념에 바탕을 두고 환경보존에 대한 기업의 사회적 책임을 강조하는 마케팅 개념이다.

#### 그린 마케팅(Green Marketing)의 등장 배경
18세기 후반 산업혁명이 시작된 이후 20세기에 접어들어 과학기술의 발달과 산업화의 진전으로 인간의 삶에 질적·양적인 향상은 물론 쾌적하고 편리한 생활이 가능해졌다. 그러나 이러한 소비생활의 변화는 자원에너지의 소비를 가속화시킴으로써 자원의 고갈과 환경파괴의 위기를 초래하였으며, 인류의 지속적인 발전은 물론 생존마저 위협받는 중대한 사태에 직면하게 되었다. 따라서 인간과 환경을 지킨다는 새로운 가치 기준에 입각해서 기업의 사회적 책임을 바탕으로 한 그린 마케팅 활동이 등장하게 되었다.

### 독점적 경쟁 시장
■ MBC

불완전 경쟁의 한 형태로, 완전경쟁 시장과 독점 시장의 특징을 모두 갖는 시장이다. 다수의 기업이 존재하고, 이들의 시장 진입과 퇴출이 자유로워 경쟁은 필연적이지만, 이들이 생산한 제품이 질적으로 차이가 나기 때문에 각 기업은 제한된 범위에서 시장을 독점한다.

**완전경쟁 시장**
가격이 완전경쟁에 의해서 형성되는 시장으로 공급자와 수요자가 다수 존재하기 때문에 상품의 가격에 어느 누구도 영향을 줄 수 없다.

## 롱테일 법칙(Long Tail Theory) ■ 한국장애인고용공단

전체 제품의 80%에 해당하는 하위의 다수가 20%에 해당하는 상위 상품보다 더 뛰어난 가치를 창출한다는 이론이다. 파레토 법칙과 반대되는 이론으로 '역파레토 법칙'이라고도 한다.

## 리쇼어링(Reshoring) ■ 뉴스1

'오프쇼어링(Offshoring)'의 반대 개념으로, 해외에 나가 있는 자국기업들을 각종 세제 혜택과 규제 완화 등을 통해 자국으로 불러들이는 정책을 말한다. 특히 미국은 리쇼어링을 통해 세계의 패권을 되찾는다는 전략을 추진 중이다.

**오프쇼어링(Offshoring)**
아웃소싱의 한 형태로, 기업들이 경비 절감을 위해 생산, 용역, 일자리 등을 해외로 내보내는 것을 말한다.

## 마케팅믹스(4P) ■ 경기관광공사, 중소기업유통센터

기업이 목표 시장의 고객으로부터 기대하는 반응을 창출하기 위해 사용하는 통제 가능하고 전술적인 마케팅 도구의 집합이다. Product(제품), Price(가격), Place(유통), Promotion(촉진)으로 구성된다.

## 베블런 효과(Veblen Effect) ■ 조선일보, 영화진흥위원회

가격이 오르는데도 일부 계층의 과시욕이나 허영심 등으로 인해 수요가 줄어들지 않는 현상으로 상류층 소비자들의 소비행태를 가리키는 말이다. 미국의 경제학자이자 사회학자인 소스타인 베블런(Thorstein Bunde Veblen)이 자신의 저서 〈유한계급론〉(1899)에서 "상류층 계급의 두드러진 소비는 사회적 지위를 과시하기 위하여 자각 없이 행해진다"고 지적한 데서 유래했다.

**소스타인 베블런 (Thorstein Bunde Veblen)**
노르웨이계의 미국 사회학자이자 경제학자로, 제도경제학의 선구자이다. 그의 대표적인 저서로는 〈유한계급론〉이 있다.

- 스놉 효과 : 다른 사람들이 특정 상품을 많이 소비하기 때문에 자기의 소비를 중단하거나 줄이는 현상
- 밴드왜건 효과 : 유행에 민감하게 반응하여 그에 따라서 상품을 선택하거나 구입하는 소비 심리 또는 현상

## 아웃소싱(Outsourcing)

■ 부산도시공사, 교통안전공단

기업 업무의 일부 프로세스를 경영 효과 및 효율의 극대화를 위한 방안으로 외부에 위탁하는 경영전략이다. 즉, 외부의 제3자가 특정 업무를 더 효율적이고 경제적으로 수행할 수 있을 경우에는 그 업무를 외부의 당사자에게 맡겨서 처리하는 것을 의미한다. 이에 기업은 핵심사업에만 집중하고 나머지 부수적인 부문은 외주에 의존함으로써 생산성 향상을 극대화할 수 있다.

**인소싱(Insourcing)**
기업이나 조직의 서비스와 기능을 조직 안에서 총괄적으로 제공 · 조달하는 방식

## O2O 마케팅(Online to Offline)

■ 한국원자력환경공단, 대한체육회

오프라인을 위한 온라인 마케팅으로 모바일 서비스를 기반으로 한 오프라인 매장의 마케팅 방법이다. 스마트 기기가 이제는 없어서는 안 될 필수품으로 자리 잡으면서 새로운 융합 산업인 'O2O 마케팅' 시장 선점을 위한 주요 기업들의 소리 없는 전쟁이 벌어지고 있다.

- 스토리텔링 마케팅(Storytelling Marketing) : 상품 특성을 객관적으로 설명하는 것이 아니라 고객이 관심을 가지고 반응하는 흥미로운 이야깃거리로 풀어나가는 마케팅
- 플래그십 마케팅(Flagship Marketing) : 시장에서 성공을 거둔 특정 상품 브랜드를 중심으로 활동을 집중하는 마케팅

## 자물쇠 효과(Lock-in Effect)
■ 부산도시공사

기존의 제품 및 서비스보다 더 뛰어난 것이 나와도 이미 투자된 비용이나 기회비용, 혹은 복잡함이나 귀찮음으로 인해 타 제품 및 서비스로 옮겨가지 못하게 되는 것을 말한다. 고착화 효과라고도 한다. 상품을 무상이나 저가로 제공하여 고객을 확보한 후 유료로 전환하게 되더라도 고객이 기존 상품에 비용을 지불하고 사용하는 경우가 이에 해당한다.

## 전문품(Specialty Goods)
■ 광주광역시도시공사

비교적 가격이 비싸고 상당한 수의 구매자 집단이 특징적으로 애착심을 가지며 또한 그것을 위해서 특수한 구매노력을 하고자 하는 소비 용품이다. 구매자가 기술적으로 상품의 질을 판단하기 어려우며, 적은 수의 판매점을 통해 유통된다. 소비자는 광고를 보고 즉각적인 구매 욕구를 느끼기보다는 다른 제품과의 탐색전을 펼친다. 구매 시 제품에 대한 전문적 지식이나 개인의 독특한 취향에 의해 구매하게 되는 제품이기 때문에 정확하고 충분한 정보 제공과 기술적인 부분이 중요하다. 상표의 독특한 차별화 요소를 강조해야 하고 구매장소를 잘 알려야 한다. 의료 기기나 스포츠 용품, 전자 제품, 카메라 등이 이에 해당한다.

**편의품(Convenience Goods)**
제품을 구매할 때 시간이나 노력을 많이 들이지 않는 제품으로 쉽고 편리하게 구입할 수 있다. 폭넓은 유통망 체계를 구축하고 있으며 가격이 저렴하여 빈번하게 구매할 수 있다. 따라서 많은 판매점과 광고를 통한 제품인지도 제고가 중요하다(껌, 사탕, 샴푸 등).

**선매품(Shopping Goods)**
다양한 상표들을 비교한 후에 구매하는 가전 제품이나 패션 제품 등을 말한다. 비교를 통한 구매가 중점이기 때문에 상표 이미지와 판매점 이미지 관리가 중요하다. 그러므로 판매원의 응대기술이나 보증 및 AS관리도 같이 중요해진다. 편의품보다 가격이 높으며 구매빈도가 낮고 소수의 판매점을 통해 유통된다(TV, 냉장고, 세탁기 등).

## 제품수명주기(PLC ; Production Life Cycle)
■ 소비자보호원

제품의 수명주기는 제품의 성격에 따라 다르지만 대체로 도입기 · 성장기 · 성숙기 · 쇠퇴기의 과정으로 나눌 수 있다. 이 중 특히 기업이 노력을 전개해야 할 부분은 도입기와 성장기이며, 기업은 성장을 위해서 언제나 성장기에 있을 만한 제품을 라인에 끼워 두고 신제품 개발이나 경영의 다각화를 시도하여야 한다.

- **도입기** : 제품수명주기의 도입기는 신제품이 처음 시장에 선을 보이면서 시작된다. 이 시기의 마케팅 활동은 소비자들과 중간 상인들에게 제품의 존재와 제품의 이점을 알리는 데 중점을 두게 되며, 광고와 판매 촉진에 많은 투자를 한다.
- **성장기** : 성장기에는 소비자들이 문제의 제품에 대해서 이미 어느 정도 알게 되었고, 그 제품을 취급하는 점포도 늘었기 때문에 판매가 급속히 증가한다.
- **성숙기** : 자사 제품의 독특한 점을 부각시켜 자사 제품이 경쟁 제품과 구별되도록 하는 데 주안점을 둔다.

- **쇠퇴기** : 판매 부진과 이익 감소로 인하여 몇몇 회사는 시장을 떠나고, 남은 회사들은 광고와 판매촉진비를 줄이고 가격을 더 낮추며, 원가관리를 강화하는 등의 자구책을 강구하게 된다.

### 체리피커 (Cherry Picker) ■ 부산교통공사

기업의 상품이나 서비스를 구매하지 않으면서 실속 차리기에만 관심을 두고 있는 소비자를 말한다. '신 포도 대신 체리만 골라먹는 사람'이라는 뜻으로, 원래는 신용카드 회사의 특별한 서비스 혜택만 누리고 카드는 사용하지 않는 고객을 가리키는 용어였다. 체리피커들은 기업의 서비스나 유통체계의 약점을 이용해 잠시 동안 사용하기 위해 상품이나 서비스를 주문했다가 반품하는 등 해당 회사에 적지 않은 피해를 일으키기도 한다. 기업들은 놀이공원 할인이나 영화관 할인 등과 같은 비용부담이 큰 서비스를 줄이고, 심한 경우에는 블랙리스트를 만들어 업계에서 공동으로 대응하는 디마케팅(Demarketing)으로 일반고객과 차별화하는 정책을 시행하고 있다.

**디마케팅(Demarketing)**
실수요 고객관리를 통해 제품을 합리적으로 판매하는 기법

### 파레토 법칙 ■ CBS, 화성도시공사

'이탈리아 인구의 20%가 이탈리아 전체 부의 80%를 가지고 있다'고 주장한 이탈리아의 경제학자 빌프레도 파레토의 이름에서 따온 것이다. 상위 20% 사람들이 전체부(富)의 80%를 이루고 있다거나, 상위 20% 고객이 매출의 80%를 차지하는 것이다. '2대 8 법칙'이라고도 한다.

## 퍼플오션(Purple Ocean)

■ 뉴스1. 창원문화재단

치열한 경쟁 시장인 '레드오션'과 경쟁자가 없는 미개척 시장인 '블루오션'을 유래로 빨간색과 파란색을 섞으면 보라색이 된다는 뜻에서 붙여진 명칭이다. 즉, 새로운 기술이나 아이디어 등으로 레드오션 내의 블루오션을 개척하는 전략이라고 할 수 있다.

### 레드오션(Red Ocean)
이미 잘 알려져 있는 시장, 즉 기존의 모든 산업을 뜻한다. 붉은(Red) 피를 흘려야 하는 경쟁 시장으로서 이런 경우 산업의 수익과 성장에 대한 전망이 어둡다.

### 블루오션(Blue Ocean)
아직 시도된 적이 없는 광범위하고 깊은 잠재력을 가진 시장, 즉 현재 존재하지 않아서 경쟁에 의해 더럽혀지지 않은 모든 산업을 말한다.

## 퍼플카우 마케팅(Purple Cow Marketing)

■ 한전KPS

'퍼플카우'는 보는 순간 사람들의 시선을 확 잡아끄는, 그래서 사람들 사이에서 화젯거리가 되고 추천거리가 될 만한 제품이나 서비스를 가리키는 말이다. 미국의 저명한 마케팅 전문가 세스 고딘은 "우리가 알고 있는 일반적인 소의 이미지가 아니라 눈에 확 띌 수 있도록 소를 보라색으로 바꾸는 것처럼 기존의 제품보다 새롭고 흥미진진해야 살아남을 수 있다"고 강조했다.

> **세스 고딘(Seth Godin)**
> 기업가, 변화 전문가, 강사로 이름이 높다. 21세기의 가장 영향력 있는 비즈니스 전략가로, 〈보랏빛 소가 온다〉, 〈마케터는 새빨간 거짓말쟁이〉, 〈퍼미션 마케팅〉 등 여러 권의 세계적인 베스트셀러를 썼다.

### 버즈 마케팅(Buzz Marketing)
소비자가 자발적으로 상품에 대해 주위 사람들에게 긍정적으로 평을 하게 하는 마케팅 기법이다.

## 경제 · 경영 · 금융

### 금융 시장
■ 서울주택도시공사

자금의 수요자와 공급자가 만나 금융 거래가 이루어지는 곳을 말한다. 여기에서 '돈의 가격'이라고 할 수 있는 금리가 결정되고 이것이 자금의 수급 균형을 이루게 한다. 자금의 초과수요가 있으면 금리가 상승하고, 금리의 상승은 초과수요를 소멸시켜 자금의 수요와 공급의 균형을 맞춘다.

**금융 시장의 기능**
- 자금중개
- 위험관리
- 후생증대
- 높은 유동성 제공
- 금융자산 가격 결정
- 거래비용 및 시간 절감

### 기업공개(IPO ; Initial Public Offering)
■ 아시아경제, 부산교통공사

회사가 발행한 주식을 대중에게 분산하고 재무내용을 공시하여 주식회사의 체계를 갖추는 것을 말한다. 형식적으로는 주식회사가 일반대중에게 주식을 분산시킴으로써 기업공개 요건을 갖추는 것을 의미하고, 실질적으로는 소수의 대주주가 소유한 주식을 일반대중에게 분산시켜 증권 시장을 통해 자유롭게 거래될 수 있게 함으로써 자금조달의 원활화를 기하고 자본과 경영을 분리하여 경영합리화를 도모하는 것이다. 법률적으로는 상장을 목적으로 50인 이상의 사람들을 대상으로 주식을 파는 행위를 말한다.

### 기축통화
■ 조선일보, 한국수력원자력

국제통화라고도 하며 보통 미국 달러를 가리키기 때문에 미국을 기축통화국이라고도 부른다. 기축통화가 정해지기 전까지 영국의 파운드화가 오랫동안 기축통화로서 인정받았으나, 제2차 세계대전 후 미국이 각국 중앙은행에 달러의 금태환을 약속함에 따라 달러가 기축통화로서 중심적 지위를 차지하게 되었다.

**금태환(金兌換)**
금본위제도에서 해당국 화폐 소유자가 해당국 정부(중앙은행)에 화폐를 제시하며 금과의 교환을 요구했을 때 해당국 정부(중앙은행)가 화폐와의 교환으로 금을 제공하는 것이다.

**금본위제도**
금이 화폐의 기능을 수행하는 것으로 1816년 당시 세계 강국이었던 영국이 이를 채택함으로써 전 세계가 금을 화폐수단으로 사용하게 되었다.

### 듀레이션(Duration)
■ 경기콘텐츠진흥원

채권의 투자시점으로부터 만기까지 발생하는 각 현금흐름(총 현금수입)의 현재가치 합계를 각 현금흐름이 발생하는 시점까지의 기간에 따라 가중 평균한 상환 기간을 의미한다. 이는 채권에 투자된 원금의 평균회수 기간이라고 할 수 있으며, 1938년 매컬리(F. R. Macaulay)에 의해 체계화되었다.

**듀레이션의 결정요인**
듀레이션은 채권만기, 채권의 액면이자율(표면이자율), 시장이자율(할인율)의 세 가지 요인에 의해서 결정된다.

## 레드칩
■ 인천글로벌캠퍼스

1990년대를 전후해 홍콩 주식투자가들이 만들어낸 용어이다. 처음에는 홍콩 증권 시장에 상장된 중국 기업 내의 주식들 모두를 말하였으나, 현재는 중국 정부와 국영기업이 최대주주로 참여해 홍콩에 설립한 기업들 가운데 우량기업들의 주식만을 가리킨다.

- 블랙칩 : 탄광이나 석유 등과 관련된 종목
- 옐로우칩 : 골든칩까지는 이르지 못한 중저가 우량주
- 블루칩 : 주식 시장에서 대형 우량주를 통틀어 가리키는 용어

## 레버리지(Leverage)
■ 이투데이, 인베스트조선

기업에서 고정자산을 소유할 때 감가상각비와 타인자본을 사용할 때 이자비용 등의 고정비가 발생하게 되는데, 영업 활동과 관계없이 발생하는 고정비 부담을 레버리지라 한다. 레버리지는 매출액 변화에 따른 영업이익의 변화를 분석하는 영업 레버리지, 영업이익 변화에 따른 주당이익의 변화를 나타내는 재무 레버리지, 매출액 변화에 따른 주당 순이익의 변화를 나타내는 결합 레버리지로 구분할 수 있다.

**감가상각비**
시간이 지남에 따라 기물, 설비가 제품이나 서비스 등을 생산하면서 노후되는 만큼의 가치를 제품생산 원가에 포함시키는 비용

## 환율
■ 매일경제, 이데일리, 안산도시공사

서로 다른 두 나라 간의 통화 교환비율로, 한 나라의 통화가 갖는 대외가치를 의미한다. 외국 통화 한 단위에 대한 가격을 자국 통화의 수로 나타내는 자국 통화 표시 환율과 자국 통화 한 단위에 대한 가격을 외국 통화로 나타내는 외국 통화 표시 환율로 나뉜다.

- 환율 하락(평가절상) : 자국의 통화가치가 상대적으로 상승하는 것으로 수입 증대, 수출 감소, 외채부담 감소, 국제적인 영향력 강화 제고 현상이 나타난다.
- 환율 상승(평가절하) : 자국의 통화가치가 상대적으로 하락하는 것으로 수출 증대, 수입 감소, 외채부담 증가, 국내 인플레이션 현상이 나타난다.

## BIS 비율(자기자본비율)

■ YTN, 경기신용보증재단

은행의 건전성과 안정성을 확보할 목적으로 은행의 위험자산에 대해 일정 비율 이상의 자기자본을 보유하도록 하는 것으로 국제결제은행(BIS)에서 권고하는 것이다. 은행의 신용 위험과 시장 위험에 대비해 최소한 8% 이상이 되도록 권고하고 있으며, 10% 이상이면 우량은행으로 평가받는다.

**국제결제은행(BIS)**
중앙은행과 다른 기관 사이의 협력을 위한 역할을 하는 국제기구로, 국제금융 안정을 추구한다.

- 예대율 : 은행이 보유하고 있는 예금 잔액에 대해 은행이 빌려준 대출금 잔액의 비율을 의미한다. 은행의 예대율은 80% 정도의 선에서 억제하는 것이 건전한 경영방침이다.
- 지급준비율 : 은행이 고객에게 받은 예금 중에서 중앙은행에 의무적으로 예치해야 하는 비율을 의미한다. 고객보호 차원에서 도입됐으며 통화량을 조절하는 금융정책 수단으로도 활용된다.

## 사이드 카(Side Car)

■ SBS, 경기문화재단

프로그램 매매호가 관리제도의 일종으로 선물가격이 전일종가 대비 5% 이상(코스닥은 6% 이상) 상승 혹은 하락하는 상황이 1분간 지속하는 경우 프로그램 매매를 5분간 중단한다. 5분이 지나면 자동으로 해제되며 1일 1회만 발동할 수 있다.

## 상장(Listing)  ■ 경향신문

증권거래소에서 매매할 수 있는 품목(종목)으로 지정하는 일을 말한다. 증권이 거래소에서 매매되면 발행회사의 사회적 평가가 높아져 증자(자본금을 증가시키는 것), 기채(起債·빚을 얻음) 등이 쉬워지는 등 여러 장점이 있다.

**상장 절차**
상장예비심사청구서 제출 → 상장예비심사 → 유가증권 시장 상장위원회 심의 → 상장예비심사 결과 통지 → 공모(증권신고서 제출) → 신규 상장신청서 제출 → 상장승인 통지 → 매매거래 개시

## 블록딜(Block Deal)  ■ 대구의료원, 폴리텍, MBN

주식시장에서 한꺼번에 대량의 주식이 거래될 경우 발생할 수 있는 급격한 가격변동과 물량부담을 줄이기 위한 방안이다. 주로 시장가격에 영향을 미치지 않도록 사전에 매도물량을 인수할 수 있는 매수자를 구해 장 시작 전이나 마감 후 시간외거래 또는 장외거래를 통해 이루어진다. 가격과 물량을 미리 정해두고 거래하기 때문에 장중주가에 큰 영향을 주지 않는다는 장점이 있다. 그러나 블록딜 다음 날 해당 회사의 주가가 하락할 확률이 높다.

## 공매도  ■ 광주광역시공공기관통합채용, 한국일보, 이투데이

주식시장에서 보유한 주식이나 채권이 없는 상태에서 매도 주문을 한 경우를 말한다.

### 숏커버링(Short Covering)
공매도한 주식을 되갚기 위해 다시 사는 환매수를 말한다. 주가가 하락할 것이 예상될 때 공매도를 하게 되는데, 이후 주가가 하락하면 싼 가격에 사서 돌려줌으로써 차익을 챙길 수 있지만 주가가 상승할 때는 손실을 줄이기 위해 주식을 매수하게 된다. 이러한 숏커버링은 주가상승을 가져온다.

## 서킷브레이커(CB ; Circuit Breaker)

■ 한국주택금융공사

주식 시장에서 주가가 급등락할 때 시장의 충격을 완화하기 위해 주식 매매를 일시 정지하는 제도를 말한다. 영단어의 첫 글자를 따서 'CB'라고도 한다.

## 통화스와프(Currency Swap)

■ 전라남도공공기관통합채용

'통화'라는 기초자산을 '바꾸다, 교환하다'라는 사전적 의미를 갖는 '스왑(swap)' 계약이라는 방식으로 거래하는 것을 말한다. 국가의 중앙은행이 필요에 따라 서로의 통화를 교환하고, 약정된 환율에 따라 일정기간 후 원금을 재교환하는 금융기법이다. 외환위기 시 해당 국가의 통화를 상대국에 맡기고 외화를 가져와 외화유동성을 확보하거나 교역증진 및 환율안정화를 꾀할 수 있다. 2020년 코로나19 팬데믹 때 미국 연준과 통화스와프를 통해 달러유동성을 확보, 금융시장 안정을 도모한 바 있다. 최근에는 도널드 트럼프 미국 대통령이 대미투자를 현금 선불로 지급하라고 요구하자 우리 정부는 이런 상황을 막기 위해 트럼프행정부에 무제한 통화스와프 체결을 요구했다.

## 재무상태표(Statement of Financial Position)

■ 새만금개발공사

일정 시점에 있어서 기업의 재무 상태를 나타내는 재무제표다. 국제회계기준(IFRS)에 의해 기존의 대차대조표의 명칭이 변경된 것이다.

| 차변 | | 대변 | |
|---|---|---|---|
| 자산 | 유동자산 | 부채 | 유동부채 |
| | 고정자산 | | 고정부채 |
| | | 자본 | 자본금 |
| | | | 자본잉여금 |
| | | | 이익잉여금 |
| | | | 자본조정 |

**재무상태표와 손익계산서**
재무상태표에는 자산, 부채, 자본을 기록하고, 손익계산서에는 수익과 비용을 기록한다.

## 주식회사(Stock company, company limited by shares)

■ G1, 대구의료원

주식의 발행으로 설립된 회사로 자본금을 균등한 주식으로 분할해 운영한다. 유한·합자·합명 회사보다 공식적인 조직을 갖추고 있으며 상법에 의해 창설되는 법인체로서 전 출자자의 유한책임, 자본의 증권화, 중역제도 등 세 가지 특징을 갖는다. 대규모 자금 조달이 용이하고 기업의 위험이 분산되며 출자자의 수명과 무관하게 기업 활동이 지속될 수 있다는 장점이 있다.

## 스트레스 DSR

■ MBN, 뉴스1, 조선비즈

총부채원리금상환비율(DSR ; Debt Service Ratio)을 산정할 때, 변동금리 대출 등을 이용하는 대출자(차주)가 대출 이용기간 중 금리상승으로 인해 원리금 상환부담이 상승할 가능성을 감안해 일정수준의 가산금리(스트

**총부채원리금상환비율(DSR ; Debt Service Ratio)**
주택에 대한 대출 원리금뿐만 아니라 전체 금융 부채에 대한 원리금 상환액 비율을 말한다. DSR은 모든 대출금 상환액을 연간소득으로 나눠 계산하며, 차주의 종합부채 상환능력을 따지는 지표이다.

레스 금리)를 부과하는 제도다. 다시 말해 실제금리에 가상의 금리를 더해 계산하는 방식이다. 금리가 오를 가능성을 미리 고려해 대출자가 이를 감당할 수 있는지 확인하는 것이다.

### 총부채상환비율(DTI ; Debt to Income Ratio)

■ 이투데이, 대구의료원

금융부채 상환 능력을 소득으로 따져 대출한도를 정하는 방식이다. 금융기관이 대출금액을 정할 때 대출자의 상환 능력을 검증하기 위해 활용하는 개인신용평가시스템과 비슷한 개념이다. 수치가 낮을수록 빚 상환 능력이 양호하거나 소득에 비해 대출규모가 작다는 의미이다.

DTI = (해당 주택담보대출 연간 원리금 상환액 + 기타부채의 연간 이자 상환액) ÷ 연소득

### 포이즌필(Poison Pill)

■ 서울교통공사

일종의 경영권 방어수단으로서 적대적 인수합병(M&A)의 시도가 있을 때 기존 주주들에게 시가보다 싼 가격에 지분을 매수할 수 있도록 권리를 부여함으로써 적대적 M&A 시도자(매수자)의 지분 확보를 어렵게 만드는 것을 말한다. 이러한 권리는 매수기업의 입장에서는 치명적인 독약이 될 수 있어 '독'이라는 표현을 사용했다. 즉, 적에게 잡혀 먹히기 전에 독약을 삼킴으로써 공격하려는 상대의 의지를 꺾어버린다는 전략이다.

### 포트폴리오(Portfolio)  ■ 국민체육진흥공단

주식 투자에서 한 곳에 투자할 경우 생길 수 있는 위험을 줄이고 투자수익을 극대화하기 위해 여러 종목에 분산 투자하는 것을 말한다. 투자자 등이 가지고 있는 유가증권 목록이나 투자 자산을 뜻하기도 하는데, 대체로 직접 투자에 자신 없는 사람들이 이용하는 투자 방법이다.

### 핫머니(Hot Money, 국제투기자본)  ■ 부산도시공사

국제정세의 급변, 사회적·정치적 불안, 환율 변동 등이 예상되는 경우 단기간의 금리 차익을 노리는 국제 금융시장의 유동성 단기자금을 말한다. 이런 자금은 단기간에 대량으로 이루어지는 특징이 있다. 따라서 대량의 자금이 단기간에 유·출입됨에 따라 자금 유출국에는 국제수지의 악화, 환율의 하락, 통화불안 증대 등의 영향을 미치고, 자금 유입국에는 과잉 유동성으로 인한 인플레이션 압력 등의 영향을 미친다.

### 헤지펀드(Hedge Fund)  ■ 머니투데이, SBS

소수의 투자자들을 비공개로 모집하여 주로 위험성이 높은 파생금융상품에 공격적으로 투자해 고수익을 촉구함으로써 최대 이익을 얻을 수 있는 펀드를 뜻한다. 일반적으로 소수의 투자가들에게서 자금을 모아 카리브해의 버뮤다 제도와 같은 조세회피 지역에 거점을 설치하고 자금을 운영하는 펀드이다. 아시아 국가들의 외환위기나 금융위기 등을 거치면서 헤지펀드는 금융 시장을 교란하는 투기성 자본으로 지목돼 비판을 받기도 했다.

## 사모펀드
■ 인베스트조선

소수의 투자자로부터 모은 자금을 주식·채권 등에 운용하는 펀드로, 경영참여형 사모투자펀드(PEF)와 전문투자형 사모펀드(헤지펀드)로 나뉜다. 일반적으로 하나의 사모펀드는 50인 이하의 소수 투자자에게 비공개로 자금을 모아 투자한다. 50인 이상의 불특정 다수를 대상으로 하는 공모펀드와 달리 투자대상이나 투자비중 등에 제한이 없어 자유로운 운용이 가능하다. 또 금융당국의 규제에서 상대적으로 자유로워 공모펀드에 비해 고수익, 고위험을 추구하는 펀드로 평가된다.

| 구분 | 사모펀드 | 공모펀드 |
| --- | --- | --- |
| 투자자 | 50인 이하 | 50인 이상의 불특정 다수 |
| 모집 방법 | 비공개 | 광고 등 공개적인 방법 |
| 규제 | 증권신고서 제출 의무 없음 | 상품 출시 전 증권신고서 금감원에 제출 및 승인 필요 |
| 투자제한 | 투자 대상이나 편입 비율 등 제한 없음 | 제한 있음 |
| 투자금액 | 대개 1억원 고액 | 제한 있음 |

## 환어음
■ MBC

발행자가 그 소지자에게 일정한 날짜에 일정한 금액을 지불할 것을 제3자에게 위탁하는 어음이다. 약속어음이 발행인 자신이 지급할 것을 약속하는 것인 데 비해 환어음은 발행인 이외의 제3자가 지급의무를 지는 점이 다르다.

# STEP 03 기출문제 Check

**01** 마케팅믹스의 4C에 해당하지 않는 것은? 〈서울시공공보건의료재단〉

① Customer Value(고객 가치)
② Credit(고객 신용)
③ Convenience(고객 편의성)
④ Communication(고객과의 소통)

 마케팅믹스는 성공적인 목표달성을 위해 마케팅에서 사용되는 여러 가지 방법들을 전체적으로 균형 있게 조정·구성하는 것을 말한다. 마케팅믹스에는 판매자의 관점에서 마케팅을 펼치는 4P가 있고, 소비자의 입장에서 생각하는 4C가 있다. 이 4C에 해당하는 핵심전략에는 Customer Value(고객 가치), Customer Cost(구매 비용), Convenience(고객 편의성), Communication(고객과의 소통)이 있다.

**02** 다음 글이 설명하고 있는 시장의 유형으로 적절한 것은? 〈한국주택금융공사〉

- 주변에서 가장 많이 볼 수 있는 시장의 유형이다.
- 공급자의 수는 많지만, 상품의 질은 조금씩 다르다.
- 소비자들은 상품의 차별성을 보고 기호에 따라 재화나 서비스를 소비하게 된다.
- 미용실, 약국 등이 속한다.

① 과점 시장
② 독점적 경쟁 시장
③ 독점 시장
④ 완전경쟁 시장

 독점적 경쟁 시장이란 기업들이 독점적 입장의 강화를 꾀하면서 서로 경쟁하는 시장을 말한다.

**03** 다음 내용이 설명하는 정책에 대한 내용으로 옳지 않은 것은?  〈한국주택금융공사〉

> 중앙은행의 정책으로 금리 인하를 통한 경기부양 효과가 한계에 다다랐을 때 중앙은행이 국채매입 등을 통해 유동성을 시중에 직접 푸는 정책을 뜻한다.

① 경기후퇴를 막음으로써 시장의 자신감을 향상시킨다.
② 디플레이션을 초래할 수 있다.
③ 수출 증대의 효과가 있다.
④ 유동성을 최대한 공급하는 것이다.

 **양적완화(Quantitative Easing)**
양적완화는 수출 증대의 효과가 있는 반면 인플레이션을 초래할 수도 있다. 또한 자국의 경제에는 소기의 목적을 달성하더라도 타국의 경제에 영향을 미쳐 자산가격이 급등하기도 한다.


**04** 높은 성장률을 기록하면서도 물가 상승 압력이 거의 없는 이상적인 경제 상황을 의미하는 용어는?  〈YTN〉

① 러프패치            ② 톱니 효과
③ 골디락스            ④ 그린슈트

골디락스는 영국 동화 〈골디락스와 곰 세 마리〉에 등장하는 소녀의 이름에서 유래한 용어로 경제에 비유하여 뜨겁지도 차갑지도 않은 경제 호황을 의미한다.


**05** 다음에서 설명하는 것은 무엇인가?  〈보훈복지의료공단〉

> • 소득이 어느 정도 균등하게 분배되는지 평가하는 데 이용된다.
> • 로렌츠 곡선에서 구해지는 면적 비율로 계산한다.

① 빅맥 지수           ② 베타 계수
③ 지니 계수           ④ 엥겔 계수

 지니 계수란 소득분포의 불균형 정도를 나타내는 지표로, 상류층에서 많은 소득을 가져갈수록 지니 지수는 0에서 1로 높아진다.

**06** 다음 중 제품의 수명주기별 마케팅 특징이 잘못 서술된 것은? 〈경기문화재단〉

① 도입기 : 신제품이 처음 시장에 출시되어 마케팅 활동에 많은 투자가 필요하다.
② 성장기 : 소비자들이 제품에 대해 어느 정도 알게 되고, 판매도 오른다.
③ 성숙기 : 자사 제품을 경쟁 제품과 구별되도록 한다.
④ 쇠퇴기 : 몇몇 회사는 시장을 떠나고, 남은 회사들은 가격을 더 높인다.

 쇠퇴기에는 판매 부진과 이익 감소로 인하여 몇몇 회사는 시장을 떠난다. 남은 회사들은 광고와 판매촉진비를 줄이고 가격을 더 낮추며 원가관리를 강화하는 등의 자구책을 강구한다.


**07** 환율이 상승할 때 나타나는 현상이 아닌 것은? 〈인천항만공사〉

① 물가 안정
② 수출 증가
③ 주가 상승
④ 외채부담 증가

 환율이 오르면 상대적으로 자국 돈의 가치가 하락하여 수입이 줄고 수출이 늘며 외국 자본이 들어와서 주가는 상승한다. 반면 국내에는 인플레이션 현상이 발생한다.


**08** 다음 중 마케팅믹스 4P가 아닌 것은? 〈한국중부발전, 한국마사회〉

① Price
② Place
③ Project
④ Promotion

 마케팅믹스 4P는 Product(제품), Price(가격), Place(유통), Promotion(촉진)으로 구성된다.


**09** 다음 중 우리나라의 국책은행이 아닌 것은 무엇인가? 〈뉴스1〉

① 한국산업은행
② 수협은행
③ 중소기업은행
④ 한국수출입은행

국책은행이란 정부가 일반 금융의 재정적 취약점을 보완하고 산업자본을 충분히 조달하기 위해서 설립한 은행으로 한국산업은행(KDB산업은행), 중소기업은행(IBK기업은행), 한국수출입은행 등이 있다.

**10** 다음 현상과 가장 관련 있는 재화는 무엇인가?  〈한국주택금융공사〉

> 쌀의 가격이 올랐는데도 불구하고 사람들은 식비를 고려하여 사치재인 고기 소비는 줄이고 비교적 더 비싼 쌀을 사먹는다.

① 기펜재
② 열등재
③ 보완재
④ 경험재

기펜재는 가격이 오를수록 소비량이 상승하는 열등재이다.
② 열등재 : 소득이 증가(감소)함에 따라 수요가 감소(증가)하는 재화이다.
③ 보완재 : 두 재화를 동시에 소비할 때 효용이 증가하는 재화이다.
④ 경험재 : 경험을 하기 전에 가치를 평가하기 어려운 재화이다.


**11** 소수의 투자자들을 비공개로 모집하여 주로 위험성이 높은 파생금융상품에 공격적으로 투자해 고수익을 추구, 최대 이익을 얻을 수 있는 펀드는? 〈조선일보〉

① 모태펀드(Fund of Funds)
② ELS펀드(Equity Linked Securities)
③ 헤지펀드(Hedge Fund)
④ 인덱스펀드(Index Fund)

헤지펀드란 투자 위험 대비 고수익을 추구하는 투기성 자본으로, 투자 자격이 제한되어 있다.
① 모태펀드 : 기업에 직접 투자하기보다는 개별 펀드에 출자하여 직접적인 투자 위험을 감소시키면서 수익을 달성하려는 상품이다.
② ELS펀드 : 원금 보장이 가능한 채권 등에 투자금의 대부분을 넣고 소액으로는 주가 지수나 개별 종목에 투자하여 소액 부분에서 손해를 보더라도 채권 등에서 만회할 수 있는 투자이다.
④ 인덱스펀드 : 선정된 목표 지수와 같은 수익을 올릴 수 있도록 하는 펀드이다.


**12** 금융기관의 재무건전성을 나타내는 기준으로, 위험가중자산(총자산)에서 자기자본이 차지하는 비율을 말하는 것은?  〈매일경제, MBN〉

① DTI
② LTV
③ BIS 비율
④ RTI

BIS 비율이란 스위스 바젤의 국제결제은행(BIS)이 일반은행에게 권고하는 자기자본비율 수치를 의미한다. 자기자본비율이란 은행의 위험가중자산(투자 자산, 대출·여신) 대비 보유한 자기자산(은행 자본금, 이익잉여금)의 비율을 말한다.

Answer  06 ④  07 ①  08 ③  09 ②  10 ①  11 ③  12 ③

## 속성 3일차 경제·경영·금융
### 논술·면접 기출문제

- EGS경영이란 무엇인지 설명해 보시오. 〈한국전력공사〉
- 기업의 사회적 책임과 노블레스 오블리주에 대해 어떻게 생각하는가? 〈기술보증기금〉
- IMF와 2008년 미국발 금융위기의 공통점과 차이점은 무엇인가? 〈NH농협은행〉
- 한국 경제의 문제점에 대해 말해 보시오. 〈NH농협은행〉
- 부유세를 통한 불평등 완화에 대한 찬반 의견을 논하시오. 〈이투데이〉
- 가상화폐 과세 찬반 주장을 모두 쓰고 둘 중 하나의 입장을 골라 다른 입장을 비판해 보시오. 〈파이낸셜뉴스〉
- 현재 한국 경제가 직면한 세 가지 이슈를 적고, 자신만의 해결 방안을 논하시오. 〈한국경제신문〉
- 미국 중국 간 무역전쟁으로 한국이 입는 피해를 구체적으로 밝히고, 정부와 기업이 어떻게 대응해야 하는지 서술하시오. 〈매일경제, UPI〉
- AI 투자가 활발하게 이뤄지고 있는 현재, 개인 투자자의 투자 전략을 서술하시오. 〈아이뉴스24〉
- 인터넷은행이 예금 금리가 높고, 대출 금리가 낮은 근본적인 이유를 쓰시오. 〈기업은행〉
- 헤지펀드와 사모펀드, 뮤추얼펀드와 상장지수펀드(ETF), 인적분할과 물적분할의 차이점을 서술하시오. 〈인베스트조선〉
- 한중 FTA의 장단점과 대책에 대해 말해 보시오. 〈한국농어촌공사〉
- 대한민국을 SWOT로 분석하시오. 〈한전KPS〉
- 역세권 개발 방안을 제시하시오. 〈서울메트로〉
- 소득양극화가 심화되는 원인과 양극화 현상이 사회와 경제에 미칠 영향을 서술하고, 서민금융진흥원의 역할을 포함해 해결할 수 있는 방안을 제시하시오. 〈서민금융진흥원〉
- 사회적 금융의 필요성과 목표를 제시하고, 사회적 금융 지원 기준을 어떻게 세워야 하는지 제안해 보시오. 〈서민금융진흥원〉

**3일차 학습완료 check** ☐

# 속성 4일차

## 사회·노동·환경

Step 1   최신 시사상식
Step 2   일반 핵심상식
Step 3   기출문제 Check
         논술·면접 기출문제

## STEP 01 최신 시사상식

### 초고령사회
■ 광명도시공사, 한겨레

우리나라는 2000년에 65세 이상 고령인구가 전체 인구의 7%인 '고령화사회'에 진입했고, 이후 2017년 8월 조사에서 65세 이상의 인구가 전체 인구의 14.02%를 차지하며 고령사회에 진입했다. 2000년 고령화사회 진입 후 17년 만인데, 고령화 속도가 빠르다고 평가되는 일본의 경우(24년)와 비교해도 7년이나 빨랐다. 이후 고령화 속도가 더 빨라져 7년 만인 2024년 12월 초고령사회에 진입했다. 우리나라는 세계적으로 유례없는 초고속 고령화를 달리고 있는 셈이다.

**중위연령**
총 인구를 연령순으로 나열했을 때 정확히 중간에 있는 사람의 나이를 뜻한다. 사회의 평균연령을 보여주며, 높을수록 고령화가 진행되고 있음을 의미한다.

**NEWS 엿보기**
초고령사회를 맞아 더불어민주당은 정년을 단계적으로 65세까지 높이는 법안을 2025년 내 추진하기로 했다. 그러면서 "정년 연장은 노동력 부족과 연금 재정 불안을 완화할 수 있는 긍정적 방안"이라고 밝혔다.

## 생활인구
■ 폴리텍

특정지역에서 주민등록상 인구뿐 아니라, 업무·등교·여행·쇼핑 등으로 유입되어 체류하는 인구와 해당지역에서 유출된 인구까지 고려해 산출하는 인구지표다. 즉, 어떤 시점에 실제로 그 지역에 머물고 있는 사람의 총합이다. 이동통신사 기지국 데이터나 교통카드 데이터, 행정통계 등 다양한 빅데이터를 활용해 추정한다.

### NEWS 엿보기

2025년 9월 자연감소와 유출로 인구가 70만명 아래로 떨어진 제주도가 인구 늘리기에 사활을 걸고 있다. 인구 유입정책을 강화하고, 제주에 거주하면서 주민등록을 이전하지 않은 도민에게 전입신고를 권장하고 있다. 아울러 생활인구 유입과 지역경제를 활성화하기 위한 방안도 강구 중이다.

## 알파세대
■ 세계일보

2010년 이후에 태어난 이들을 지칭하는 용어로 다른 세대와 달리 순수하게 디지털 세계에서 나고 자란 최초의 세대로 분류된다. 어릴 때부터 기술적 진보를 경험했기 때문에 스마트폰이나 인공지능(AI), 로봇 등을 사용하는 것에 익숙하다. 그러나 사람과의 소통보다 기계와의 일방적 소통에 익숙해 정서나 사회성 발달에 부정적인 영향이 나타날 수 있다는 우려도 있다.

### NEWS 엿보기

해당하는 인구 전원이 21세에 태어나 명실상부 '디지털세대'로 불리는 알파세대가 Z세대의 다음 세대로 주목받고 있다. 이들은 어렸을 때부터 유튜브, 틱톡 등 소셜미디어(SNS)에 노출돼 왔으며, 인공지능(AI)에도 친숙하다. 기업들은 SNS를 통해 '미래 소비자'로 떠오르고 있는 알파세대에 다가가며 이들의 소비 잠재력에 주목하고 있다.

## '쉬었음' 청년
■ 폴리텍

'쉬었음'은 국가데이터처(구 통계청)가 실시하는 경제활동인구조사의 비경제활동인구 활동상태 분류 중 하나로, '쉬었음' 청년이란 교육훈련이나 구직활동을 하지 않고 일할 의사도 없는 만 15~29세 청년층을 말한다. 물가상승과 경기침체의 장기화로 취업여건이 어려워지면서 구직을 포기하는 청년층이 증가해 사회적 문제로 지목되고 있다.

### NEWS 엿보기

'쉬었음' 청년으로 인한 경제적 비용이 연평균 10조원에 육박한다는 분석이 나왔다. 2025년 8월 한국경제인협회의 보고서에 따르면 2019~2023년 '쉬었음' 청년으로 인한 경제적 비용은 총 44조 4,991억원으로 추정됐다. 특히 청년 총인구는 꾸준히 감소했음에도 '쉬었음' 청년비율은 증가했다고 강조했다.

## 연금개혁
■ 한국경제

2025년 3월 20일 성사된 연금개혁은 '내는 돈'과 '받는 돈'을 결정하는 '모수(母數)개혁'이다. 먼저 내는 돈인 보험료율을 현행 9%에서 13%로 높이기로 했고, 받는 돈을 정하는 소득대체율은 2026년부터 43%로 올렸다. 이번 개혁으로 '더 내고 더 받는' 연금구조가 짜였고, 국민연금 적자전환 시점과 기금소진 시점도 각각 7년, 9년 늦춰졌다.

### NEWS 엿보기

2025년 3월 18년 만에 국회에서 결실을 맺은 연금개혁안에는 국가가 국민연금의 안정적·지속적 지급을 보장하는 '지급보장 명문화'도 법에 반영하는 내용이 포함됐다.

## 출생통보제

의료기관이 출생정보를 건강보험심사평가원(심평원)을 통해 지방자치단체(지자체)에 통보하고, 지자체가 부모 대신 아동의 출생신고를 하도록 하는 제도다. 원래 부모에게만 있던 출생신고 의무를 의료기관에도 부과함으로써 부모가 고의로 출생신고를 누락해 발생하는 '유령 아동'이 생기지 않도록 하기 위한 조치다. 출생통보제 법안이 2023년 6월 30일 국회를 통과한 이후 산모가 신원을 숨기고 출산해도 지자체가 아동의 출생신고를 할 수 있도록 하는 '보호출산제'도 10월 6일 국회를 통과해 두 법안 모두 2024년 7월부터 시행됐다.

### NEWS 엿보기

출생통보제와 보호출산제 시행을 앞두고 정부가 제도의 무사 안착을 위해 준비상황을 점검했다. 보건복지부는 제도 시행을 위해 확보한 예산 52억원을 해당 제도들이 원활히 시행될 수 있도록 하는 시스템 구축과 위기 임산부 상담·지원 및 보호출산 지원 등에 투입한다. 또한 병원이 건강보험심사평가원을 거쳐 지자체에 아동의 출생을 통보할 때 기존에 사용하던 전자의무기록을 활용할 수 있도록 관련 기능을 개선하기로 했다.

## 이상동기범죄

범행동기가 뚜렷하게 드러나지 않거나 일반적이지 않은 동기로 벌이는 범죄를 지칭한다. 흔히 '묻지마 범죄'라는 말로 표현돼왔으나 이러한 명칭이 범죄원인 파악과 예방 대책 마련을 어렵게 한다는 지적에 따라 2022년 1월 경찰이 '이상동기범죄'라는 공식용어를 발표하고 관련 범죄 분석 및 통계 수집, 대응책 마련 등에 나서면서 사용되기 시작했다. 이상동기범죄를 저지르는 피의자들은 대부분 개인적 실패의 원인을 사회나 불특정 다수에게 전가해 자신의 범죄를 합리화하는 것으로 알려졌다.

> **NEWS 엿보기**
>
> 2023년 7~8월에 잇따라 발생한 흉기난동 사건 등을 계기로 이상동기범죄에 대한 사회적 경각심이 높아지면서 범죄동기와 유형 등을 세분화하고 이를 토대로 맞춤 예방대책을 시행해야 한다는 전문가들의 제언이 이어졌다.

## 영케어러(Young Carer)    ■ 폴리텍

질병, 정신건강, 알코올·약물중독 등의 중증질환 또는 장애를 가진 가족구성원을 돌보며 생계를 책임지는 13~34세의 아동·청소년·청년을 일컫는다. '가족돌봄청년'이라고도 한다. 이들은 학업과 가족돌봄을 병행하고 있어 미래를 계획하기 힘들 뿐만 아니라 신체적 고통은 물론 심리·정서적 고통, 경제적 어려움 등의 삼중고를 겪는 경우가 많다. 이는 곧 혼인율 감소와 저출산 문제와도 연결돼 있어 영케어러를 조기에 발굴하고 지원하기 위한 대책 마련이 시급하다.

> **NEWS 엿보기**
>
> 정부가 2025년 인구주택총조사(인구센서스) 실시에 앞서 국가 차원으로는 처음으로 저출생 악화의 한 요인으로 꼽히는 영케어러에 대한 대규모 조사에 나설 것이라고 밝혔다.

## 디지털 리터러시(Digital Literacy)

읽고 쓰는 능력을 뜻하는 'literacy'에서 확장된 개념으로 다양한 디지털 환경에서 신뢰할 수 있는 정보를 찾고 평가할 수 있는 능력을 뜻한다. 디지털 콘텐츠에 대한 이해와 기술활용뿐 아니라 비판적으로 수용하는 능력도 포함한다. 디지털 리터러시는 올바른 정보를 선별하고 변화하는 소통방식과 기술환경에 적응하기 위해 필요한 핵심 역량이다. 최근에는 인공지능(AI) 확산에 따라 AI 작동 원리와 한계를 이해하고 비판적으로 활용하는 'AI 리터러시'의 중요성도 커지고 있다.

### NEWS 엿보기

교육의 디지털화가 심화할수록 학생 간 학업격차가 더욱 벌어질 수 있다는 한국교육개발원의 연구결과가 발표되며 디지털 리터러시 교육의 필요성이 대두되고 있다.

## 특수형태근로종사자

특수형태근로종사자의 근로 방식은 일반근로자와 같으나, 사업주와 개인 간의 도급으로 근로계약을 맺고 있다. 특수고용노동자, 준근로자 등으로도 불린다. 독자적 사업장이 없고 계약된 사용자에게 종속되어 자율적으로 일한다. 택배·대리운전기사, 보험설계사, 학습지 교사, 골프장 캐디 등의 직종은 정식 노동자로 근로계약을 맺을 수도 있으나 대부분이 특수고용직으로 일하고 있다.

### NEWS 엿보기

고용노동부가 2023년 12월 특수형태근로종사자, 플랫폼 노동자, 프리랜서 등 다양한 형태의 노무제공자들이 부당한 처우를 받지 않도록 하는 내용 등을 담은 공통 표준계약서를 발표했다.

## 인구 데드크로스
■ KBS, MBN, 아이뉴스24

사망자 수가 출생아 수보다 많아 인구가 자연적으로 감소하는 현상을 말한다. 이는 평균수명의 증가에 따른 고령화와 사망률 증가, 출산 연령층 인구 감소, 비혼 및 만혼의 증가, 출산율 저하 등의 요인으로 인해 나타난다. 우리나라는 이미 '저출산 고령사회'로 접어들었고, 이러한 상황이 지속될 경우 40년 뒤에는 국가 존립 자체가 위태할 것이라는 예측이 계속되고 있어 대책 마련이 시급하다. '데드크로스(Dead-cross)'는 원래 주식 시장에서 주가나 거래량의 단기 이동평균선이 장기 이동평균선을 뚫고 내려가는 현상을 지칭하는 용어로 주식 시장이 약세로 전환된다는 신호로 해석한다.

### 인구절벽(Demographic Cliff)
한 국가의 미래 성장을 예측하게 하는 인구지표에서 생산가능인구인 만 15세~64세 비율이 줄어들어 경기가 둔화하는 현상을 가리킨다. 이는 경제예측 전문가인 해리 덴트의 저서 〈인구절벽(Demographic Cliff)〉에서 처음 사용했다. 우리나라에서는 출생자 수보다 사망자 수가 많아지며 인구가 자연 감소하는 인구 데드크로스 현상이 2020년 인구통계상에서 처음 나타나며 인구절벽이 가속화됐다. 인구절벽이 발생하면 의료 서비스의 수요가 늘어나며 개인의 공공지출 부담이 증가한다. 또한 국가 입장에서는 노동력 감소, 소비 위축, 생산 감소 등의 현상이 동반돼 경제에 큰 타격을 받는다.

### NEWS 엿보기
국내 총 인구가 2020년 5,184만명으로 정점을 찍은 이후 사망자 수가 출생아 수를 넘어서는 인구 데드크로스에 진입하는 등 한국의 저출산·고령화 문제가 고착화되어 가는 가운데 해외 전문가들도 한국의 인구 감소에 대해 '국가 소멸'까지 거론할 정도로 심각하게 인식하는 것으로 나타났다.

## 고교학점제

■ 경향신문, 뉴스1

교육부에서 발표한 고교교육 전면개편안이다. 대학교에서 강의수강을 하는 것처럼 학생들이 자신들의 진로 계획에 따라 수강하고 싶은 과목을 학기 초에 선택해 수강하는 방식으로 진행된다. 2024년까지 시범학교로 선정된 학교에서 다양하게 고교학점제가 운영됐다. 2021년까지는 고교학점제의 도입 기반을 마련하기 위해 연구·선도학교를 운영하고, 운형 모형 및 제도개선 사항을 파악했다. 2025년 3월 고등학교 1학년 학생을 대상으로 전면 시행했다. 그러나 현장 교사들의 과도한 업무부담 호소와 반발로 시행 반년 만에 폐지론이 나오자 교육부는 운영방식을 대폭 손질한 '고교학점제 운영 개선 대책'을 발표했다.

### 고교학점제 국외 사례

| 구분 | 미국 | 핀란드 | 영국 | 캐나다 | 프랑스 | 싱가포르 |
|---|---|---|---|---|---|---|
| 졸업요건 | 학점이수 | 학점이수 | 졸업시험 | 학점이수 | 졸업시험 | 학점이수 |
| | 졸업시험 | 졸업시험 | | 졸업시험 | | 졸업시험 |
| 내신 | 절대평가 | 절대평가 | 절대평가 | 절대평가 | 절대평가 | 절대평가 |
| 대입 | 고교내신 | 고교내신 | 고교내신 | 고교내신 | 고교내신 | 고교내신 |
| | SAT | 졸업시험 | 졸업시험 | 졸업시험 | 졸업시험 | 졸업시험 |
| | | 대학별시험 | | | | |

### NEWS 엿보기

정부 국가교육위원회는 2025년 10월 고교교육 특별위원회를 구성하고 향후 6개월간 고교학점제 등 개선이 필요한 현안을 검토하기로 했다. 이 외에도 고교교육과 관련한 다양한 정책 방안을 깊이 있게 논의할 예정이라고 밝혔다.

# STEP 02 일반 핵심상식

## | 사회·노동·환경 |

### 파파게노 효과(Papageno Effect)
■ 이투데이, 폴리텍

자살과 관련한 언론보도를 자제함으로써 자살을 예방하는 효과를 말한다. 모차르트의 오페라 〈마술피리〉에 새잡이꾼으로 등장하는 인물 '파파게노'에서 유래했다. 극중에서 파파게노는 연인이 떠나자 괴로워하며 자살을 시도하는데, 이때 요정들이 나타나 그에게 노래를 들려준다. 노래를 들은 파파게노가 자살충동을 버리고 새 삶을 살게 된다는 이야기로부터 나온 명칭이다. 이는 자살에 대한 대중매체의 보도가 오히려 자살을 부추길 수 있으므로 이를 자제하여 자살을 방지하려는 노력이라고 할 수 있다.

### 깨진 유리창 이론(Broken Window Theory)
■ 창원문화재단

사소한 것들을 방치하면 더 큰 범죄나 사회 문제로 이어진다는 사회범죄심리학 이론이다. 미국의 범죄학자가 1982년 '깨진 유리창'이라는 글에 처음으로 소개했다. 만일 길거리에 있는 상점에 어떤 이가 돌을 던져 유리창이 깨졌을 때 귀찮거나 어떠한 이유에서 이를 방치해두면 그 다음부터는 '해도 된다'라는 생각에 훨씬 더 큰 피해를 조장하는 결과를 가져온다는 것이다.

## 하인리히 법칙(Heinrich's Law)
■ SBS, 조선비즈

큰 사고가 일어나기 전에 반드시 유사한 작은 사고와 사전징후가 나타난다는 법칙이다. 1931년 미국의 보험회사에서 일하던 헐버트 하인리히가 발견했다. 그는 다양한 산업재해를 분석하면서 통계학적으로 유의미한 결과를 확인했다. 큰 규모의 사고 이전에는 반드시 수차례의 작은 사고가 수반되고, 이에 앞서 훨씬 더 많은 사고의 징후가 포착된다는 것이다.

## 풍선효과(Balloon Effect)
■ 경기도시공사, 연합뉴스TV

어떤 문제를 해결하기 위해 정책을 실시하여 그 문제가 해결되고 나면 다른 곳에서 그로 말미암은 또 다른 문제가 발생하는 현상을 말한다. 이러한 현상이 마치 풍선의 한 쪽을 누르면 다른 쪽이 튀어나오는 모습과 같다고 하여 풍선효과라는 이름을 붙였다. 남미 국가에서 불법 마약 생산과 거래로 인한 범죄가 심해지자, 미국 정부가 이를 강력하게 단속했는데 그 후 단속이 약한 지역에서 마약 거래가 급증했다는 데서 유래했다.

## 딘트(DINT)족
■ 한국언론진흥재단

'Double Income, No Time'의 준말로 맞벌이를 해서 수입은 두 배이지만 업무가 바쁘고, 서로 시간이 없어 소비를 못하는 신세대 맞벌이 부부를 지칭하는 용어다. 이들을 겨냥해 예술공연이나 쇼핑몰 등은 영업시간을 연장하기도 한다.

## 노블레스 오블리주(Noblesse Oblige) ▪ 이투데이

사회지도층의 책임 있는 행동을 강조하는 프랑스어로, 초기 로마시대에 투철한 도덕 의식과 솔선수범하는 공공정신을 보인 왕과 귀족들의 행동에서 비롯되었다. 귀족 사회를 지키기 위한 수단으로 볼 수도 있지만, 도덕적 책임과 의무를 다하려는 사회지도층의 노력으로서 결과적으로 국민들을 결집시키는 긍정적인 효과를 기대할 수 있다. 최근 국내외 대기업 오너들의 실천이 잇따르고 있고, 기업들의 '재능 나눔' 또한 대표적인 활동이다. 우리나라 대기업 총수들이 노블레스 오블리주의 전면에 나서고 있는 것은 획기적인 변화라고 할 수 있지만, 마이크로소프트 창업주인 빌 게이츠와 버크셔해서웨이 회장인 워런 버핏이 전 재산의 99% 이상을 기부하겠다고 밝힌 것을 고려하면 우리나라에서는 뒤늦은 감도 있다.

> **리세스 오블리주(Richesse Oblige)**
> 부자가 쌓은 부(富)에도 사회적인 책임이 따른다는 의미이다. 노블레스 오블리주가 지도층의 도덕적 심성과 책임감을 요구하는 것이라면 리세스 오블리주는 부자들의 부의 독식을 부정적으로 보며 사회적 책임을 강조한다. 2011년 미국에서 일어난 월스트리트 시위에서 '1대 99'라는 슬로건이 등장하는 등 주로 1%의 탐욕과 부의 집중을 공격하는 용어로 쓰인다.

## 노비즘(Nobyism) ▪ 경인일보

자신과 관련된 일에만 관심을 갖고, 이웃이나 사회에는 피해가 가더라도 무관심한 현상을 말한다. 예를 들어 도로, 공원 등 공공장소에 쓰레기를 버리는 것에는 무심하지만 누군가가 자신의 집 앞에 쓰레기를 버리는 것은 못 참는 것처럼 극심한 개인주의에 바탕을 두고 있다.

## 스모킹 건(Smoking Gun) ■ 언론중재위원회

'연기 나는 총'이라는 뜻으로 총에서 연기가 나면 총을 들고 있는 사람이 총을 쏜 범인이라고 확신할 수 있으므로 범죄혐의를 입증하는 직접적이고 확실한 증거라는 의미로 쓰인다. 영국의 작가 코난 도일의 소설 셜록홈스 시리즈 중 〈글로리아 스콧〉에 등장한 '스모킹 피스톨'에서 유래했다. 소설 속 살인 사건을 묘사한 '목사는 연기 나는 총을 들고 서 있었다'라는 문장은 연기 나는 총을 결정적 단서로 보고 그것을 들고 있는 사람을 살해범으로 지목한 표현이다. 이후 범죄에 있어서의 결정적 단서뿐만 아니라 명백한 증거, 과학적 증거까지 모두 표현하는 용어가 되었다.

## 디지털 디바이드(Digital Divide) ■ KBS

디지털 경제에서 나타나는 정보격차를 의미한다. 디지털 기기의 발전과 그에 따른 통신문화의 확산으로 이를 제대로 활용하는 사람들은 지식축적과 함께 소득까지 증가하는 반면, 경제적·사회적인 이유로 디지털 기기를 활용하지 못하는 사람들은 상대적으로 심각한 정보격차를 느끼며 소외감을 느끼게 된다. 모바일 기기가 빠르게 진화할수록 소외계층의 스트레스는 커질 수밖에 없으며, 전문가들은 디지털 디바이드를 극복하지 못하면 사회 안정에 해가 될 수 있다고 주장한다.

## 링겔만 효과(Ringelmann Effect) ■ 경향신문, EBS

집단에 참여하는 개인이 늘어날수록 성과에 대한 1명의 공헌도가 오히려 떨어지는 현상을 말한다. 즉, 혼자서 일할 때보다 집단 속에서 일할 때 노력을 덜 기울이기 때문에 이러한 현상이 나타난다고 한다. 이 효과는 독일 심리학자 링겔만이 줄다리기를 통해 각 개인들의 공헌도 변화를 측정하는 실험을 통해 발견했다고 하여 그의 이름을 붙였다.

## 매슬로우의 동기이론(Maslow's Motivation Theory)
■ 한국농어촌공사

인간의 욕구를 타고난 것으로 여기며 이를 강도와 중요성에 따라 5단계로 분류한 아브라함 매슬로우(Abraham H. Maslow)의 이론이다. 계층적(하위 단계에서 상위 단계)으로 배열되어 하위 단계의 욕구가 충족되면 그 다음 단계의 욕구가 발생한다는 것이다. 매슬로우에 따르면 욕구는 행동을 일으키는 동기요인이며 인간의 욕구는 그 충족도에 따라 낮은 단계에서부터 높은 단계로 성장해간다.

- 1단계 : 생리적 욕구 → 먹고 자는 것, 종족 보존 등 최하위 단계의 욕구
- 2단계 : 안전에 대한 욕구 → 추위·질병·위험 등으로부터 자신을 보호하는 욕구
- 3단계 : 애정과 소속에 대한 욕구 → 가정을 이루거나 친구를 사귀는 등 어떤 조직이나 단체에 소속되어 애정을 주고받는 욕구
- 4단계 : 자기존중의 욕구 → 소속단체의 구성원으로 명예나 권력을 누리려는 욕구
- 5단계 : 자아실현의 욕구 → 자신의 재능과 잠재력을 충분히 발휘하여 자기가 이룰 수 있는 모든 것을 성취하려는 최고 수준의 욕구

## 바넘 효과(Barnum Effect)
■ 스튜디오S

사람들이 보편적으로 가진 성격이나 심리적 특징을 자신만의 특성으로 여기는 경향을 말하는 것으로 19세기 말 곡예단에서 사람들의 성격과 특징 등을 알아내는 일을 하던 바넘(P. T. Barnum)의 이름에서 유래했다. 1940년대 말 심리학자인 포러(Bertram Forer)가 성격진단 실험을 통해 처음으로 증명해 '포러 효과'라고도 한다. 한동안 우리 사회에 크게 유행했던 혈액형별 성격론이나 최근 유행하는 MBTI 성격유형 테스트 등 역시 바넘 효과가 적용된 예이다.

**리플리 효과**
자신이 마음속으로 강하게 바라던 것이 진짜 현실이라 여기고 그에 맞는 거짓말과 행동을 반복하는 현상

## 번아웃 증후군(Burnout Syndrome)
■ 부산대학교병원, 화성여성가족청소년재단

어떤 일에 불타오르듯 집중하다 갑자기 불이 꺼진 듯 무기력해지면서 업무에 적응하지 못하는 증상을 말한다. 단순 스트레스는 물론 수면장애와 우울증, 인지 능력 저하와 같은 질병을 유발할 수 있으며, 심한 경우에는 사살과 같은 극단적인 선택을 할 수도 있다. 주로 생각대로 일이 실현되지 않거나 육체적·정신적 피로가 쌓였을 때 나타난다.

사회·노동·환경

## 포모(FOMO ; Fear Of Missing Out) 증후군
■ 부산광역시공무직통합채용, 머니S

최신 트렌드를 파악하지 못하거나 타인으로부터 소외·단절되는 것에 불안함을 느끼는 것을 말한다. 포모 증후군에 걸린 이들은 SNS에 손을 떼지 못하거나 자신의 모든 일상을 습관적이고 강박적으로 타인에게 공유하는 모습을 보인다. 포모는 원래 마케팅 분야에서 사용하던 용어로 홈쇼핑에서 흔히 볼 수 있는 '한정수량', '매진임박'이 포모전략의 예시다.

## 사일로 효과(Organization Silos Effect)
■ MBN, 영화진흥위원회

어떠한 조직 내의 각 부서들이 다른 부서와 벽을 쌓고, 자신이 속한 부서의 이익만을 추구하는 부서 이기주의와 같은 현상을 말한다. '사일로'는 원래 곡식을 저장해두는 원통형의 독립된 구조물인데 그 폐쇄성이 조직 이기주의와 같다 하여 '사일로 효과'라고 한다.

## 인포데믹(Infodemic)
■ 한국디자인진흥원, 광명도시공사, MBN

'정보'를 뜻하는 'Information'과 '유행병'을 뜻하는 'Epidemic'의 합성어로, 잘못된 정보나 악성루머 등이 미디어, 인터넷 등을 통해 무분별하게 퍼지면서 전염병처럼 매우 빠르게 확산되는 현상을 일컫는다. 허위정보가 범람하면 신뢰성 있는 정보를 찾아내기 어려워지고, 이 때문에 사회 구성원 사이에 합리적인 대응이 어려워지게 된다. 인포데믹에 따라 정보방역이 중요성도 강조되고 있다.

## 스톡홀름 신드롬(Stockholm Syndrome)

■ MBC, 서울메트로환경

강도, 납치 등의 사건이 발생했을 때 인질이 범인과 장시간 함께 있으면서 정신적으로 동화돼 범인에게 호감을 느끼게 되고 지지를 보이는 심리 현상을 말한다. 심리학자들은 인질들이 극단적인 상황에 처하게 되면 두려움을 경험한 후 차츰 인질범들에게 온정을 느끼게 되고 오히려 자신을 구출하러 오는 사람에게 반감을 갖게 될 수 있다고 설명한다.

**리마 인질 사건**
1996년 12월부터 1997년 4월까지 페루 반군들이 일본 대사관을 점거해 400여 명의 인질을 억류한 사건이다. 127일 동안 인질들과 함께 지낸 반정부요원들은 인질들에게 동화돼 자신의 신상을 털어놓고, 인질을 위한 의약품 반입을 허용하는 등의 행동을 보였다.

**리마 신드롬(Lima Syndrome)**
강자인 인질범이 약자인 포로나 인질에게 동정심을 갖게 되는 현상으로 스톡홀름 신드롬에 반대되는 개념이다. 인질범이 인질의 문화에 익숙해지고 정신적으로 동화되면서 결과적으로 공격적인 태도가 완화된다. 1996~1997년 페루 리마에서 반정부 군인들이 인질들과 함께 지내면서 인질들에게 동화된 것에서 유래됐다.

## 가스라이팅(Gaslighting)

■ 고양도시관리공사, 대전광역시공공기관통합채용

연극 〈가스등(Gas Light)〉에서 유래한 말로 세뇌를 통해 정신적 학대를 당하는 것을 뜻하는 심리학 용어다. 타인의 심리나 상황을 교묘하게 조작해 그 사람이 스스로 의심하게 만들어 타인에 대한 지배력을 강화하는 행위다. 거부, 반박, 전환, 경시, 망각, 부인 등 타인의 심리나 상황을 교묘하게 조작해 그 사람이 현실감과 판단력을 잃게 만들고, 이로써 타인에 대한 통제능력을 행사하는 것을 말한다.

## I턴(I-turn) 현상
■ 경기도시공사

도시에서 태어나 자란 사람들이 농촌으로 이주하는 현상으로, 청년 세대가 출신지와 무관한 지방에 정착하는 것을 말한다. 1980년대 일본 도쿄의 북서쪽에 있는 나가노현에서 회사원들에게 지방으로의 이주를 권유했는데, 이때 도시에서 지방으로 이동하는 사람들의 동선이 알파벳 I 모양과 같다고 하여 이러한 이름이 붙었다고 한다.

## 인구오너스(Demographic Onus)
■ 부산대학교병원

낮은 출산율과 급속한 고령화로 인해 전체 인구에서 생산연령인구(15~64세)의 비중이 하락하고, 부양해야 할 노인인구가 증가함에 따라 경제성장이 지체되는 것을 의미한다.

> **인구보너스(Demographic Bonus)**
> 전체 인구에서 생산연령인구가 차지하는 비중이 증가해 노동력이 증가하는 현상으로 이 경우 소비 증대와 경제 성장이 뒤따른다.

## 저널리즘(Journalism)
■ 부산일보, 스튜디오S, 부천도시공사

'매일매일 기록한다'는 뜻의 라틴어 '지우르나(Jiurna)'가 프랑스어 'Journal'로 변했고, 이것이 또 영어로 변한 뒤, 접미사 '-ism'이 붙어 생겨난 말로 신문과 잡지 등을 통하여 대중에게 시사적인 정보와 의견을 제공하는 활동을 말한다. '언론'으로 순화되기도 한다.

**저널리즘(Journalism)의 유형**
- 하이프 저널리즘(Hype Journalism) : 오락거리만 있고 정보는 전혀 없는 새로운 유형의 뉴스
- 블랙 저널리즘(Black Journalism) : 감추어진 이면적 사실을 드러내는 정보 활동
- 옐로 저널리즘(Yellow Journalism) : 독자들의 관심을 유도하기 위해 범죄, 성적 추문 등의 선정적인 사건들을 위주로 취재하여 보도하는 것
- 팩 저널리즘(Pack Journalism) : 취재 방법이나 취재 시각 등이 획일적이어서 개성이나 독창성이 없는 저널리즘
- 제록스 저널리즘(Xerox Journalism) : 극비 문서를 제록스로 몰래 복사해서 발표하는 것과 같이 문서를 근거로 한 폭로기사 일변도의 안이한 취재 방법과 언론 경향

## 제노비스 신드롬(Genovese Syndrome) ▪ 경인일보

주위에 사람들이 많을수록 어려움에 처한 사람을 돕지 않게 되는 현상을 뜻하는 심리학 용어로 '방관자 효과'라고도 부른다. 미국 뉴욕 한 주택가에서 발생한 '키티 제노비스 살해 사건'에서 유래했다. 범죄현장에서는 주위에 사람이 많을수록 책임감이 약해져 '내가 아니어도 누군가 돕겠지'라고 생각하는 경향이 강해 이 같은 현상이 일어난다고 보고 있다.

## 플라시보 효과(Placebo Effect) ▪ 서울시농수산식품공사

약효가 전혀 없는 그냥 약을 환자에게 먹였음에도 환자가 그 약이 정말 자신의 증상에 맞는 약이라고 믿고 있었을 때에 환자의 병세가 호전되는 효과를 말한다. 플라시보는 라틴어로 '마음에 들도록 한다', '가짜약'이란 뜻을 가지고 있다.

## 젠트리피케이션(Gentrification)  ▪ 주택도시보증공사

지주 계급 또는 신사 계급을 뜻하는 '젠트리(Gentry)'에서 파생된 용어로, 1964년 영국의 사회학자 루스 글래스(Ruth Glass)가 처음 사용하였다. 런던 서부에 위치한 첼시와 햄프스테드 등 하층 계급 주거 지역이 중산층 이상의 계층 유입으로 인하여 고급 주거 지역으로 탈바꿈하게 됐는데, 기존의 하층 계급 주민은 치솟은 주거비용을 감당하지 못해 결과적으로 살던 곳에서 쫓겨남으로써 지역 전체의 구성과 성격이 변한 현상에서 유래했다.

**젠트리피케이션의 장 · 단점**
젠트리피케이션이 이루어지면 지역은 한층 활기를 찾게 되고, 주민들의 평균소득도 향상되며, 지역에 대한 주민들의 소속감도 높아진다. 하지만 그 과정에서 원래의 거주민들은 대부분 오랫동안 살아왔던 동네를 떠날 수밖에 없으며, 이로 인해 지역 전체의 구성과 성격이 변하게 된다.

## 파이어(FIRE)족  ▪ 경인일보, 서울경제, KBS

'Financial Independence, Retire Early'의 약자로 젊었을 때 '극단적'으로 절약한 후 노후 자금을 빨리 모아 이르면 30대, 늦어도 40대에는 퇴직하고자 하는 사람들을 의미한다. 파이어족은 심플한 라이프 스타일을 통해 저축금을 빨리 마련하고 조기에 은퇴함으로써 승진, 월급, 은행 대출 등의 고민에서 벗어나고자 한다. 주로 고학력 · 고소득 계층을 중심으로 파이어 운동이 확산했는데, 이는 일에 대한 불만족도, 높은 청년실업률, 경제적 불확실성 확대 등과 관련이 있는 것으로 나타났다.

## 지역이기주의

■ 인천글로벌캠퍼스, 폴리텍, 화성도시공사

| | |
|---|---|
| 님비 현상 | 'Not In My Back Yard'의 약어로, 직역하면 '나의 뒷마당에는 안 된다'는 뜻이다. 사회적으로 필요한 혐오시설이 자기 집 주변에 설치되는 것을 강력히 반대하고, 멀리 떨어진 지역에 지으려는 주민들의 이기심이 반영된 현상을 말한다. |
| 님투 현상 | 'Not In My Terms Of Office'의 약어로, 직역하면 '나의 공직 재임 기간 중에는 안 된다'는 뜻이다. 공직자가 자신의 재임 기간 중에 주민들의 민원이 발생할 소지가 있는 쓰레기 매립장, 화장터, 하수처리장 등 혐오시설물을 설치하지 않고 임기를 마치려는 현상을 말한다. |
| 핌피 현상 | 'Please In My Front Yard'의 약어로, 자기 지역의 발전과 살림살이에 도움이 된다면 앞마당에 들어와도 좋다는 뜻이다. 행정기관, 특정 기업, 도서관, 공원 등을 적극적으로 유치하려는 현상을 말한다. |
| 핌투 현상 | 'Please In My Terms Of Office'의 약어로, 직역하면 '나의 공직 재임 기간 중에 환영한다'는 뜻이다. 자신의 임기 중에 대형 경기장, 사회복지시설 등 선호시설을 유치하여 출세의 발판으로 삼으려는 것을 말한다. |
| 바나나 현상 | 'Build Absolutely Nothing Anywhere Near Anybody'의 약어로, 각종 환경오염 시설물 등을 자기가 사는 지역권 내에는 절대 설치하지 못한다는 뜻이다. 님비 현상과 비슷한 말이다. |

## 합계출산율(TFR ; Total Fertility Rate)

■ 폴리텍, 뉴스1

인구동향조사에서 15~49세의 가임여성 1명이 평생 동안 낳을 것으로 추정되는 출생아 명수를 통계화한 것이다. 한 나라의 인구증감과 출산수준을 비교하기 위해 대표적으로 활용되는 지표로서 일반적으로 연령별 출산율의 합으로 계산된다. 2024년 우리나라의 합계출산율은 0.75명을 기록했다.

# 사회·노동·환경

## 골드칼라(Gold Collar) ▪ KBS

1985년 카네기멜론 대학의 로버트 켈리 교수가 이 용어를 최초로 사용했으며, 창의적인 부가가치를 창출하는 일을 하는 사람들을 의미한다. 골드칼라는 주로 정보를 다루는 첨단 기술, 통신, 광고, 서비스직 등에서 아이디어를 무기로 사업 능력을 발휘한다. 골드칼라가 되기 위해서는 철저한 자기관리, 폭넓은 시각과 전망, 네트워크 활용, 팀워크, 설득력 등이 절대적으로 요구된다.

## 통상임금(通常賃金) ▪ 국민일보, 조선일보, 서울경제, 머니투데이, EBS

근로자에게 근로에 대하여 정기적이고 일률적으로 소정 근로 또는 총 근로에 대하여 지급하기로 정한 시간급·일급·주급·월급 금액 또는 도급 금액을 말한다(근로기준법 시행령 제6조). 통상임금은 소정 근로의 대가여야 하고 정기적으로 지급되어야 하며 일정한 조건 또는 기준에 달한 모든 근로자에게 지급되어야 한다. 또한 소정 근로의 가치 평가와 관련된 조건이어야 한다. 따라서 연월차수당이나 연장근로수당 등과 같이 근로 실적에 따라 지급 여부와 지급액이 상이한 임금은 포함되지 않는다.

## 근로기준법(勤勞基準法)

근로자의 생활보호를 위한 최소한의 법률 규정을 명시해 놓은 것으로, 근무조건이 이보다 낮아서는 안 되며 5인 이상의 근로자를 고용하는 모든 사업장에 적용된다.

| 구분 | 주요 개정 | 관련 법규 |
|---|---|---|
| 해고사유 등의 서면통지 | 사용자가 제26조에 따른 해고의 예고를 해고사유와 해고 시기를 명시하여 서면으로 한 경우에는 제1항에 따른 통지를 한 것으로 본다. | 근로기준법 제27조 |
| 임산부의 보호 | 사용자는 임신 후 12주 이내 또는 36주 이후에 있는 여성 근로자가 1일 2시간의 근로시간 단축을 신청하는 경우 이를 허용하여야 한다. 다만, 1일 근로시간이 8시간 미만인 근로자에 대하여는 1일 근로시간이 6시간이 되도록 근로시간 단축을 허용할 수 있다. | 근로기준법 제74조 제7항 |
| | 사용자는 제7항에 따른 근로시간 단축을 이유로 해당 근로자의 임금을 삭감하여서는 아니 된다. | 근로기준법 제74조 제8항 |
| | 사용자는 임신 중인 여성 근로자가 1일 소정 근로시간을 유지하면서 업무의 시작 및 종료 시각의 변경을 신청하는 경우 이를 허용하여야 한다. 다만, 정상적인 사업 운용에 중대한 지장을 초래하는 경우 등 대통령령으로 정하는 경우에는 그러하지 아니한다. | 근로기준법 제74조 제9항 |

## 직장폐쇄

■ 기장군도시관리공단

「노동조합 및 노동관계조정법」에는 노동관계 당사자가 그 주장을 관철할 목적으로 행하는 쟁의행위 중 한 가지로 '직장폐쇄'를 인정하고 있다(제2조). 단 사용자는 노동조합이 쟁의행위를 개시한 이후에만 직장폐쇄를 할 수 있고, 직장폐쇄를 할 경우에는 미리 행정관청 및 노동위원회에 각각 신고해야 한다(제46조). 직장폐쇄는 임금을 지급하지 않는 것을 전제로 하는 경제적 압력 수단이기 때문에 엄격한 제한이 필요하다.

## 노동3권(勞動三權)
■ 한겨레, 부산디자인진흥원

근로자는 근로조건의 향상을 위하여 자주적인 단결권·단체교섭권 및 단체행동권을 가진다(헌법 제33조 제1항).

- 단결권 : 자주적으로 노동조합을 설립할 수 있는 권리이다.
- 단체교섭권 : 근로자가 근로조건을 유지하거나 개선하기 위해서 단체로 모여 사용자와 교섭할 수 있는 권리이다. 노동조합이 단체교섭권을 들어 합리적인 교섭을 요청할 때 사용자는 정당한 이유 없이 이를 거부하거나 피할 수 없다.
- 단체행동권 : 근로자가 자신의 근로조건을 유리하게 하기 위해서 단체로 집단적인 행위를 할 수 있도록 한 쟁의권으로 정당한 단체행동권의 행사는 민사상·형사상 책임이 면제된다.

## 노동쟁의(勞動爭議, Labor Dispute)
■ 폴리텍

임금, 근로시간, 복지, 해고 등의 근로조건에 대해 근로자와 고용주 간의 의견 불일치로 인해 발생하는 분쟁을 말한다. 노동쟁의가 벌어질 때에는 한쪽이 상대방에게 서면으로 통보해야 하고, 만약 어느 한쪽이 노동위원회에 노동쟁의 조정을 신청한 경우 위원회는 지체 없이 조정을 시행해야 한다.

**노동위원회**
신속하고 공정하게 노사 문제를 해결하기 위해 노·사·공, 즉 근로자위원과 사용자위원, 공익위원 3자로 구성된 합의제 행정기관이다.

**노동쟁의의 종류**
- 파업 : 근로 거부 행위
- 태업 : 근로를 게을리해 고용주에게 피해를 주는 행위
- 보이콧 : 회사의 상품 또는 거래 관계에 있는 제3자의 상품에 대한 불매운동
- 피케팅 : 플래카드, 피켓, 확성기 등을 사용해 근로자들이 파업에 동참할 것을 호소하는 행위
- 직장폐쇄 : 고용주가 노사협상에서 자신의 뜻을 이루기 위해 일정 기간 직장의 문을 닫는 행위

## 노동조합(勞動組合, Labor Union)  ■ 주택도시보증공사

사업장 내에서의 지배관계가 일방적인 상하관계가 아니라 대등한 관계가 될 수 있도록 근로자들이 주체가 되어 조직한 단체를 의미한다. 노동시간, 고용안정, 작업환경 등을 포함해 여러 노동조건 개선을 위해 힘쓴다.

**노동분쟁**
작업장에서 사용자와 근로자 간에 발생하는 분쟁으로 노동조합법에서는 '노동쟁의'라고 한다.

### 노동조합 및 노동관계 조정법
헌법에 의한 근로자의 단결권 · 단체교섭권 및 단체행동권을 보장하여 근로조건의 유지 · 개선과 근로자의 경제적 · 사회적 지위의 향상을 도모하고, 노동관계를 공정하게 조정하여 노동쟁의를 예방 · 해결함으로써 산업평화의 유지와 국민경제의 발전에 이바지함을 목적으로 한다.

### 노동조합법에서 사용하는 용어의 정의
1. 근로자 : 직업의 종류를 불문하고 임금 · 급료, 기타 이에 준하는 수입에 의하여 생활하는 자
2. 사용자 : 사업주, 사업의 경영담당자 또는 그 사업의 근로자에 관한 사항에 대하여 사업주를 위하여 행동하는 자
3. 사용자단체 : 노동관계에 관하여 그 구성원인 사용자에 대하여 조정 또는 규제할 수 있는 권한을 가진 사용자의 단체
4. 노동조합 : 근로자가 주체가 되어 자주적으로 단결하여 근로조건의 유지 · 개선, 기타 근로자의 경제적 · 사회적 지위의 향상을 도모함을 목적으로 조직하는 단체 또는 그 연합단체
5. 노동쟁의 : 노동조합과 사용자 또는 사용자단체 간에 임금 · 근로시간 · 복지 · 해고, 기타 대우 등 근로조건의 결정에 관한 주장의 불일치로 인하여 발생한 분쟁 상태를 말한다. 이 경우 주장의 불일치라 함은 당시지 간에 합의를 위한 노력을 계속하여도 더 이상 자주적 교섭에 의한 합의의 여지가 없는 경우를 말한다.

## 베버리지 보고서

■ 대구의료원

영국의 경제학자이며 사회보장제도·완전고용제도의 주창자인 윌리엄 헨리 베버리지가 정부의 위촉을 받아 사회보장에 관한 문제를 조사·연구한 보고서다. 이 보고서는 국민의 최저생활의 보장을 목적으로 5대악의 퇴치를 주장했으며 사회보장제도상의 원칙도 제시했다.

**베버리지 5대 사회악**
- 빈곤 – 연금
- 질병 – 건강보험
- 무지 – 교육
- 불결 – 주거개선
- 나태 – 고용

**사회보장제도상의 6원칙**
- 포괄성의 원칙(Principle of the comprehensiveness)
- 급여적절성의 원칙(Principle of the benefit adequacy)
- 정액갹출의 원칙(Principle of the flat rate contribution)
- 정액급여의 원칙(Principle of the flat rate benefit)
- 행정통일의 원리(Principle of the administrative uniformity)
- 피보험자분류의 원칙(Principle of the classification)

## 4대 보험

■ 한국일보

법에 의한 강제성을 띠고 있어 근로자가 의무적으로 적용받아야 하는 사회보험제도의 총칭이다.

| 4대 보험 | | |
|---|---|---|
| | 건강보험 | 질병·부상에 대한 진단, 치료, 재활 등 병원에서 건강증진 서비스를 받을 때, 국민들이 매월 낸 보험료를 진료비의 일부분으로 납부해주는 것을 말한다. |
| | 국민연금 | 나이가 들거나 갑작스러운 질병, 사고 등으로 인해 근로 능력을 잃었을 때, 그동안 소득 활동을 하면서 납부했던 보험료를 기반으로 산정한 연금을 본인이나 유족에게 지급함으로써 기본생활을 유지할 수 있도록 하는 연금제도를 말한다. |
| | 고용보험 | 취업 중인 근로자의 고용안정을 보장하고, 부득이하게 직장을 잃었을 경우 재취업을 촉진함으로써 기본적인 생활을 보장하고자 하는 제도를 말한다. |
| | 산재보험 | 사업주로부터 보험료를 징수해 근로 중에 근로자에게 재해가 발생했을 때, 보상을 해주는 제도이다. |

**고용보험(雇傭保險)**

4대 보험 중 하나로 1998년 10월부터 1인 이상의 근로자가 있는 모든 사업주는 고용보험에 의무적으로 가입해야 한다. 고용보험료는 고용안정·직업능력개발·실업급여 보험료로 나뉜다.

## ILO(International Labour Organization)

■ 의정부시설관리공단

노동조건의 개선과 노동자들의 기본적인 생활을 보장하기 위해 설립된 국제노동기구이다. 1946년 최초의 국제연합(UN) 전문기구로 인정받았으며, 국제노동입법 제정을 통해 고용·노동조건·기술원조 등 국제적인 차원에서 노동자를 위한 다양한 활동을 하고 있다.

## 임금피크제(Salary Peak System)

■ 부산경제진흥원

근로자가 일정 연령에 도달한 시점부터 임금을 삭감하는 대신 근로자의 고용을 보장하는 제도이다. 임금피크제는 크게 정년보장형과 정년연장형으로 나뉘는데 우리나라는 대다수의 기업들이 정년보장형을 채택하고 있다. 임금피크제를 시행하면 기업의 입장에서는 인건비 절감, 숙련된 인력의 안정적 확보 등이 가능하고, 근로자는 생활의 안정, 근로기회 확보 등의 효과를 볼 수 있다. 국내 임금피크제는 정년을 60세로 하고, 55세부터 매년 전년 대비 10% 감액하는 제도를 도입했다.

**정년보장형**
정년을 보장하는 대신 일정 시점부터 임금을 조정

**정년연장형**
정년을 연장하는 조건으로 정년 이전 일정 시점부터 임금을 조정

## 최저임금제

■ 경향신문, 한겨레, 한국농수산식품유통공사

국가가 임금액의 최저한도를 결정하고 사용자가 그에 따라 임금을 지급하도록 법적으로 강제하는 제도이다. 최저임금 수준을 보장하여 근로자의 생활안정과 노동력의 질적 향상을 꾀함으로써 국민경제의 건전한 발전을 이뤄내는 것을 목적으로 한다. 고용노동부 장관은 다음 연도 최저임금을 최저임금위원회의 심의를 거쳐 매년 8월 5일까지 결정하여 고시해야 한다. 매년 최저임금은 고용노동부 홈페이지를 통해 확인할 수 있다.

**최저임금위원회**
고용노동부의 산하기구로, 최저임금을 심의하고 의결한다.

| 사회 · 노동 · 환경 |

### 기후협약(Climatic Change Convention)

■ 한겨레, 한국일보, 충북대학교병원

'교토의정서'를 대체할 기후체제로서 프랑스 파리에서 개최된 제21차 UN 기후변화협약 당사국총회(COP21)에서 세계 195개 참가국의 만장일치로 채택된 협약이다. '파리협정(Paris Agreement)'이라고도 하는데, 정식 명칭은 '기후변화에 의한 기본 협약'이다. 지구 기온의 상승폭(2100년 기준)을 섭씨 2℃보다 훨씬 낮게(Well below 2℃) 유지하고, 더 나아가 온도 상승을 1.5℃ 이하로 제한하기로 하고 프레온가스(CFC)를 제외한 모든 온실가스의 인위적 방출을 규제하고 있다. 이에 따라 각 국가는 일정 수준 이하로 온실가스 배출량을 억제해야 하며, 불이행 시에는 무역규제 등 불이익을 당할 수 있다. 또한 선진국은 개도국의 산업구조 조정을 위해 재정 지원, 기술 이전 등의 부담을 지게 된다. 2017년 6월 도널드 트럼프 전 미국 대통령이 돌연 미국의 탈퇴를 선언하면서 위기를 맞기도 했으나 2021년 1월 조 바이든 미국 대통령이 취임 첫날 기후협약에 재가입하면서 사태가 일단락됐다. 그러나 2025년 트럼프 2기 행정부에 들어 끝내 미국은 재탈퇴를 결정했다.

> **교토의정서(Kyoto Protocol)**
> 국가 간 이행 협약으로, 1997년 12월 일본 교토에서 개최된 UN 기후변화협약 제3차 당사국총회에서 채택되었고, 2005년 2월 16일 공식 발효되었다. 이행 대상국은 오스트레일리아, 캐나다, 미국, 일본, 유럽연합(EU) 회원국 등 총 37개국으로, 각국은 2008~2012년 온실가스 총 배출량을 1990년 수준보다 평균 5.2% 감축하기로 했다.

## 넷제로(Net Zero)

■ 부산광역시공공기관통합채용

배출하는 탄소량과 흡수·제거하는 탄소량을 같게 함으로써 실질적인 탄소배출량을 '0'으로 만드는 것을 말한다. 즉, 온실가스 배출량(+)과 흡수량(-)을 갖게 만들어 더 이상 온실가스가 늘지 않는 상태를 말한다. 기후학자들은 넷제로가 달성된다면 20년 안에 지표면온도는 더 상승하지 않을 것이라고 보고 있다. 우리나라를 비롯한 많은 국가들이 2050년까지 넷제로에 도달하겠다고 약속했다.

## 그린래시(Greenlash)

전 세계적으로 기후변화에 대한 우려가 커지면서 다양한 대책이 나오는 가운데 대두되고 있는 녹색정책에 대한 반발(Backlash, 백래시)을 의미한다. 2023년 안토니우 구테흐스 유엔(UN) 사무총장이 '지구온난화 시대가 끝나고 지구열대화 시대가 도래했다'라고 경고할 만큼 심각해진 기후위기 상황에서 주요 선진국을 중심으로 녹색정책에 반대하는 움직임이 확산하고 있다. 이는 친환경 정책이 도입되는 경우 화석연료 기반 사업에 종사하는 근로자들이 일자리를 잃을 가능성이 크고, 기후대응을 위해 소요되는 비용이 증가하는 등 향후 예상되는 경제적 타격에 대한 우려가 가장 큰 원인으로 꼽힌다.

## 람사르 협약(Ramsar Convention)

■ 경인일보

정식 명칭은 '물새 서식지로서 특히 국제적으로 중요한 습지에 관한 협약'으로, 환경올림픽이라고도 불린다. 가맹국은 철새의 번식지가 되는 습지를 보호할 의무가 있으며 국제적으로 중요한 습지를 1개소 이상 보호지로 지정해야 한다. 대한민국은 101번째로 람사르 협약에 가입하였으며, 2008년에는 경남 창원에서 람사르 협약의 당사국총회인 '제10차 람사르 총회'를 개최하였다.

**당사국총회**
람사르 협약의 의제를 결정하는 총회로, 주요 의제로는 철새의 보호로부터 생태계 보전, 습지 관리와 인간의 건강 문제 등 습지의 보존과 관련된 내용들이 논의되었다.

**경남 창원 우포늪**
살아 있는 자연사 박물관이라고도 불리는 우리나라 최대의 자연 습지이다. 1998년 3월 람사르 습지로 등록됐으며, 1999년 2월 환경부가 습지보호 지역으로 지정했다. 약 1억 4,000만년 전 생성된 것으로 추정되며 식물 480여 종, 어류 28종 등 동·식물 662종이 서식한다. 옛날부터 인근에 살던 주민들이 소를 놓고 키우던 곳이라고 해서 우포라고 불리기 시작했다.

## 라니냐(La Nina)

■ YTN, 한국수산자원관리공단

엘니뇨의 반대 현상으로, 평년보다 해수면 온도가 0.5℃ 이상 낮은 상태가 5개월 이상 지속되는 이상해류 현상을 말한다. 예년과 비교할 때 강한 무역풍이 지속되어 일어나는 기후 변동 현상으로, 여자아이를 지칭하는 스페인어에서 유래했다.

**엘니뇨(El Nino)**
전 지구적으로 벌어지는 대양-대기 간의 기후 현상으로, 평년보다 0.5℃ 이상 해수면 온도가 높은 상태가 5개월 이상 지속되는 이상해류 현상이다.

### BOD(Biochemical Oxygen Demand)
■ 충북대학교병원

생화학적 산소요구량이라고도 한다. 물속에 있는 호기성 미생물이 유기물을 분해시켜 정화하는 데 사용하는 산소량으로, 5일간을 기준으로 하여 ppm으로 나타낸다. BOD 값이 클수록 오염 정도가 심한 물이고, BOD 값이 작을수록 깨끗한 물이다.

### 탄소배출권(CER ; Certified Emissions Reduction)
■ 영화진흥위원회

2005년 발효한 교토의정서에 따라 근거가 마련된 것으로 이산화탄소 등의 온실가스를 일정 기간 동안 배출할 수 있도록 국제연합(UN)이 국가별로 부여한 권리를 말한다. 할당받은 배출량보다 적은 양을 배출하게 되면 남은 배출권을 다른 나라에 돈을 받고 판매할 수 있다.

### RE100(Renewable Energy 100%)
■ 머니투데이, 이투데이, 대전교통공사

2050년까지 필요한 전력의 100%를 태양광, 풍력 등 재생에너지로만 충당하겠다는 기업들의 자발적인 약속이다. 2014년 영국의 다국적 비영리기구인 기후그룹이 처음 제시했다. 가입 기업은 2025년 11월 기준으로 전 세계 440여 곳에 이른다. 우리나라는 기업이 부담해야 할 비용이 막대해 RE100가 전무했으나 RE100의 세계적 확산에 따라 2020년 말부터 LG화학, SK하이닉스, 한화큐셀 등이 잇따라 참여를 선언했다.

## 그린 택소노미(Green Taxonomy)
■ MBN, MBC, YTN

녹색산업을 뜻하는 '그린(Green)'과 분류학을 뜻하는 '택소노미(Taxonomy)'의 합성어다. 환경적으로 지속 가능한 경제활동의 범위를 정하는 것으로 친환경 산업을 분류하기 위한 녹색산업 분류체계를 말한다. 녹색투자를 받을 수 있는 산업 여부를 판별하는 기준으로 활용된다. 2020년 6월 세계 최초로 유럽연합(EU)이 그린 택소노미를 발표했을 당시만 해도 원자력발전을 포함한 원자력 관련 기술이 포함되지 않았지만, 2021년 12월에 마련한 그린 택소노미 초안에 방사성폐기물을 안전하게 처리할 계획을 세우고 자금과 부지가 마련됐을 경우 친환경으로 분류될 수 있다는 내용이 새롭게 포함됐다. EU 집행위원회는 2022년 1월 원전과 천연가스를 환경친화적인 녹색분류체계인 그린 택소노미에 포함하기로 결정했다. 우리나라 환경부 역시 환경적으로 지속 가능한 경제활동의 범위를 정해 한국형 녹색분류체계 가이드라인 'K-택소노미'를 개발했다.

**K-택소노미**
한국의 녹색경제활동을 정의하는 지침으로, 명확한 원칙과 기준을 제시하여 녹색자금이 녹색기술로 유입될 수 있도록 지원하기 위해 개발됐다.

## 탄소국경세(CBAM ; Carbon Border Adjustment Mechanism)
■ 헤럴드경제

이산화탄소 배출이 많은 국가에서 생산·수입되는 제품에 부과하는 관세로 '탄소국경조정제도'라고도 한다. 특히 유럽연합(EU)은 2021년 7월 14일, 탄소국경세를 2030년 유럽의 평균 탄소배출량을 감축하기 위한 '핏포 55(Fit for 55)'의 핵심 내용으로 발표했다. 이는 유럽으로 수입되는 제품 중 자국 제품보다 탄소배출량이 많은 제품에 관세를 부과하는 조치를 말한다. EU는 2023년부터 시멘트·알루미늄·철강 등 탄소배출이 많은 품목에서 시범적으로 시행한 뒤 2026년 1월부터 본격적으로 시행한다는 계획이다.

**핏포 55(Fit for 55)**
유럽연합(EU)이 2021년 7월에 발표한 기후변화 대응을 위한 12개 항목을 담은 입법 패키지로 2030년까지 EU의 평균 탄소배출량을 1990년의 55% 수준까지 줄인다는 목표를 실현하기 위한 방안이다.

# STEP 03 기출문제 Check

**01** 한 여성이 가임기간 동안 낳을 것으로 예상되는 평균 출생아 수를 뜻하는 용어는?

〈머니투데이〉

① 합계출산율
② 조출생률
③ 일반출산율
④ 대체출산율

 합계출산율이란 여성이 가임기간(15~49세)에 낳을 것으로 기대되는 평균 출생아 수를 말한다. '조출생률'은 1년 동안의 총 출생아 수를 해당연도의 총 인구로 나눈 값에 1,000을 곱한 값이다. '일반출산율'은 1년 동안의 총 출생아 수를 15~49세 여성인구의 수로 나눈 값에 1,000을 곱한 값을 말하며, '대체출산율'은 한 국가의 인구가 감소하지 않고 유지하는 데 필요한 수준의 출산율을 말한다.

**02** 다음 중 님비 현상과 유사한 개념은?

〈부산광역시공공기관통합채용〉

① J턴 현상
② 코쿠닝 현상
③ 바나나 현상
④ 눕프 현상

 바나나 현상(Build Absolutely Nothing Anywhere Near Anybody)은 혐오시설이나 수익성 없는 시설이 자기 지역에 들어오는 것을 반대하는 현상인 님비(NIMBY)와 유사한 개념이다. 공해와 수질오염 등을 유발하는 공단, 댐, 원자력 발전소, 핵폐기물 처리장 등 환경오염시설의 설치에 대해 그 지역 주민들이 집단으로 거부하는 지역이기주의 현상이다

Answer  01 ① 02 ③

**03** 낙후된 구도심 지역이 활성화되어 중산층 이상의 계층이 유입됨으로써 기존의 저소득층 주민이 쫓겨나듯 이탈하는 현상을 가리키는 말은? 〈SBS, 한국경제〉

① 젠트리피케이션
② 디즈니피케이션
③ 투어리스티피케이션
④ 백워데이션

 젠트리피케이션(Gentricfication)이란 지역 전체의 구성과 성격이 변해 지가 및 임대료가 상승하면서 하층 주민들이 경제적 부담이 커져 이주하는 것을 가리키는 말이다. 우리나라에서는 서촌, 해방촌, 경리단길, 성수동 서울숲길 등이 대표적인 젠트리피케이션 지역이다.


**04** 다음 중 노동3권에 포함되는 것이 아닌 것은? 〈서울도시철도공사, 한겨레〉

① 단결권　　　　　　　　② 단체결의권
③ 단체교섭권　　　　　　④ 단체행동권

 헌법에서 보장하는 노동자의 권리로 단결권, 단체교섭권, 단체행동권이 있다.


**05** 다음 중 1980년대 뉴욕시의 범죄율과 관련 있는 사회 현상은 무엇인가? 〈YTN, MBC〉

① 마태 효과
② 깨진 유리창 이론
③ 기대 이론
④ 양떼 효과

 깨진 유리창 이론이란 거리에 깨진 유리창 하나가 방치되면 그것을 바탕으로 여러 범죄가 일어나기 시작한다는 뜻으로, 사소한 무질서가 가져오는 공공의 도덕적 악화 현상을 가리키는 말이다. 미국의 범죄학자 제임스 윌슨과 조지 켈링이 발표했다.
① 마태 효과 : 신약 성경 마태복음에 나오는 '가진 자는 더 많이 갖게 되고 덜 가진 사람은 점점 더 적게 가지게 된다'는 구절에서 착안한 부익부빈익빈 현상을 일컫는 단어이다.
③ 기대 이론 : 조직에서 구성원은 자신의 행위에 기대되는 결과에 따라 행위를 할 것인지를 선택한다는 사회 이론이다.
④ 양떼 효과 : 양들이 무리 지어 있을 경우 너도나도 그저 무리가 가는 대로 이동해 다함께 절벽으로 떨어지기도 한다. 아무런 분별없이 다른 이들의 행동을 따라하는 것을 말한다.

**06** 다음 중 사회적 기업에 대한 설명으로 틀린 것은 무엇인가? 〈서울지복지재단〉

① 취약계층에게 일자리나 서비스를 제공한다.
② 수익은 창출하지 않는 비영리적인 기업 형태다.
③ 노숙자를 판매원으로 고용하는 〈빅이슈〉 등이 있다.
④ 국가에서 인증된 사회적 기업은 세제·경영 지원 등 혜택을 받는다.

 사회적 기업은 취약계층에게 일자리나 복지 서비스를 제공하는 회사를 말하며, 비영리와 영리의 중간 형태를 갖는다. 노숙자를 판매원으로 고용해 도움을 주는 〈빅이슈〉 잡지가 대표적인 사회적 기업이다. 사회적 기업은 국가의 인증을 받아 4대 보험, 소득세·법인세 감면 등 세제 혜택과 경영 지원을 받을 수 있다.

**07** 다음 중 '현대인의 과도한 노동'과 가장 연관 있는 것은? 〈MBC, 조선일보〉

① 번아웃 증후군   ② 가면 증후군
③ 살리에리 증후군   ④ 리셋 증후군

 번아웃 증후군이란 어떤 일에 불타오르듯 집중하다가 갑자기 불이 꺼진 듯 무기력해지면서 업무에 적응하지 못하는 증상이 나타나는 현대인의 정신 질병 중 하나다.

**08** 산업현장 수요 충족을 위해 필요에 따라 임시직을 고용하여 단기계약직이 확산되는 현상은? 〈지방공기업평가원〉

① 임금피크제
② 구이츠아르바이트
③ 워케이션
④ 긱 이코노미

긱 이코노미는 필요에 따라 정규직보다는 임시직이나 단기계약직 등의 인력을 고용해 산업현장의 수요를 충족하는 노동방식을 말한다. 근무가 유연하고 자유롭다는 장점이 있는 반면, 수입과 고용이 불안정하다는 단점도 갖고 있다.

Answer   03 ①  04 ②  05 ②  06 ②  07 ①  08 ④

**09** 다음 중 특수고용노동자로서 주로 근무하는 직종이 아닌 것은? 〈연합뉴스TV〉

① 학습지교사
② 택배기사
③ 보험설계사
④ 변리사

 특수고용노동자의 근로 방식은 일반근로자와 같으나, 사업주와 개인간의 도급으로 근로계약을 맺고 있다. 독자적 사업장이 없고 계약된 사용자에게 종속되어 자율적으로 일할 수 있다. 택배·대리운전기사, 보험설계사, 학습지교사, 골프장 캐디 등의 직종은 정식 노동자로 근로계약을 맺을 수도 있으나 대부분이 특수고용직으로 일한다.

**10** 다음 보기에서 설명하는 협약은 무엇인가? 〈경인일보, MBC〉

> 정식 명칭은 '물새서식지로서 특히 국제적으로 중요한 습지에 관한 협약'으로, 환경올림픽이라고도 불린다. 가맹국은 철새의 번식지가 되는 습지를 보호할 의무가 있으며 국제적으로 중요한 습지를 1개소 이상 보호지로 지정해야 한다.

① 런던 협약
② 몬트리올 의정서
③ 람사르 협약
④ 바젤 협약

 람사르 협약이란 습지 보호 협약으로 당사국들은 자국 내에서 국제적으로 중요한 습지를 1개소 이상 지정해 보호하기로 협의하였다. 우리나라는 총 24개 지역을 지정하였다.
① 런던 협약 : 폐기물이나 다른 물질의 투기를 규제하는 해양오염 방지조약이다.
② 몬트리올 의정서 : 오존층 파괴물질의 규제에 관한 국제협약이다.
④ 바젤 협약 : 유해폐기물의 국가 간 이동 및 처리에 관한 국제협약이다.

**11** 다음 중 매슬로우의 욕구 단계 이론에 대한 설명으로 옳지 않은 것은?

〈해양환경공단, 한국수력원자력〉

① 생리적 욕구는 1단계 욕구이다.
② 마지막 단계의 욕구는 자아존중의 욕구이다.
③ 생리적 욕구, 안전의 욕구, 애정의 욕구, 자아존중의 욕구는 결핍의 욕구로 구분한다.
④ 매슬로우의 욕구 단계 이론을 반영하여 ERG 이론이 나왔다.

해설 매슬로우는 인간의 욕구를 1단계 생리적 욕구, 2단계 안전의 욕구, 3단계 애정의 욕구, 4단계 자아존중의 욕구, 5단계 자아실현의 욕구로 구분했다. 이 중 1~4단계 욕구를 결핍의 욕구로, 5단계 욕구를 성장의 욕구로 구분한다.

**12** 노동 가능 인구가 줄어들고 부양 인구가 늘어나면서 인구부양력이 한계에 이르러 경제가 침체되는 현상을 무엇이라 하는가?

〈농촌진흥청, 한국환경공단〉

① 인구보너스(Demographic Bonus)
② 인구플러스(Demographic Plus)
③ 인구센서스(Demographic Census)
④ 인구오너스(Demographic Onus)

해설 인구오너스란 일할 수 있는 젊은 세대인 생산가능인구(15~64세)의 비중이 하락하면서 사회의 인구부양력이 줄어드는데 노년층은 늘어나고, 이로 인해 경제성장세가 둔화되는 현상을 가리킨다. 반대 개념인 인구보너스는 전체 인구에서 생산가능인구가 차지하는 비중이 높아지는 것을 말한다. 유년인구와 고령인구 비율이 낮은 상황은 인구센서스라고 한다.

Answer  09 ④  10 ③  11 ②  12 ④

## 속성 4일차 사회·노동·환경
### 논술·면접 기출문제

- 가장 친환경적인 에너지는 무엇이라 생각하는지 말해 보시오. 〈한국전력공사〉

- 최근 2030세대와 4050세대 사이의 괴리감이 커지고 있다. 이러한 세대갈등을 해결하기 위한 방향으로 적절한 방법은 무엇인가? 〈국민건강보험공단〉

- 저출산 고령화로 인해 2030세대에 부양 부담이 가중되는 상황이다. 건강보험료의 인상과 이로 인한 2030세대의 부담 가중도 피할 수 없는 상황이 되었는데, 보험료 인상에 대한 2030세대의 저항이 굉장히 심하다. 이런 문제를 어떻게 해결할 수 있겠는가? 〈국민건강보험공단〉

- 학교폭력 문제에 대한 해결 방안을 말해 보시오. 〈한국수력원자력〉

- 온실가스 감축 방안에 대해 말해 보시오. 〈한국에너지공단〉

- 기업의 사회적 책임과 윤리에 대해 논하시오. 〈이투데이〉

- 수도권과 지방의 격차가 심화되자 지방소멸론마저 등장했다. 이러한 지방소멸론의 원인을 분석하고, 수도권과 지방의 상생 방안을 적으시오. 〈안동MBC〉

- 서울과 수도권의 주거불안 원인에 대해 논하시오. 〈CBS〉

- 청년 고용 문제의 원인을 진단하고 이를 해결할 수 있는 방안을 논하시오. 나아가 한국의 일자리 문제를 장기적으로 해결할 수 있는 방법을 자신의 관점에서 서술하시오. 〈제주MBC〉

- (스포츠선수, 예술가들의) 병역 특례에 대해 본인의 찬반의견을 밝히고 그 이유를 논하시오. 〈조선일보〉

- 최저임금 인상이 고용 시장에 미친 영향에 대해 논하시오. 〈조선일보〉

- 노령인구 증가에 따른 사회복지 개선과 사회참여 방안에 대해 논하시오. 〈대구TBC〉

- 공공의료에 민간의료가 참여할 수 있는 방안은 무엇인가? 〈서울특별시공공보건의료재단〉

- 노인 무임승차에 대한 생각을 말해 보시오. 〈서울메트로〉

- 쓰레기 무단투기를 줄이기 위한 방안은 무엇인지 말해 보시오. 〈한전원자력연료〉

- 플랫폼 노동자에 대한 본인의 생각을 말해 보시오. 〈MBC〉

- 주52시간제에 대해 논하시오. 〈경기일보〉

# 속성 5일차

## 역사·철학·종교

Step 1   최신 시사상식
Step 2   일반 핵심상식
Step 3   기출문제 Check
         논술·면접 기출문제

# STEP 01 최신 시사상식

## 강제동원
■ 오마이뉴스

일제가 아시아태평양전쟁(1931~1945년) 수행을 위해 한반도를 비롯한 아시아 지역의 식민지와 점령지 등에서 실시한 인적·물적·자금 동원정책을 말한다. 1938년 4월 1일 공포된 '국가총동원법'을 기반으로 같은 해 5월부터 본격적으로 인력동원이 시작됐으며, 당시 강제동원이 실시됐던 지역은 모두 일제의 영역에 포함돼 전쟁 중 인력과 물자가 오가고 자금이 통제됐다. 한국 현행법(대일항쟁기 강제동원피해조사 및 국외강제동원희생자 등 지원에 관한 특별법)에 따르면 우리나라의 강제동원 피해는 '만주사변(1931.9.18.) 이후 태평양전쟁(1941.12.8.)에 이르는 시기에 일제에 의하여 강제동원되어 군인·군무원·노무자·위안부 등의 생활을 강요당한 자가 입은 생명·신체·재산 등의 피해(특별법 제2조 제1항)'로 규정돼 있다.

### NEWS 엿보기

일본 군마현 다카사키시 현립공원 '군마의 숲'에 설치된 조선인 추도비가 2024년 1월 31일 철거됐다. 조선인 추도비는 일제강점기 강제동원된 조선인 노동자들을 기리는 의미가 담긴 것으로 일본 시민단체가 한반도와 일본 간 역사를 이해하고 양측 우호 증진을 위해 2004년 설치한 것이다. 군마현 당국은 2012년 열린 추도식에서 참가자가 '강제연행'을 언급한 것을 문제삼아 설치허가 갱신을 거부해 오다 이날 추도비를 완전철거했다.

## 사도광산

■ 서울경제

일본 니가타현에 소재한 에도시대 금광으로 일제강점기 당시 조선인 강제노역이 자행된 곳이다. 일본은 사도광산의 세계유산 등재를 추진했는데, 대상기간을 16~19세기 중반으로 한정해 일제강점기 조선인 강제노동 내용을 배제했다. 우리나라는 사도광산의 등재추진에 대한 문제점을 유네스코와 일본에 지속적으로 제기했는데, 유네스코 자문기구인 ICOMOS는 '등재권고 보류' 판결을 내리며, 일본정부에게 광산의 전체역사를 추천서에 반영하고 주변국과도 협의를 이뤄 오라고 통보했다. 그런데 2024년 7월 당시 윤석열정부가 일본 측과 협상 중 등재에 동의했고, 그러면서도 '강제성' 표현을 명시하라는 정부의 요구를 일본 측이 거부한 것으로 드러나면서 논란이 일었다.

### NEWS 엿보기

2024년 11월 열린 사도광산 추도식에서 여전히 조선인 징용에 대한 '강제성' 표현이 나오지 않아, 일본이 사도광산의 세계유산 등재와 관련된 약속을 지키지 않는다는 비판이 나왔다. 이날 추도사에서는 "1940년대 한반도에서 온 노동자가 가혹한 환경에서 곤란한 노동에 종사했다"고 언급됐지만 강제동원 등 강제성과 관련한 표현은 없었다. 일본은 앞서 일제강점기 조선인 강제노역 현장인 사도광산을 세계유산으로 등재하면서 한국의 동의를 얻기 위해 모든 노동자를 추도하는 행사를 매년 열기로 한 바 있다.

## 하마스(HAMAS)

■ 뉴시스

하마스는 팔레스타인의 무장단체이자 정당이다. 'HAMAS'라는 명칭은 '이슬람 저항운동'의 아랍어 첫 글자를 따서 지어졌다. '아마드 야신'이 1987년 창설한 이 단체는 이슬람 수니파 원리주의를 표방하고 있으며, 이스라엘에 저항하고 팔레스타인의 독립을 목표로 무장 저항활동을 펼치고 있다. 이들은 팔레스타인 가자지구와 요르단강 서쪽 지역을 실질 지배하고 있다. 하마스는 이스라엘과의 '팔레스타인 분쟁'의 중심에 서 있는 조직이다.

### NEWS 엿보기

영국 로이터통신은 이스라엘과의 전쟁으로 세력이 크게 약화한 하마스가 휴전 발효 후 가자지구에서 영향력을 되찾기 위해 움직이고 있다며, 자신들의 통제력에 도전한 세력들을 단속해 최소 33명을 처형했다고 보도했다.

## 가자지구

■ 조선일보, 대구의료원

요르단강 서안지구(West Bank)와 함께 팔레스타인의 자치가 이뤄지는 지역을 말한다. 팔레스타인 남서부, 이집트와 이스라엘 사이에 위치해 있다. 1994년부터 팔레스타인의 자치가 시작됐으며 2006년부터는 하마스가 독자적으로 통치하고 있다. 이스라엘은 하마스 집권 이후 자국민 보호라는 명목 하에 가자지구에 대한 엄격한 봉쇄와 통제를 시작했는데, 생필품 등의 물자 반입을 차단하는 것뿐만 아니라 가자지구를 에워싸는 분리장벽을 세워 주민들의 통행까지 극도로 제한하면서 가자지구는 '세계 최대의 지붕 없는 감옥'으로 불리게 됐다.

> **NEWS 엿보기**
>
> 이스라엘과 하마스가 미국과 주변국의 중재로 2025년 10월 8일 1단계 휴전에 합의했고, 이틀 후 10일부터 발효되면서 2년여 간 이어졌던 이스라엘-하마스 간의 총성은 멎는 듯 했다. 그러나 휴전 발효 이후에도 '하마스가 휴전 합의를 위반했다'며 이스라엘군이 무작위한 공습을 벌이는 등 '평화 없는 휴전' 상태가 지속되면서 가자지구 주민들의 불안감과 고통은 이어졌다.

## 시아파

■ 뉴시스, 대구의료원

이슬람은 크게 수니파와 시아파로 나뉘며, 현재 전 세계 무슬림 인구의 80~90%가 수니파, 나머지 10% 정도가 시아파로 분류된다. 이러한 구분은 이슬람 공동체의 지도자였던 무함마드(마호메트) 사후, 누가 그를 계승하느냐에 대한 교권 문제를 다투는 과정에서 탄생했다. 시아파는 예언자인 무함마드의 혈통만이 대리자인 '칼리프(계승자)'가 될 수 있다는 믿음에 따라 무함마드의 사촌인 '알리'만을 정통 칼리프로 인정한다. 그러나 4대 칼리프 '알리'가 정통 칼리프로 계승되는 과정에서 발생한 정치적 갈등으로 사망하면서 수니파와 시아파가 분리됐다. 중동의 국가 중 이란, 이라크, 시리아 등이 대표적인 시아파 국가에 속한다.

> **NEWS 엿보기**
>
> 이스라엘과 미국 등 동맹군에 대응해 친이란 무장단체들이 시리아와 레바논, 이라크, 예멘 등 중동 곳곳에서 연일 무력공방을 벌이면서 이스라엘-하마스 전쟁이 중동 전체로 번질 위험이 커지고 있다는 우려가 제기됐다. 특히 시아파를 대표하는 이란의 경우 이스라엘-하마스 전쟁 이후 이라크와 시리아 등지에서 자신들이 지원하는 시아파 무장세력을 동원해 미군 및 동맹군을 향해 공격을 일삼는 것으로 알려졌다.

### 반구천의 암각화
■ 경향신문, 뉴스1

울산 울주군의 '반구천의 암각화'는 선사시대의 생활상이 생생히 기록된 벽화로, 2025년 7월 세계유산위원회의 등재 심사를 거쳐 같은 달 12일 세계유산으로 등재됐다. 대곡리 암각화와 천전리 암각화로 구성되어 있다. 암각화는 바위나 동굴 벽면 등에 새기거나 그린 그림을 뜻하며, 반구천 암각화는 한반도 선사문화의 걸작으로 평가받는다. 울산 태화강 상류의 지류인 반구천 절벽에 있으며, 높이 약 4.5m, 너비 8m의 바위 면에 바다동물과 육지동물, 사냥그림 등이 빼곡히 새겨져 있다.

**NEWS 엿보기**

인근 사연댐으로 인한 잦은 침수로 훼손 위기에 놓여 있는 반구대 암각화를 보호하기 위해, 환경부가 큰비가 오면 물을 빨리 빼낼 수 있도록 댐 여수로에 수문을 설치하는 사업을 추진하고 있다. 사연댐에 수문 3문을 설치해 2031년부터 사연댐 수위를 암각화 높이 이하로 유지하기로 하고 관련 사업을 진행 중이다.

### 투키디데스의 함정
■ 부산일보

신흥 강국이 부상하면서 기존 패권국가와 충돌하는 상황을 말한다. 투키디데스는 기원전 465년경부터 기원전 400년경까지 살았다고 추정되는 고대 그리스 아테나의 역사가이다. 기원전 5세기경 지속된 아테나와 스파르타의 전쟁사를 담은 〈펠레폰네소스 전쟁사〉를 저술했으며 "역사는 영원히 되풀이된다"라는 명언을 남겼다. 미국 정치학자 그레이엄 앨리슨은 2017년 낸 저서 〈예정된 전쟁〉에서 기존 강국이던 스파르타와 신흥 강국이던 아테나가 맞붙었듯이 역사는 늘 반복되어 왔으며, 현재 미국과 중국의 세력 충돌 또한 필연적이라는 주장을 하였다. 또한 이런 필연을 '투키디데스의 함정'이라고 명명했다.

> **NEWS 엿보기**
>
> 흔히 '투키디데스의 함정에 빠져 있다'고 표현되는 현재 미국과 중국의 갈등관계 및 향후 결과를 두고 전문가들의 의견이 엇갈리는 것으로 나타났다. 미국의 정치학자 그레이엄 앨리슨의 예측대로 '예정된 전쟁'을 향해 갈 것이라는 시각이 대다수이긴 하지만 그렇지 않다는 의견 또는 전쟁으로 향하더라도 전면전이 벌어지진 않을 것이라는 의견도 만만치 않으며, 미국과 중국이 공존하는 '복합적 질서'가 창출될 것이라는 견해도 나왔다.

## 콘클라베(Conclave)  ■ 연합뉴스

'열쇠가 있어야 들어갈 수 있는 방', '걸쇠로 문을 잠근 방'을 의미하는 단어로, 로마 가톨릭교회에서 교황을 선출하는 선거 시스템이다. 현행 교회법에 따르면 교황은 전 세계 추기경 중 80세 미만인 120명 이내의 추기경단에 의해 선출된다. 교황 선종 후 15~20일 이내에 바티칸에 도착한 이들은 교황청의 시스티나 성당에서 교황 선출을 위한 콘클라베를 시작한다. 선거 전 추기경들은 정해진 서약문에 따라 외부 개입 배제와 비밀 엄수를 맹세한다. 일단 콘클라베에 들어가면 교황이 선출되기 전까지는 화재 등 어떠한 일이 일어나도 그곳에서 나올 수 없다.

> **NEWS 엿보기**
>
> 프란치스코 교황이 2025년 4월 21일 88세를 일기로 선종했다. 사인은 뇌졸중과 심부전이었다. 이어서 콘클라베 이틀째이자 프란치스코 교황 선종 17일 만인 5월 8일에는 제267대 교황으로 미국의 로버트 프랜시스 프레보스트 추기경이 선출됐다.

# STEP 02 일반 핵심상식

## | 역사 · 철학 · 종교 |

### 선사시대의 구분
■ 대구의료원, 폴리텍, 한국산업인력공단

| 구분 | 특징 |
| --- | --- |
| 구석기 | • 약 70만년 전<br>• 수렵 · 어로 생활<br>• 뗀석기(주먹도끼 · 긁개)와 뼈 도구 사용<br>• 불의 발견과 이용 |
| 신석기 | • 기원전 8000년경<br>• 최초로 농경생활의 시작<br>• 간석기와 토기(이른 민무늬 · 빗살무늬토기) 사용<br>• 촌락 공동체를 형성하여 정착하면서 생산 경제활동 시작 |
| 청동기 | • 기원전 2000년경<br>• 농경의 발달과 벼농사의 시작<br>• 청동기(비파형 동검 · 거친무늬거울)와 토기(미송리식 · 민무늬토기) 사용<br>• 부족사회 형성 |

**빗살무늬토기**
신석기시대의 대표적인 토기로 표면에 빗살 모양의 기하학 무늬를 새겨넣었다. 땅에 구덩이를 파고 묻어서 사용하였다.

### 8조법
■ 한국산업인력공단, 안전보건공단

'한서지리지'에 남아있는 고조선의 기본법이다. 현재 3개 조목만 전해지는 8조법을 통해 고조선이 당시 사유재산제의 사회이자 계급사회로서 개인의 생명을 중시하고, 가부장적인 가족제도가 확립되었음을 알 수 있다.

**8조법**
• 사람을 죽인 자는 즉시 사형에 처한다.
• 남에게 상처 입힌 자는 곡물로써 배상한다.
• 남의 재산을 훔친 사람은 노비로 삼고, 용서받으려면 한 사람마다 50만전을 내야 한다.

## 고인돌

■ 경인일보, 대구의료원, 한국산업인력공단

매장시설 위에 넓고 평평한 큰 돌을 덮은 지배층의 무덤으로 청동기시대에 성행한 무덤 형식의 하나이다. 고인돌을 세우는 데는 많은 인력이 필요했으므로 고인돌의 주인이 권력과 경제력을 갖춘 지배층이었음을 알 수 있다.

## 소도

■ 한국산업인력공단

제정이 분리되었던 삼한시대에 제사장인 천군이 중요한 제사를 지내던 곳으로, 이곳은 군장의 세력이 미치지 못했기 때문에 죄인이 이곳에 숨을 때는 잡아갈 수 없었다.

**삼한**
한강 이남의 진(辰)과 고조선의 유이민이 융합되면서 마한, 진한, 변한의 연맹체가 등장했다.

## 고조선의 성립

■ 한국동서발전, 한국산업단지공단

- 기원전 2333년 단군왕검에 의해 건국
- 고조선의 세력 범위 : 요령 지방에서 한반도까지 발전 → 비파형 동검과 고인돌의 출토 범위와 일치
- 단군 신화에 나타난 사회상 : 정치적으로 부족 연맹체, 경제적으로 농경사회, 사회적으로 계급사회, 문화적으로 청동기 문화, 8조법

## 고대국가

■ 평택시문화재단, 한국동서발전, 한국산업인력공단

원시 공동체 사회와 중세 사회의 사이에 성립된 나라로 고구려 · 백제 · 신라 등의 삼국시대의 국가를 이른다. 삼국은 지방의 족장세력을 왕권 아래에 통합하면서 대내적으로는 율령의 반포, 불교의 수용, 강력한 왕권 확립 등을 통해 중앙집권국가 체제의 기틀을 마련하고, 대외적으로는 활발한 정복 활동을 통한 영토의 확장을 이루었다.

| 구분 | 건국세력 | 국왕 | 중앙집권국가 기반 |
|---|---|---|---|
| 고구려 | 부여계 유이민 + 압록강 유역 토착민 | 태조왕 | 옥저를 복속, 낙랑을 압박 |
| | | 고국천왕 | 5부 체제 발전, 고씨 왕위 세습 |
| 백제 | 고구려계 유이민 + 한강 유역 토착민 | 고이왕 | • 한 군현과 항쟁, 한강 유역 장악<br>• 율령 반포, 관등제 정비, 관복제도 |
| 신라 | 유이민 집단(박 · 석 · 김) + 경주 토착세력 → 국가 발전의 지연 | 내물왕 | • 낙동강 유역 진출, 고구려의 도움으로 왜구 격퇴(호우명 그릇)<br>• 김씨 왕위 세습, 마립간 왕호 사용 |
| 가야 | 낙동강 하류 변한 지역 → 6가야 연맹 · 농경문화, 철 생산, 중계무역 | 미상 | • 금관가야 멸망(532), 대가야 멸망(562)<br>• 중앙집권국가로 성립하지 못하고 신라에 흡수됨 |

## 광개토대왕릉비

■ 부천산업진흥원

광개토대왕이 죽은 후 광개토대왕의 정복사업과 영토확장 등의 업적을 기리기 위해 현재의 중국 지린성 지안현 통구 지역에 세운 비석으로, 우리나라에서 가장 큰 비석이다. 한편, 일본은 비문의 '신묘년 기사(신묘년에 왜가 바다를 건너와 백제와 신라를 정복하고 신민으로 삼았다)'를 근거로 하여 임나일본부설을 주장하기도 했다.

**임나일본부설**
일본이 4세기 후반 백제·신라·가야를 지배하고, 특히 가야에는 일본부라는 기관을 두어 6세기 중엽까지 직접 지배하였다는 설

### 삼국의 비석

| 구분 | 명칭 | 내용 |
|---|---|---|
| 고구려 | 중원 고구려비 | 충북 충주에 있는 비석으로, 장수왕이 남한강 유역의 여러 성을 공략하고 세운 것으로 추정되며, 당시의 신라가 고구려에 정치적으로 예속되어 있었음을 알 수 있다. |
| 백제 | 사택 지적비 | 충남 부여에서 발견된 비석으로 귀족이었던 사택지적이 의자왕 때 인생의 무상함을 탄식하며 사찰 건립을 기념하는 의미로 세웠다. |
| 신라 | 단양 적성비 | 진흥왕 때 고구려의 영토였던 적성(현재의 단양)을 점령한 뒤 이를 기념하기 위해 세운 비석이다. |
| | 진흥왕 순수비 | 진흥왕이 정복 지역을 둘러보고 이를 기념하기 위하여 북한산·창녕·마운령·황초령 등 4곳에 세운 순수비이다. |

## 무구정광대다라니경

■ 경기관광공사, 전남신용보증재단

1966년 석가탑의 해체·복원 공사 도중 탑신부 제2층에 안치된 사리함 속에서 발견된 것으로, 〈다라니경〉의 출간연대는 통일신라 700년대 초에서 751년 사이로 추정된다. 두루마리 1축, 6.6m×7m로 국립중앙박물관에 소장되어 있으며, 국보 제126호로 지정되어 있다.

**국립중앙박물관**
1995년 옛 조선총독부 건물이 철거되어 2004년 10월까지 경복궁에서 운영되던 국립중앙박물관은 2005년 10월 28일 용산에서 새롭게 개관하였다.

## 발해

■ 한국산업단지공단, 한국산업인력공단

건국 초기부터 고구려의 계승국임을 자처했으며, 상류 지배층인 고구려 유민이 하류층인 말갈족을 지배했다. 당나라의 제도를 받아들여 3성 6부 체제의 정치 조직을 지녔고, 독자적인 연호를 사용하며 '해동성국'이라는 칭호를 얻을 정도로 강성했으나 926년 거란족(요나라)에 멸망당했다.

**발해의 3성 6부**
발해의 3성 6부 체제는 당나라의 제도를 받아들여 실정에 맞게 개선한 것으로 당의 것과 달리 발해의 독자적 성격이 강하였다.

**3성**
정당성, 선조성, 중대성

**6부(독자적 체계)**
좌사정(충부 · 인부 · 의부), 우사정(지부 · 예부 · 신부)

### 통일신라와 발해 비교

| 구분 | 통일신라 | 발해 |
| --- | --- | --- |
| 중앙 관제 | 집사부를 중심으로 한 14부 | 3성 6부, 정당성 |
| 지방 제도 | 9주 – 군, 현 | 5경 15부 62주 – 현 |
| 수상 | 시중 | 대내상 |
| 특수 지역 | 5소경, 향, 소, 부곡 | 5경 |
| 군사 조직 | 9서당(중앙), 10정(지방) | 10위(중앙), 지방군(농병일치 독립부대) |

## 기인제도 · 사심관제도

■ 부산디자인진흥원, 폴리텍

태조 왕건이 호족세력을 견제하기 위하여 실시한 제도이며, 후에 유향소 · 향청으로 이어졌다.

- 기인제도 : 지방 호족의 자제를 인질로 서울에 데려다가 지방행정의 고문 역할을 하게 한 제도(신라의 상수리제도는 고려시대 기인제도의 전신)
- 사심관제도 : 중앙의 고관이 된 자로 하여금 자기 고향의 사심관이 되게 하는 제도로, 사심관은 지방에서 발생한 일에 대해 연대책임을 짐

**유향소**
조선 초기에 악질 향리(鄕吏)를 규찰하고 향풍을 바로잡기 위해 지방의 품관(品官)들이 조직한 자치기구

**향청**
조선시대 지방의 수령을 자문 · 보좌하던 자치기구로서 조선 초기에 설치된 유향소를 임진왜란 이후 향청이라 부름

## 고려 태조

■ 수원시청소년재단, 한국산업인력공단

고려를 건국한 왕건은 법에 따라 조세를 수취하는 취민유도정책과 불교 및 풍수지리설을 존중하여 연등회와 팔관회를 열고 흑창(빈민구제기관)을 설치하는 등 민생안정책을 펼쳤다. 또한 정략결혼과 사성정책을 통한 호족세력 융합, 사심관제도와 기인제도 등의 호족 견제정책과 북진정책 등을 실시하며 건국 초기 나라의 기틀을 세웠다.

**사성정책**
호족들에게 왕(王)씨 성을 하사하는 것

## 공음전

■ 한국수력원자력

5품 이상의 관료들에게 지급한 임야와 토지로 세습이 가능했기 때문에 음서제도와 함께 문벌귀족의 기득권 유지에 기여했으며 경제적 기반이 되었다.

**음서제도**
공신과 종실의 자손이나 5품 이상 고위 관료의 자손이 과거를 통하지 않고도 관직을 받을 수 있게 한 제도

**향리**
고려나 조선시대 때 지방 행정 실무를 담당하였던 최하위 관리를 이르는 말

### 고려시대의 토지제도

| 구분 | 내용 |
| --- | --- |
| 군인전 | 중앙 군인에게 지급한 토지 → 세습 인정 |
| 구분전 | 하급 관리나 군인들의 유가족에게 지급한 토지 |
| 한인전 | 6품 이하의 자제로서 관직에 오르지 못한 사람에게 지급한 토지 |
| 공해전 | 중앙가 지방이 각 관아의 경비 충당을 위해 지급한 토지 |
| 외역전 | 지방 향리에게 지급한 토지 → 세습 인정 |
| 내장전 | 왕실의 경비를 충당하기 위해 지급된 토지 → 세습 인정 |

## 노비안검법

■ 부산교통공사, 인천보훈병원, 한국중부발전

고려 초기 광종이 실시한 정책으로 호족들에 의해 억울하게 노비가 된 양민을 원래의 신분으로 회복시키는 제도이다. 이는 호족의 세력을 약화하고 왕권을 강화하기 위한 목적에서 비롯된 것으로, 호족세력은 이에 강력하게 반발했다.

## 도병마사

■ 한국산업인력공단

중서문하성의 재신과 중추원의 고관(추밀)으로 구성되었으며 국방상 중요한 문제와 국가의 정책을 협의 · 결정하는 기관이었다. 고려 후기에는 원의 간섭하에 도평의사사로 개편되어 국정 전반의 문제를 합의했으며 조선 초기 의정부로 개편되었다.

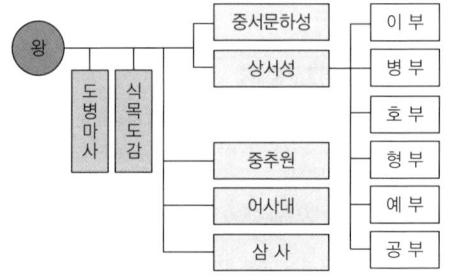

〈고려의 중앙 정부 구조〉

**중서문하성**
고려시대 최고 정무기관으로 정책 결정을 맡은 중서성과 왕명을 전달하는 문하성을 합쳐 중서문하성이라 불렀다. 그리고 중서문하성의 고위 관직자들이 상서성의 장관직을 겸해 사실상 상서성은 중서문하성의 하급 기관이나 마찬가지였다.

## 묘청의 난

■ 한국산업인력공단

묘청 세력이 풍수지리의 이상을 표방하고 지금의 평양인 서경으로 천도할 것을 주장했지만 개경 세력인 김부식 등의 반대로 실패했다. 이에 묘청 세력은 난을 일으켰으나 관군의 공격으로 진압되었다. 신채호는 이 사건을 '조선 천년 역사에서 최고의 사건'이라 말하며 자주성의 측면에서 높이 평가했다.

**묘청**
고려 인종 때의 혁신적인 승려이다. 고려 귀족 불교의 관념적 · 이론적인 허구성을 극복하고자 우리나라 고유의 신앙과 풍수지리설을 불교신앙에 도입하여 민중적인 신앙불교를 확립했다.

## 직지심체요절
■ 수원문화재단, 한국수력원자력, MBC

고려시대에 제작된 세계에서 가장 오래된 금속활자본으로 '직지심경'이라고도 한다. 1377년 간행된 것으로 구텐베르크의 성서보다 80여 년 더 앞서 있다. 2001년 유네스코 세계기록유산으로 등록되었다.

**구텐베르크**
15세기 독일의 활판 인쇄술의 발명가이다. 이전의 인쇄술과 달리 오늘날과 같은 주석과 납의 합금으로 활자를 주조하기 쉽게 하고 황동의 활자 거푸집과 자모를 연구하여 다량의 활자를 정확히 주조할 수 있도록 하였다.

## 과전법
■ 폴리텍, 한국수력원자력, 한국산업인력공단

고려 말, 국가 재정의 고갈 문제를 해결하기 위해 권문세족이 불법으로 점유한 토지를 몰수하여 관리들에게 급료로 토지를 분급한 제도이다. 해당 관리는 과전에서 나오는 세금을 거두는 권리인 수조권을 부여받았다. 이는 조선 초 토지제도의 근간을 이루었다.

## 경국대전
■ 구미문화재단, 대전교통공사

조선 초의 법전인 〈경제육전〉의 원전과 속전 및 그 뒤의 법령을 종합해 만든 것으로, 세조가 편찬을 시작하여 성종 재위기에 완성되었다. 먼저 재정·경제의 기본이 되는 〈호전〉을 완성한 뒤 〈형전〉을 완성했으며 이전·호전·예전·병전·형전·공전 등 6전으로 이루어졌다.

## 균역법
■ G1, 중소기업유통센터, 한국중부발전

역을 균등히 한다는 취지에서 만들어진 것으로, 기존의 군포를 2필에서 1필로 줄이는 대신 어업세·선박세 등의 징수로 이를 보충했다. 그러나 점차 농민의 부담이 증가하고 폐단이 나타나면서 19세기 삼정의 문란의 하나로 여러 폐단이 발생했다.

**삼정의 문란**
전정(토지에 따른 징수)·군정(군역 대신에 베 한필 징수)·환곡(봄에 곡식을 빌려주고 가을에 이자를 합쳐 받는 빈민 구제책)의 3가지 행정이 부패해진 것을 의미한다.

## 대동법

■ 부산경제진흥원, 폴리텍

농민의 부담을 줄이고 부족한 국가 재원을 확충하기 위해 광해군 1년(1608년) 대동법을 실시하였고, 토지 결수에 따라 공물을 쌀로 징수하였다. 100년 후 숙종 때에 이르러 평안도와 함경도를 제외한 전국에서 대동법을 시행하였다.

**토지 결수**
곡식 수확량과 토지 면적, 조세 수취를 연결하여 파악하는 제도이다. 1결은 곡식 1결(4두, 斗)을 생산할 수 있는 면적으로, 조세 수취 단위이기도 하다.

## 비변사

■ 폴리텍, 한국산업인력공단

중종 5년 삼포왜란을 계기로 하여 임시기구로 설치되었다가 명종 10년 을묘왜변을 수습하는 과정에서 상설기관으로 정식 발족되었다. 초기에는 국방에 관한 문제만 논의했으나 점차 정치·경제 문제 등 전반적인 문제를 다루었다. 이처럼 비변사의 권한이 강화되면서 의정부의 기능은 약화되었다. 비변사는 이후 1894년 의정부와 함께 폐지되었다.

**삼포왜란**
1510년(중종 5년)에 제포(내이포), 부산포, 염포의 삼포에 거주하고 있던 왜인들이 대마도주의 지원을 받아 일으킨 왜변이다.

**을묘왜변**
1555년(명종 10년)에 일어난 왜구의 습격으로 왜구들이 전라도 해남군 달량포를 기습하여 전라남도 영암·강진·진도 일대를 습격하고 10진이 함락되었으나 곧 토벌되었다.

> **비변사의 위상과 실제**
> 효종 5년(1654년) 11월 임인, 김익희가 상소하였다.
> "요즈음 여기에서 큰 일이건 작은 일이건 모두 취급합니다. 의정부는 한갓 헛 이름만 지니고 6조는 할 일을 모두 빼앗기고 말았습니다. 이름은 '변방 방비를 담당하는 것'이라고 하면서 과거에 대한 판정이나 비빈 간택까지도 모두 여기서 합니다."

### 삼사
■ 경인일보, 한국산업인력공단

홍문관은 교서 등을 작성하는 언론기관, 사헌부는 감찰기관, 사간원은 왕에 대한 간쟁기관으로서 왕에 대한 견제기관의 역할을 했다.

**조선의 주요 정치기구**

| 기구 | 역할 | 기구 | 역할 |
| --- | --- | --- | --- |
| 의정부 | 국정 총괄, 재상 합의 기구 | 6조 | 실무 행정 집행 |
| 사헌부 | 언론, 관리 감찰 | 의금부 | 국가 중죄인 치죄 |
| 사간원 | 국왕에 대한 간쟁 | 승정원 | 왕명의 출납(국왕의 비서기관) |
| 홍문관 | 국왕에 대한 간쟁 | 한성부 | 서울의 행정과 치안 담당 |
| 춘추관 | 역사서의 편찬과 보급 | 성균관 | 최고 교육기관 |

### 실학
■ 장애인고용공단, 한국중부발전

민생안정과 부국강병을 목표로 실증적 논리에 따라 사회개혁론을 제시한 학문이다. 성리학적 한계를 극복하고 현실 문제의 해결책을 강구하여 사회변화에 대응하기 위한 실천적·근대지향적 학문이자 철학이었다.

### 임진왜란(1592~1598)
■ KBS, 대구의료원, 한국중부발전

조선의 국방력이 약화된 상황에서 일본군이 침입하여 평양과 함경도까지 함락되었다. 그러나 이순신 장군 등 수군의 승리로 전세가 전환되었으며 곽재우 등 의병의 활약과 조·명 연합군의 승전 등에 힘입어 승리하였다. 조선 전기와 후기를 나누는 중요한 기준이 된다.

**임진왜란의 결과**
- 문화재 소실과 막대한 인명 피해 및 경제적 타격
- 농촌의 황폐화와 신분제의 동요
- 명나라의 쇠퇴와 후금(청나라)의 성장

### 강화도 조약(1876)
■ MBC, 한국중부발전, 부산경제진흥원

부산·인천·원산 등 3개의 개항과 치외법권의 인정 등 불평등한 내용으로 작성된 12개조의 근대 조약이다. 이 조약을 맺음으로써 일본·미국·영국·독일·프랑스 등 열강의 제국주의가 본격적으로 침입하기 시작했다.

### 갑신정변(1884)
■ 부산보훈병원, 한국산업인력공단

임오군란(1882) 이후 청의 간섭이 강화되자 개화당의 김옥균·박영효 등은 민씨 일파 축출과 대원군의 석방 요구 및 청에 대한 조공 폐지 등 혁신강령 14개조를 요구하며 일본의 힘을 빌려 우정국에서 정변을 일으켰다. 그러나 청나라의 간섭으로 신 정부는 3일 만에 무너지고 조선과 일본은 한성 조약을 체결했다.

**한성 조약**
갑신정변 후 일본 공사관 습격에 대한 재건비와 일본인 피해자에 대한 배상금을 요구한 조약

**개화세력과 보수세력의 대립**

| 구분 | 임오군란 | 갑신정변 |
| --- | --- | --- |
| 시기 | 1882년 | 1884년 |
| 원인 | 개화정책에 대한 구식 군인의 반발 | 개화정책의 후퇴, 급진적 개혁 추진 |
| 결과 | 청의 내정간섭 초래, 제물포 조약 체결 | 청의 내정간섭 강화, 개화세력의 위축 |

## 갑오개혁(1894)

■ 대구도시개발공사, 한국산업인력공단

일본의 강압으로 정치·경제·사회·문화 전반에 걸쳐 실시한 근대적 개혁으로 근대화의 출발점이 되었으나 보수적 봉건 잔재로 인해 기형적 근대화가 이뤄졌다. 청의 종주권 부인과 개국기원 사용, 과거제 폐지 및 노비해방, 신교육령 실시 등을 내용으로 한다.

**개국기원**
태조 이성계가 조선을 개국한 1392년을 원년(1년)으로 하는 기년

**홍범 14조(1894)**
갑오개혁 이후 정치적 근대화와 개혁을 위해 제정된 국가기본법으로, 청에 대한 종주권을 부인하여 자주독립의 기초를 세울 것을 선포했고, 종실·외척의 정치관여를 용납하지 않음으로써 흥선대원군과 명성황후의 정치개입을 배제했다.

## 을사늑약(1905)

■ 한국산업인력공단

러·일전쟁에서 승리한 일본은 한국을 보호국으로 만들기 위해 이토 히로부미를 앞세워 우리나라와 강제로 늑약을 체결했다. 이 결과 일본은 서울에 통감부를 두고 보호정치를 실시했고, 우리나라는 주권을 상실하고 외교권을 박탈당함으로써 국권피탈의 기초가 되었다. 을사늑약에 분노한 장지연은 황성신문에 '시일야방성대곡'이라는 논설을 발표하며 늑약 체결의 부당성을 규탄하기도 했다.

**시일야방성대곡**
을사늑약의 부당함을 알리고 을사오적을 규탄하기 위해 장지연이 쓴 논설로 황성신문에 게재되었으며 이 논설로 인해 황성신문은 정간되기도 했다.

## 3·1 운동

■ 강원랜드, 수원도시재단

- 배경 : 도쿄 유학생들의 2·8 독립선언 발표, 미국 윌슨 대통령의 민족자결주의 제창
- 과정 : 1919년 3월 1일 탑골공원에서 민족 대표 33인의 이름으로 독립선언서를 발표하고 전국과 외국으로 독립만세운동이 퍼져나감
- 결과 : 일본의 통치방식을 문화통치로 변화, 대한민국 임시정부 수립에 큰 영향, 민족 주체성의 확인과 독립 문제를 세계에 알림

> **3·1 운동 전후에 발표된 독립선언서**
> - 1918년 11월 만주·노령에서 발표한 '무오독립선언서'
> - 1919년 2월 8일 동경에서 발표한 '2·8 독립선언서'
> - 1919년 3월 1일 서울에서 발표한 '3·1 독립선언서'

## 광복과 국제회담

■ 대전교통공사, 한국산업인력공단

| 회담 | 내용 | 대표국 |
| --- | --- | --- |
| 카이로 회담(1943) | 한국의 독립보장 선언 | 미·영·중 |
| 테헤란 회담(1943) | 연합국 상륙작전 | 미·영·소 |
| 얄타 회담(1945) | 38도선의 설정 | 미·영·소 |
| 포츠담 선언(1945) | 카이로 선언 재확인 | 미·영·중·소 |
| 모스크바 3상회의 (1945) | 한반도 5년간 신탁통치 합의 | 미·영·소 |
| 미·소 공동위원회 (1946) | 신탁통치협약 작성을 위한 위원회, 한국 통일 문제 토의 | 미·소 |

**신탁통치**
제2차 세계대전 후, 국제연합의 위임을 받은 나라가 일정한 비자치 지역에서 행하는 통치 형태로서 자치 능력의 결여에 따라 정치적 혼란이 우려되는 지역을 위임 통치하여 안정적인 정치질서의 수립에 기여한다.

## 4대 문명

■ 한국연구재단

| 구분 | 특징 | 지역 | 공통점 |
|---|---|---|---|
| 메소포타미아 문명 (기원전 3500년) | 쐐기문자 · 60진법 사용, 함무라비 법전 편찬, 태음력 제정 | 티그리스강, 유프라테스강 | • 기후가 온화함<br>• 관개가 용이함<br>• 토지가 비옥함 |
| 이집트 문명 (기원전 3000년) | 폐쇄적 지형, 상형문자 진법 사용, 피라미드 · 스핑크스 건설 | 나일강 | |
| 황하 문명 (기원전 3000년) | 동아시아에서 가장 오래된 문명, 갑골문자 · 달력 사용 | 황하 | |
| 인더스 문명 (기원전 2500년) | 청동기 · 그림문자 사용, 발달된 도시문명, 엄격한 신분제도 | 인더스강 | |

**쐐기문자**
설형문자라고도 하며 점토판에 갈대로 만든 뾰족한 끝으로 찍어 쓴 문자로 세계에서 가장 오래된 문자이다.

## 로마

■ 광주보훈병원, 부천문화재단

로마는 왕정 → 공화정(귀족) → 민주정 → 삼두정치 → 제정을 거쳐 황제(군인) 시대로 정치 형태가 변모했다. 기원전 451년 12표법을 제정하여 평민의 권리를 확장하는 등 법률의 기초를 이루기도 한 로마는 게르만 민족의 대이동과 사라센의 공격으로 세력이 약화된 후 1453년 오스만 튀르크에 의해 멸망되었다.

**12표법**
로마 최고의 성문법으로 귀족들이 법을 독점하는 것을 배제하고 개인의 권리와 사유권을 보장하는 등 평민의 권리를 보장했다.

**삼두정치**
3명의 정계 유력자가 결탁하여 정권을 독점하는 것으로 기원전 60년에 폼페이우스, 카이사르, 크라수스 세 사람을 중심으로 제1차 삼두정치가 시작되었다. 크라수스의 전사 뒤 해체되었으며 폼페이우스와 카이사르의 세력 다툼에서 카이사르가 승리하여 독재 정권을 수립하였다. 기원전 44년 카이사르가 암살당하자 옥타비아누스, 안토니우스, 레피두스 세 사람의 제2차 삼두정치가 시작되었으나 기원전 31년에 옥타비아누스가 악티움 해전에서 안토니우스에게 승리하며 공화정은 무너지고 제정이 수립되었다.

## 산업혁명

■ 뉴스1, 경기콘텐츠진흥원, 서울교통공사

영국에서 면방직 공업의 출현으로 시작되었으며, 수공업 방식의 소규모 생산에서 공장 기계공업의 대량생산체제로 전환되었다. 그 결과 자본주의 경제가 확립되었고, 자본가와 노동자 계급이 출현했으며, 인구의 도시집중화 · 노동조건 악화 등의 문제가 발생하기도 했다.

**각국의 산업혁명**
- 영국 : 막대한 자본과 풍부한 노동력으로 공업도시 발달, 본격적인 산업사회 형성
- 프랑스 : 석탄의 부족으로 제철 산업보다는 석유공업 중심으로 발달
- 미국 : 풍부한 자원을 바탕으로 면직 · 금속 · 기계공업 발달, 남북 전쟁 이후 자본주의 확립
- 독일 : 풍부한 석탄과 정부의 강력한 지원으로 제철 · 기계 · 화학 산업 발달(영국과 경쟁)

## 봉건제도

■ MBC

유럽에서 8세기경 확립된 사회제도로, 국왕을 정점으로 지배 계급의 기사들이 봉토의 수수를 매개로 하여 주종관계를 맺는 것이다. 즉, 영주가 부하에게 봉토를 주면 부하는 봉토로 받은 장원의 영주로서 농민을 지배했다. 봉건제 시행 결과 지방분권화가 진전되고 왕권은 약화됐으며 경제적으로는 장원제도가 촉진되었다.

**봉토**
영주가 부하에게 준 토지로, 일정한 봉사 의무를 요구할 수 있으며 주종관계의 바탕이 된다.

**중세시대 장원제도**
토지를 소유한 영주와 경작을 하는 농민 간에 맺어지는 예속관계로, 농민은 영주의 직영지를 경작하며 부역과 공납의 의무를 지고, 영주는 이들의 신변을 보호해주며 농민을 지배하였다.

## 르네상스

■ 스튜디오S

중세 교회의 권위 몰락과 봉건사회의 붕괴를 배경으로 이탈리아에서 발원하여 전 유럽으로 퍼져나간 르네상스 운동은 종교에서 탈피하여 그리스·로마의 고전 문화를 부흥시키고, 개인을 존중하며 인간적인 근대 문화 창조(휴머니즘)를 주장했다.

| 구분 | | 특징 |
|---|---|---|
| 이탈리아 | 배경 | 지중해 무역의 중심지, 도시와 상업의 발전(시민층의 성장), 로마의 문화유산 간직, 비잔틴 학자들의 이주 |
| | 정치 | 종교와 정치의 분리(마키아벨리의 〈군주론〉) |
| | 문학 | 페트라르카(서정시인, 최초의 인문주의자), 보카치오(데카메론) |
| | 미술 | 레오나르도 다빈치(모나리자), 미켈란젤로(다비드상, 천지창조), 라파엘로(성모상) 등으로 인간과 자연의 아름다움을 표현 |
| | 건축 | 성 베드로 성당(미켈란젤로 설계), 르네상스 양식 |
| | 쇠퇴 | 신항로 개척 이후 지중해 무역 쇠퇴에 따라 이탈리아의 무역도시 쇠락, 정치적인 분열 |
| 북유럽 | 특징 | 16세기 이후 종교적·사회적 비판 |
| | 작품 | • 에라스무스(네덜란드) : 〈우신예찬〉에서 교회의 부패를 풍자함<br>• 토마스 모어(영국) : 〈유토피아〉에서 이상적 평등사회를 제시함<br>• 셰익스피어(영국) : 〈햄릿〉, 〈베니스의 상인〉 등 영국의 국민문학 발전<br>• 세르반테스(에스파냐) : 〈돈키호테〉에서 중세의 기사도를 풍자함 |

### 권리청원(1628) ■ 경기문화재단

국민의 자유를 보장하기 위한 인권선언으로, 누구도 함부로 체포·구금될 수 없으며 국민의 군법에 의한 재판을 금지하고 의회의 동의 없이는 어떠한 과세·증여도 부과하지 않을 것을 담고 있다. 마그나카르타 및 권리장전과 함께 영국 헌법의 중요한 문서가 되었으며 청교도혁명의 원인을 제공했다.

**청교도혁명**
1642~1660년 영국에서 청교도를 중심으로 일어난 시민혁명으로, 크롬웰이 이끈 의회파가 승리하여 공화정이 수립됐다.

### 프랑스 인권선언(1789) ■ SBS

천부인권·사회계약설·언론의 자유·법치주의 등의 원칙이 담긴 세계 최초의 인권선언으로, 자유와 평등을 추구한 프랑스 혁명의 목표가 잘 담겨져 있으며 영국의 권리장전, 미국의 독립선언과 함께 근대 시민정치의 3대 선언으로 알려져 있다.

### 종교개혁 ■ CBS, 포항시설관리공단

로마 가톨릭교회의 쇄신을 요구했던 개혁운동으로, 1517년 독일 마틴 루터가 가톨릭교회의 세속화를 비판하는 95개조의 반박문을 발표한 것을 시작으로 일어났다. 그 결과 가톨릭으로부터 이탈한 프로테스탄트라는 신교가 성립됐다.

### 프랑스 혁명 ■ MBC, TBC, 경기관광공사

1789~1794년 프랑스에서 일어난 시민혁명으로 시민들이 바스티유 감옥을 습격하면서 혁명이 시작됐고 그 결과 새로운 헌법을 정하고 프랑스 공화정이 성립되었다. 프랑스 혁명은 정치권력이 왕족과 귀족에서 시민으로 옮겨진 역사적 전환점이 되었다.

**바스티유 감옥**
파리의 동쪽 교외에 있는 요새였으나 루이 13세가 감옥으로 개조하여 정치범을 가두었다.

## 문화대혁명
■ 언론진흥재단

급진적 경제개발정책인 대약진운동이 실패하고 덩샤오핑 중심의 실용주의파가 부상하자 위기를 느낀 마오쩌둥(毛澤東)이 부르주아 세력과 자본주의 타도를 위해 대학생·고교생 준군사조직인 홍위병을 조직하고 대중을 동원해 일으킨 정치적 투쟁이다. 이 과정에서 중국의 정치적·경제적 혼란이 지속되며 사회가 경직되었고 수많은 문화유산이 손실됐다. 마오쩌둥의 죽음과 덩샤오핑의 부활로 1997년 공식 종료됐다.

**대약진운동**
마오쩌둥이 세운 농공업 생산량 증산 정책으로 산업 현실과는 다른 엉뚱한 정책들이 실시돼 4,000만명이 기아로 사망했다.

## 제1차 세계대전
■ TBC

1914년 오스트리아 황태자 부부가 암살된 사라예보 사건을 계기로 하여 동맹국(독일·오스트리아)과 연합국(프랑스·영국·러시아·이탈리아·일본) 사이에서 벌어진 전쟁으로 대규모 세계대전으로 발전하였다. 4년 4개월간 지속된 전쟁은 독일의 항복과 연합국의 승리로 끝났으며, 연합국과 독일은 1919년 베르사유 조약을 맺었다.

**베르사유 조약**
제1차 세계대전 후 독일과 연합국 사이에 체결된 조약으로 독일은 해외 식민지를 모두 포기하고 전쟁에 대한 막대한 배상금을 부과했다.

## 제2차 세계대전
■ 강서구시설관리공단, 하성도시공사

독일이 폴란드를 침공함으로써 발발하였으며, 3국 조약의 추축국을 이룬 독일·이탈리아·일본과 미국·영국·소련 등 연합국 사이에 벌어진 전쟁이다. 1943년 이탈리아를 항복시킨 연합군은 노르망디 상륙작전으로 프랑스를 해방시키고 1945년 독일의 항복을 받아낸 후 일본에 원폭을 투하하여 2차 세계대전을 승리로 이끌었다.

| 역사 · **철학** · 종교 |

### 실학(實學)
■ 한국중부발전

조선 후기에 이르러 근대 사회로의 변동이 일어남에 따라 기존의 형이상학적 공리공론을 배격하고 '실사구시'와 '경세치용'의 학문에 관심을 둔 조류를 가리킨다. 현실개혁적인 실학의 관심 분야는 농촌경제의 안정을 비롯하여 제도개혁, 역사, 언어 등 다양하다.

- 실사구시(實事求是) : 사실의 실증에 근거하여 사실의 진실을 탐구하는 것으로 청나라 고증학의 학풍이다.
- 경세치용(經世致用) : 세상을 다스리는 데 실제로 도움이 되는 것으로 사상과 학문은 사회 현실 문제를 개혁하는 데 쓰여야 한다는 주장이다.

### 계몽주의(Enlightenment)
■ 대구시설공단, 한국농어촌공사

봉건적 · 신학적인 사상에서 탈피하여 이성과 인간성을 중시하는 사상이다. 봉건군주나 종교와 같이 복종만을 강요하던 권위에서 벗어나, 인간이 스스로의 이성을 맘껏 발휘할 것을 긍정하는 것이다.

### 플라톤(Plato)
■ MBC, 코레일

플라톤은 소크라테스의 제자이자 아리스토텔레스의 스승이다. 플라톤 사상에는 스승 소크라테스의 사상뿐 아니라 고대 자연철학, 엘레아 학파, 피타고라스 학파, 소피스트까지 다양한 철학들이 조화를 이루고 있다. 이데아론을 비롯한 플라톤의 철학은 고대 서양철학의 정점이라 평가받으며, 중세 기독교철학 및 근현대 사상체계 형성에 중요한 역할을 했다.

## 성선설(性善說)  ■ 의정부시설관리공단

성악설과 반대로 인간의 성품이 본래부터 선한 것이라고 보는 맹자의 학설이다. 맹자는 모든 인간이 가진 선한 본성을 네 가지의 도덕적 실마리로 나누었는데, 이를 사단(四端)이라고 한다. 사단은 각각 인(仁)·의(義)·예(禮)·지(智)의 사덕(四德)이라는 형태로 나타난다.

| 측은지심(惻隱之心) | 다른 사람을 불쌍히 여기고 안타까워하는 마음 → 인(仁) |
| --- | --- |
| 수오지심(羞惡之心) | 부끄러움과 수치를 아는 마음 → 의(義) |
| 사양지심(辭讓之心) | 예의와 존경을 아는 마음 → 예(禮) |
| 시비지심(是非之心) | 옳고 그름을 판단하는 마음 → 지(智) |

**성악설(性惡說)**
사람의 타고난 본성은 악(惡)하다고 보는 순자(荀子)의 학설

## 성리학(性理學)  ■ 한국동서발전

인간의 본성을 밝히는 학문으로, 북송의 정호·정이 형제 등이 이론의 토대를 만들고 주희(朱熹)가 이를 집대성하여 주자학이라고도 한다. 주희는 존재론으로서 이기이원론(理氣二元論)을 주장하였다. 성리학이라는 명칭은 이의 근본명제인 성즉리(性卽理)에서 유래한다.

**성즉리(性卽理)**
성(인간의 선천적인 본성)이 곧 천리(天理)라는 설이다. 정이가 주창하고 주희가 계승하였다.

## 순수이성(Reinen Vernunft)  ■ 한국소비자원

경험을 초월하여 인간이 본래 가진 절대적·보편적인 인식 능력이 있다고 보는 칸트 철학의 중심개념이다. 넓은 의미로는 경험을 가능하게 하는 선천적 인지 능력, 좁은 의미로는 개념·판단·추론하는 능력을 가리킨다.

- 실천이성(實踐理性, Praktische Vernunft) : 경험에 의지하지 않고 선험적(先驗的) 판단을 통해 도덕적인 행위에 '의무' 내지는 '당위성'을 부여하여 인간을 움직이게 하는 것
- 칸트의 3대 비판서 : 〈순수이성 비판〉(1781), 〈실천이성 비판〉(1788), 〈판단력 비판〉(1790)

## 스콜라 철학(Scholasticism) ▪ CBS

기독교 신앙을 체계적으로 정리하고 이를 이성적인 사유를 통하여 논증하고 이해하려 했던 중세 철학 흐름을 말한다. 중세의 유럽이 기독교의 절대적인 영향력 아래 통일되던 시기에 철학은 신학의 '시녀'로서 봉사하는 학문으로 존재하였다. 스콜라 철학의 목적은 이성적인 근거로서 기독교 교의의 진리와 설득력을 확보하는 데 있었다. 이 과정에서 아리스토텔레스는 최고의 철학자로서 받아들여졌다.

**아리스토텔레스**
고대 그리스의 철학자로 플라톤의 제자이며, 알렉산더 대왕의 스승이다. 소크라테스, 플라톤과 함께 고대 그리스의 가장 영향력 있는 학자 중 한 명으로, 그의 논리학 저서와 업적을 '오르가논'이라고 부른다.

## 이데아(Idea) ▪ 교통안전공단

객관적이고 불변하는 사물의 본질로서 모든 존재와 인식의 근거가 되는 것이다. 중세에는 신 안에 존재하는 만물의 원형으로 인식되었으며, 오늘날에는 관념 또는 이념이라는 의미로 쓰인다.

## 파토스(Pathos) ▪ 언론중재위원회

원래 그리스어로는 청중의 감성에 호소하는 것을 나타내며, 일시적인 감정적 흥분 외에 무엇인가에 대한 지속적인 정열, 정념, 욕정을 의미하는 용어이다. 로고스와 상대되는 말로, 수사학, 문학, 영화 그리고 서사적 예술장르에서 사용했던 의사소통 기교이다. 영어 발음을 따라 '페이소스'라고 하기도 한다.

**로고스(Logos)**
언어(말), 진리, 이성, 논리, 법칙, 관계, 비례, 설명, 계산 등의 개념을 포함하고 있는 그리스어

## 프랑크푸르트 학파(Frankfurter Schule)  ■ MBC

1930년대 이후에 프랑크푸르트의 사회연구소를 무대로 활약한 철학자 집단을 말한다. 이들은 교조주의(敎條主義)를 지양한 마르크스주의를 재해석하고 여기에 지크문트 프로이트의 정신분석학과 미국 사회학을 결합시켜 현대 산업사회에 대한 비판이론을 전개했다.

**교조주의**
구체적인 조건에 관계없이 불변의 진리라고 간주되는 개념과 명제를 고집하는 사고방식

## 합리주의(Rationalism)  ■ MBC

로크나 흄에 의한 영국 경험론에 대비되는 개념으로 대륙합리주의라고도 불린다. 영국의 경험론이 감각과 귀납을 통해 원리를 도출하는 것과는 달리, 대륙의 합리주의는 생득적(生得的·태어나면서 갖춘)인 이성의 능력을 통한 성찰만을 진정한 인식으로 파악한다. 데카르트·스피노자·라이프니츠 등이 대표적인 학자이다.

## 공리주의  ■ YTN, 남북이탈주민재단

18세기 말부터 19세기 전반에 걸쳐 영국에서 유행한 철학 사상으로, 가치판단의 기준을 인간의 이익과 행복의 증진에 두는 사상이다. J. 벤담은 쾌락을 계산할 수 있는 것으로 보고 '최대 다수의 최대 행복'을 주장하며 쾌락의 양적 측면에 중점을 두었다. 반면 J. S. 밀은 쾌락의 질적 차이를 주장하면서 '배부른 돼지보다 배고픈 인간이 낫고, 만족스런 바보보다 불만족스런 소크라테스가 낫다'고 하며 정신적·고차원적 쾌락을 중요시했다.

## 역사·철학·종교

### 노장 사상(老莊思想), 도교(道敎) ■ 영남일보

도가(道家)의 중심 사상으로 노장 사상이란 노자와 장자를 합친 말이다. 적극적으로 정치에 관여하는 유교와는 달리 탈세속적인 경향을 보이며 철학적인 문답을 주고받는 청담(淸談)이 귀족들 사이에서 유행하였다.

> **죽림칠현(竹林七賢)**
> 중국 3세기 말, 속세를 피해 죽림에 모여 청담과 술로 세월을 보낸 일곱 명으로 완적(阮籍), 혜강(嵇康), 산도(山濤), 왕융(王戎), 유영(劉伶), 완함(阮咸), 상수(向秀)를 일컫는다.

### 동학(東學) ■ 한국산업인력공단

수운(水雲) 최제우가 서학(천주교)에 대항하고자 민간신앙에 유(儒)·불(佛)·선(仙)의 교의를 혼합하여 창시하였다. '후천개벽(後天開闢)'과 '인내천(人乃天)'의 사상으로 19세기 조선 후기의 사회불안에 동요하던 민중 사이에 급속히 확산되었다. 1894년의 동학혁명에 영향을 주었으며 이후 손병희에 의해 천도교로 개칭되었다.

- 개벽 사상 : 모순된 현세가 끝나고 백성들이 대접받는 새 세상이 도래한다는 사상
- 인내천 : 사람이 곧 하느님이며 만물이 하느님이라는 천도교의 중심 사상

## 삼법인(三法印)

■ 불교방송, MBC

불교의 세 가지 근본 교의

- 제행무상(諸行無常) : 모든 현실 존재는 변화한다.
- 제법무아(諸法無我) : 모든 사물은 실체가 없다.
- 열반적정(涅槃寂靜) : 모든 번뇌의 불꽃이 사라진 평온한 상태이다.

## 가톨릭교(Catholicism) = 천주교(天主敎)

■ 문화일보

고대 그리스어인 카톨리코스(Katholikos · 모든 곳에 있는, 보편적)에서 유래했으며, 하나이고 거룩하며, 사도로부터 이어져 내려오는 보편적인 교회를 의미한다. 주요 4대 교리는 천주존재(天主存在), 강생구속(降生救贖), 삼위일체(三位一體), 상선벌악(賞善罰惡)이다.

**바티칸시국(State of the Vatican)**
1929년 라테란 조약으로 성립되었으며, 이탈리아 수도인 로마 시내에 위치한 면적 0.44㎢에 약 900명 정도의 인구를 지닌 세계에서 가장 작은 독립국이다. 교황이 통치하는 신권 국가로 가톨릭 교회의 상징이자 중심이며, 대부분 성직자나 수도자로 구성되어 있다.

## 원시종교(Primitive Religion)

■ 서울시농수산식품공사

- 샤머니즘(Shamanism) : 신을 불러들이는 무당(샤먼)이 춤 · 노래 · 주문 등을 통해 이상심리 상태로 몰입하여 길흉을 점치거나 악령을 제거하여 병을 고친다고 믿는다.
- 애니미즘(Animism) : 자연계의 모든 생물 또는 무생물에 생명이 있는 것으로 보고 그것의 정령 · 영혼을 인정하는 정령 신앙이다.

- 토테미즘(Totemism) : 오스트레일리아와 아프리카 등지에서 토템(Totem)을 숭배하는 사회체제 및 종교 형태로 부족 또는 씨족 등의 집단과 특정 동식물 사이에 주술 또는 종교적인 관계가 있다고 믿는다.

토템(Totem)
신성하게 여기는 특정한 동식물 또는 자연물. 각 부족·씨족·사회집단의 상징물

### 이슬람교(Islam)  ■ 한국환경공단

7세기 마호메트가 아라비아 반도 메카에서 알라를 유일신으로 창시한 종교이다. 유일신(Allah, 알라)의 가르침이 대천사 가브리엘을 통하여 마호메트(Mahomet)에게 계시되었으며 유대교·기독교 등 유대계의 여러 종교를 완성시킨 종교임을 자처한다. 서남아시아·북부 아프리카·파키스탄·인도네시아·말레이시아·중앙아시아 등지에 분포되어 있다. 이슬람이란 '절대자에게 복종'을 의미하며 엄격한 계율과 종교의식으로 다른 지역에 비하여 결속력이 강해 독특한 이슬람 문화권을 형성하는 데 기여하였다.

#### 이슬람 양대 종파

| | |
|---|---|
| 수니파 | 이슬람교 신자의 90%가 속해 있는 최대 종파 |
| 시아파 | 이슬람교의 2대 종파. 중동에서 시아파가 다수파인 국가는 이란과 이라크 |

### 와하비즘(Wahhabism)  ■ 문화일보, 디지털타임스

와하비즘은 엄격한 율법을 강조하는 이슬람 근본주의를 의미하는데 사우디아라비아의 건국이념이기도 하다. 여성의 종속화, 이교도들에 대한 무관용적인 살상 등 폭력적이고 배타적이다. 이슬람국가(IS)와 알카에다, 탈레반, 보코하람, 알샤바브 등 국제적인 이슬람 테러조직들이 모두 와하비즘을 모태로 하고 있다.

### 개신교(改新敎) = 프로테스탄트(Protestant)

■ CBS, 국민일보

종교개혁 이후 성립된 기독교 교단의 통칭이다. '프로테스탄트'라는 단어는 1529년 독일 스파이어 회의의 판결에서 마르틴 루터가 로마 가톨릭 세력에 저항(Protestatio)한 데서 생겨났다. 주요 교파로는 장로교, 침례교, 감리교, 성결교, 순복음교회 등이 있다.

**종교개혁**
16세기 마틴 루터가 로마 가톨릭 교회의 부패와 타락을 비판하는 95개조 반박문을 통해 부패한 교회를 변혁시키고자 했던 신학운동

### 힌두교(Hinduism)

■ 한국일보

창시자, 교리, 의식의 통일성은 없지만 자연숭배의 다신교로 영혼 불멸과 윤회 사상을 기본으로 한다. 인도 인구의 80% 이상이 힌두교도이며, 사회·관습·전통 등 모든 것을 포괄하는 인도 문화의 총체이다. 오늘날의 힌두교에서 인도 전역에 걸쳐서 숭배되고 있는 신은 비슈누와 시바이다. 죽은 후에 시체를 갠지스 강가의 성지 베나레스에서 화장하는 것을 최대의 기쁨으로 생각하며, 시바신이 타고 다닌다는 소를 신성하게 여겨 소고기를 먹지 않는다.

### 불교(Buddhism)

■ 한국남부발전 수원문화재단

기원전 5세기경 인도 석가모니(고타마 싯다르타)에 의해 발생한 종교이다. 전통적인 인도의 카스트 계급사회에서 브라만 계급의 횡포를 반대하고 만민의 평등과 자비의 실천을 목적으로 진리를 깨달아 부처가 될 것을 가르친다. 소승불교·대승불교·라마교로 분류되고, 중국·일본·한국·티베트 등에 분포하며, 특히 동양의 문화에 큰 영향을 끼쳤다.

# 기출문제 Check

**01** 기존 강대국과 성장하는 신흥국이 필연적으로 대립하는 상황을 이르는 말로, 〈펠로폰네소스 전쟁사〉의 저자 이름을 딴 용어는? 〈한국경제, 서울경제〉

① 갈라파고스 효과
② 투키디데스의 함정
③ 마키아벨리즘
④ 시뮬라르크 효과

**해설** 투키디데스의 함정은 기존 강대국과 신흥 강대국이 결국 전쟁을 하게 된다는 이론으로, 아테네 역사가 투키디데스가 쓴 책에서 유래했다.
④ 시뮬라르크 효과 : 장 보드리야르가 규명한 존재의 종류이다. 실제로는 존재하지 않는 것이지만 실제보다 더 우리의 가치관에 지배적인 무언가를 가리킨다.

**02** 다음 중 가톨릭의 교황 선출 회의 '콘클라베(Conclave)'에 대한 설명으로 옳지 않은 것은? 〈연합뉴스, 경향신문〉

① 시스티나 성당에 모여 선출된다.
② 80세 미만의 추기경만 참여할 수 있다.
③ 3분의 2 이상 득표한 후보자가 있을 경우 검은 연기를 피어올린다.
④ 콘클라베란 '잠겨 있는 방'을 의미한다.

**해설** 콘클라베(Conclave)란 교황 선거자인 추기경들이 외부로부터 격리되어 시스티나 성당에 모여 교황을 선출하는 것이다. 새로운 교황으로 선출되려면 투표자의 3분의 2 이상의 표를 얻어야 한다. 선출될 때까지 반복해서 투표를 지속한다. 재투표를 실시할 경우 굴뚝에 검은 연기를 피어올리고, 선출이 완료되었을 경우 흰 연기를 피어올린다. 교황 선거에 참가할 수 있는 추기경은 80세 미만으로 한정된다.

**03** 다음 중 신석기시대의 특징이 아닌 것은? ⟨MBC, TBC⟩

① 귀족과 평민 등의 계급이 뚜렷이 분화되었다.
② 빗살무늬토기를 사용하였다.
③ 농경문화가 나타나기 시작했다.
④ 강가나 평지에 움막을 짓고 모여 살았다.

 계급사회의 특징이 나타나는 것은 청동기시대부터이다.


**04** 다음 중 최초로 고조선의 건국 연대를 기원전 2333년으로 밝히고 있는 역사서는 무엇인가? ⟨MBC⟩

① 〈삼국유사〉
② 〈해동역사〉
③ 〈제왕운기〉
④ 〈동국통감〉

 〈동국통감〉은 조선 성종 대에 서거정 등이 편찬한 역사서이다. 고조선부터 고려 말까지의 역사를 편년체로 정리하였다. 중국 요나라 임금의 즉위년에 비교하여 고조선의 기원을 2333년으로 밝히고 있다.


**05** 다음 중 제도의 성격이 나머지와 가장 먼 것 중 하나는 무엇인가? ⟨조선일보, MBC⟩

① 상피제도
② 사심관제도
③ 기인제도
④ 상수리제도

 상피제도를 제외한 나머지 제도는 지방 호족의 기반 강화에 대한 견제의 성격을 띠고 있다.
**상피제도**
고려 선종 대에 실시된(1092) 제도로 지방 파견 관리가 자신의 가족과 친척이 사는 지방에 부임할 수 없도록 하는 것이다. 현대사회에서는 교사와 자녀가 한 학교에 다니지 못하게 하는 학교 상피제가 도입되기도 했다.

Answer  01 ② 02 ③ 03 ① 04 ④ 05 ①

**06** 발해의 특징으로 옳지 않은 것은?  〈MBC〉

① 지배층은 고구려 유민, 피지배층은 말갈족이었다.
② 대조영이 상경용천부를 수도로 삼아 건국했다.
③ 행정구역은 5경 15부 62주가 있었다.
④ 자신들이 고구려의 후예임을 밝혔다.

 대조영은 발해를 동모산에 건국했다.

**발해**
고구려가 멸망한 뒤 만주·한반도 북부(현 연해주 일대)에 698년 세워진 국가이다. 건국 당시 발해의 수도는 동모산 일대였으며, 상경용천부는 발해의 멸망 때까지의 수도이다.


**07** 구석기시대의 특징으로 옳지 않은 것은?  〈폴리텍, 한국남동발전〉

① 동굴이나 강가의 막집에서 살았다.
② 주먹도끼와 슴베찌르개 등의 석기 도구와 활 등의 사냥 도구를 사용했다.
③ 고인돌을 만들어 부족장의 장례를 치렀다.
④ 식량을 찾아 이동생활을 하였다.

 청동기시대는 신석기시대에서 더욱 발전하여 벼농사를 시작하였고 계급, 족장 등이 생겼다. 비파형동검, 부채도끼, 석관, 반달돌칼, 민무늬토기, 미송리식토기, 고인돌 등이 유물로 남아 있다.


**08** 도병마사에 대한 설명으로 틀린 것은?  〈한국산림복지진흥원, 보훈복지의료공단〉

① 국방 문제를 의논하기 위해 설립되었다.
② 중서문하성의 재신과 중추원의 추밀로 구성되었다.
③ 무신정권을 세운 최충원의 아들 최우가 설립했다.
④ 원나라 간섭기에는 도평의사사로 개칭되었다.

 고려 무신정권기 최충원의 아들 최우가 인사 문제를 처리하기 위해 자신의 집에 설치한 기관은 '정방'이다.

**09** 과전법에 대한 설명으로 옳지 않은 것은? 〈한국산업인력공단, 한국지역난방공사〉

① 조선 세조까지 시행되다가 폐지되었다.
② 현직 관리에게만 수조지를 지급하는 제도이다.
③ 관리들에게 경기 지역의 땅만 지급되었다.
④ 신진사대부의 영향력 강화를 위해 실시되었다.

 **직전법**
과전법으로 지급된 토지가 수신전·휼양전 등의 명목으로 세습되는 등 악용되자 조선 세조대에 실시한 현직 관리에게만 수조지를 지급하는 제도이다.

**10** 시일야방성대곡이 최초로 게재된 신문은? 〈국제신문, 경향신문〉

① 한성순보  ② 황성신문
③ 독립신문  ④ 대한매일신보

 시일야방성대곡은 을사조약의 부당함을 알리고 을사오적을 규탄하기 위해 장지연이 쓴 논설로, 황성신문에 게재되었다. 이 논설로 황성신문은 일제에 의해 발행이 정지되기도 했다.

**11** 다음 중 한국 역사에서 왕권 강화와 가장 무관한 제도는 무엇인가? 〈언론진흥재단〉

① 노비안검법  ② 6조직계제
③ 기인제도    ④ 비변사제도

비변사는 조선 명종 때에 외세의 침입이 잦아지자 중앙 문관과 무관이 군사 업무에 대해 협의하기 위해 상설기구화됐다. 후기에는 외척세력의 권력 기반이 됐다.

**12** 고려 태조 왕건이 실시한 정책으로 옳지 않은 것은? 〈매일경제, YTN〉

① 사심관제도와 기인제도 등의 호족견제정책을 실시했다.
② 연등회와 팔관회를 중요하게 다룰 것을 강조했다.
③ 과거제도를 실시하여 신진세력을 등용했다.
④ '훈요 10조'를 통해 후대의 왕들에게 유언을 남겼다.

과거제도를 실시하여 신진세력을 등용한 왕은 광종(재위 949~975)이다.

Answer 06 ② 07 ③ 08 ③ 09 ② 10 ② 11 ④ 12 ③

## 속성 5일차 역사·철학·종교

### 논술·면접 기출문제

- 상사로부터 부당한 지시를 받는다면 어떻게 할지 말해 보시오. 〈한국수자원공사〉
- 어떤 봉사활동을 해보았는지 말해 보시오. 〈한국수자원공사〉
- 자신의 생활신조나 신념을 바탕으로 성공하거나 실패한 경험에 대해 말해 보시오. 〈한국수자원공사〉
- 시간이 멈춘다면, 무엇을 하겠는가? 〈한국수자원공사〉
- 기업이 추구하는 가치와 개인의 가치가 충돌할 때 어떻게 하겠는가? 〈한국도로공사〉
- 종교 활동에 국가가 통제하고 개입할 수 있는 조건은? 〈CBS〉
- 청렴이란 무엇인가? 〈근로복지공단〉
- 본인이 가장 중요하게 여기는 덕목과 그 이유를 말해 보시오. 〈한국남부발전〉
- 본인의 멘토 또는 정신적 지주는 누구인가? 〈한국가스안전공사〉
- 자신이 희생해서 한 일에 대해 말해 보시오. 〈한국전력공사〉
- 성선설과 성악설에 대해 자기의 의견을 말해 보시오. 〈한국전력공사〉
- 살면서 가장 힘들었던 경험에 대해 말해 보시오. 〈한국전력공사〉
- 인생에서 가장 후회하는 것은 무엇인가? 〈한국전력공사〉
- 공익과 사익 중 무엇을 추구하는지 말해 보시오. 〈한국전력공사〉
- 시간가치의 개념을 말해 보시오. 〈한국전력공사〉
- 성실과 능력의 덕목 중 더 중요한 것은? 〈한국관광공사〉
- 법이나 규칙을 어긴 경험과 이유는? 〈행정안전부〉
- 팀 프로젝트 중 가장 힘든 유형의 사람은 누구였으며 극복 방법은 무엇이었는가? 〈공무원연금공단〉

# 속성 6일차

## 과학·IT

Step 1  최신 시사상식
Step 2  일반 핵심상식
Step 3  기출문제 Check
        논술·면접 기출문제

# 01 최신 시사상식

### 소버린 AI(Sovereign AI)  ■ 머니S, 뉴스1

세계 각국이 자국이 보유한 데이터와 기술, 네트워크 등을 활용하여 독자적인 인공지능(AI) 모델을 개발하고 AI 시스템을 구축하려는 정책 방향을 뜻하는 말이다. 바야흐로 첨단 AI 시대가 개막하면서 각국은 각종 분야의 혁신을 촉진하는 AI기술을 독자적으로 구축하는 움직임을 보이고 있다.

#### NEWS 엿보기

2025년 10월 방한한 젠슨 황 엔비디아 CEO는 한국에 소버린 AI 등 산업 전반의 디지털 전환을 위해 협력할 계획을 내놨다. 엔비디아는 한국의 소버린 클라우드와 산업용 AI 팩토리에 26만개 규모의 GPU를 도입해 국가 차원의 AI 인프라 구축을 지원할 예정이다.

### HBM(High Bandwidth Memory)  ■ 한겨레, 한국일보, 뉴스1

우리나라의 SK하이닉스가 세계 최초로 고안해 양산한 고대역폭메모리로 컴퓨터의 주력 메모리로 사용되는 DRAM을 수직으로 적층해 데이터 처리 속도를 대폭 강화했다. 이러한 적층구조는 기반 면적당 훨씬 높은 데이터 용량을 확보할 수 있게 한다. 인공지능이나 빅데이터처럼 방대한 양의 데이터를 연산·처리해야 하는 첨단 IT기술 구현의 강력한 무기가 되고 있다.

> **NEWS 엿보기**
> 
> SK하이닉스는 2025년 9월 초고성능 인공지능용 메모리 신제품인 HBM4의 개발을 마무리하고 양산 체제를 구축했다고 밝혔다.

## 딥시크(DeepSeek)

■ 화성산업진흥원, 이데일리

2023년 중국의 량원펑이 설립한 인공지능(AI) 스타트업이다. 지난 2024년 말 상대적으로 더 적은 인력과 비용만으로 챗GPT를 능가하는 성능의 AI 언어모델을 공개해 전 세계에 충격을 줬다. 업계에서는 딥시크의 부상을 미국과 중국 간의 AI 개발경쟁의 신호탄으로 보고 있다. 딥시크의 모델은 오픈소스로 공개돼 있어 사용과 수정이 자유로운데, 딥시크 모델을 활용한 최고의 AI 기술이 중국에서 나올 경우 전 세계 개발자들이 이를 토대로 자신들의 시스템을 구축하게 돼 장기적으로 중국이 AI 연구개발의 중심지가 될 수 있다고 미국 업계 측은 우려하고 있다.

**오픈소스(Open Source)**
소프트웨어를 개발할 때, 그 작동 원리와 구조를 알 수 있도록 설계도에 해당하는 소스코드를 공개하고 자유롭게 배포하는 방식을 말한다. 누구나 자유롭게 이용할 수 있으며 공개된 코드를 기반으로 프로그램을 마음대로 변형할 수 있다.

> **NEWS 엿보기**
> 
> 중국이 자국 인공지능(AI) 모델인 '딥시크'를 군사 시스템에 적용해 첨단 무기화 개발에 속도를 낼 것으로 보인다. 영국 로이터통신 보도에 따르면 중국은 AI를 활용한 전쟁준비에 박차를 가하고 있으며, AI와 연계된 무기 플랫폼 개발을 벌이고 있다. 아울러 이러한 행보의 중심에는 저비용 고효율로 개발된 딥시크가 있다고 분석했다.

## 제임스 웹 우주망원경(JWST)

■ 코리아헤럴드, SBS

1990년 우주로 쏘아 올린 허블 우주망원경을 대체할 망원경으로 2021년 12월 25일 발사됐다. 2002년 NASA의 제2대 국장인 제임스 웹의 업적을 기리기 위해 '제임스 웹 우주망원경'이라고 명명됐으며 허블 우주망원경보다 반사경의 크기가 더 커지고 무게는 더 가벼워진 한 단계 발전된 우주망원경이다.

### NEWS 엿보기

제임스 웹 우주망원경이 태양 질량의 수백만배에 달하는 거대한 블랙홀을 포착했다. 특히 해당 블랙홀은 빅뱅 발생 4억년 밖에 지나지 않은 약 130억년 전 초기우주에서 만들어진 초대질량 블랙홀로 관측 사상 가장 오래된 것으로 알려졌다.

## 할루시네이션(Hallucination)

■ 머니투데이

원래 '환청'이나 '환각'을 뜻하는 단어였으나 최근에는 인공지능(AI)이 잘못된 정보나 허위정보를 생성하는 오류가 발생하는 현상을 일컫는다. 이러한 오류는 데이터학습을 통해 이용자의 질문에 맞는 답변을 제공하는 AI가 해당 데이터값의 진위여부를 매번 정확하게 확인하지는 못해 나타나는 현상이라고 알려져 있다. 이로 인해 일각에서는 AI의 허점을 이용해 악의적으로 조작된 정보가 사회적 문제를 일으킬 수 있다는 우려를 나타냈다.

**생성형 AI(Generative AI)**
이용자의 특정 요구에 따라 기존의 콘텐츠를 활용해 새로운 콘텐츠를 생성해내는 AI 기술

### NEWS 엿보기

미국 금융감독 당국이 2023년 12월 14일 인공지능(AI)이 금융시스템에 위험을 초래할 수 있다며 업계에 신중한 시행과 감독을 요구했다. 특히 챗GPT 같은 생성형 AI가 '할루시네이션'으로 불리는 결함 있는 결과를 내놓을 수 있다는 점도 우려했다.

## 다누리(KPLO)
■ 뉴스1, 연합뉴스, 폴리텍

우리나라의 첫 달탐사궤도선으로 2022년 8월 5일 미국 플로리다주 케이프커내버럴 우주군 기지에서 발사됐다. 다누리는 태양과 지구 등 천체의 중력을 이용해 항행하는 궤적에 따라 이동하도록 설계됐다. 전문가들은 다누리 발사의 성공으로 한국 최초 인공위성 '우리별 1호(1992년)' 이래 30년 만에 우리나라의 우주탐사가 지구궤도를 벗어나 '우주영토'를 갖게 됐다고 평가했다.

### NEWS 엿보기

우주항공청은 2025년 9월 24일 달궤도선 다누리가 달의 저궤도 임무를 마치고 동결궤도에 진입한다고 발표했다. 동결궤도는 달의 중력 분포 특성상 별도의 궤도조정을 위한 연료 소비 없이 자연적으로 유지되는 타원형 궤도이다. 다누리는 동결궤도에서 달 표면 영상의 해상도 향상, 달 남·북극 영구음영지역에 대한 음영조건 변화 관측, 다양한 고도에서의 자기장 관측 등을 추가로 실시한다.

## 누리호(KSLV-II)
■ 뉴스1, 헤럴드경제, KBS

한국항공우주연구원 등이 국내 독자 기술로 개발한 한국형 발사체다. 탑재 중량 1,500kg, 길이 47.2m의 3단형 로켓으로 설계부터 제작, 시험, 발사운용 등 모든 과정이 국내 기술로 진행됐다. 2021년 10월 1차 발사에서는 위성모사체가 목표궤도에 안착하지 못해 최종 실패했으나, 2022년 6월 21일 2차 발사에서 발사부터 성능검증위성과의 교신까지 발사의 전 과정을 성공해 전 세계에서 7번째로 1톤(t)급 실용위성을 발사체에 실어 자체 기술로 쏘아 올린 나라가 됐다. 2023년 5월 25일 첫 실전 발사에서도 탑재위성 대부분을 정상분리한 것으로 확인돼 이륙부터 위성 작동까지 성공적으로 마쳤다.

> **NEWS 엿보기**
>
> 우리나라가 독자 개발한 한국형 우주발사체 누리호가 3차 발사에 성공해 실제 사용을 목적으로 만든 여러 실용급 위성을 궤도에 안착시키면서 '뉴스페이스(민간 우주개발)' 기대의 서막을 열었다는 평가가 나왔다.

## 뉴로모픽 반도체

인공지능(AI), 빅데이터, 머신러닝 등의 발전으로 단기간에 방대한 데이터의 연산과 처리를 실행해야 하는 필요성에 따라 개발됐다. 뇌신경을 모방해 인간 사고과정과 유사하게 정보를 처리하는 기술로 하나의 반도체에서 연산과 학습, 추론이 가능해 AI 알고리즘 구현에 적합하다. 또한 기존 반도체 대비 전력 소모량이 1억분의 1에 불과해 전력 확보 문제도 해결할 수 있다.

| 구분 | 기존 반도체 | 뉴로모픽 반도체 |
| --- | --- | --- |
| 구조 | 셀(저장 · 연산), 밴드위스(연결) | 뉴런(신경 기능), 시냅스(신호 전달) |
| 강점 | 저장과 연산 | 이미지와 소리 느끼고 패턴 인식 |
| 기능 | 각각의 반도체가 정해진 기능만 수행 | 저장과 연산 등을 함께 처리 |
| 데이터 처리 방식 | 직렬 (입출력을 한 번에 하나씩) | 병렬 (다양한 데이터 입출력을 동시에) |

> **NEWS 엿보기**
>
> 차세대 인공지능(AI) 반도체의 핵심으로 불리는 뉴로모픽 반도체 소자 연구가 학계의 주목을 받는 가운데 2023년 12월 한국과학기술연구원(KIST)이 레고 블록처럼 뉴런과 시냅스를 연결해 인간의 신경망과 유사한 대규모 인공신경망을 구성할 수 있는 인공신경 소자 요소 기술을 개발했다고 밝혔다.

## 딥페이크(Deep Fake)  ■ 헤럴드경제, MBN, 화성도시공사

인공지능(AI) 기술을 이용해 제작된 가짜 동영상 또는 제작 프로세스 자체를 의미한다. 적대관계생성신경망(GAN ; Generative Adversarial Network)이라는 기계학습 기술을 사용, 사진이나 영상을 원본에 겹쳐서 만들어낸다. '딥페이크'의 단어 유래는 가짜 동영상 속 등장인물을 조작한 유저의 '딥페이커즈(Deepfakes)'라는 인터넷 아이디에서 비롯됐다. 최근 음란물 영상에 실존 인물 얼굴을 합성해 유포하는 신종 디지털 성범죄가 급증하는 등 딥페이크를 활용한 범죄가 증가하고 있다.

### NEWS 엿보기

딥페이크 기술이 진화를 거듭하면서 금융사기를 비롯해 선거, 사회관계망서비스(SNS) 등 각종 분야에서 악용될 수 있다는 우려가 전 세계적으로 커지고 있다. 특히 딥페이크는 사진이나 영상뿐만 아니라 목소리까지도 조작할 수 있어 허위정보를 퍼뜨리는 데 악용되는 사례가 증가하고 있는 것으로 나타났다.

## AI슬롭(AI Slop)  ■ 조선비즈

인공지능을 의미하는 'AI'와 오물을 뜻하는 단어 'Slop'이 합쳐진 단어로 AI가 생성한 질 낮은 콘텐츠가 여기저기 범람하는 현상을 말한다. 생성형 AI가 발전함에 따라 새롭게 등장한 사회적 문제로 AI가 종교적 인물이나 아기처럼 사람들의 관심을 받을 만한 소재를 활용해 무의미한 이미지를 대량으로 생산하고 이용자들의 의사와는 상관없이 대량으로 뿌린다. AI슬롭으로 저품질 콘텐츠가 범람하면 플랫폼의 신뢰도 하락, 이용자 이탈의 문제가 발생할 수 있다. 생성형 AI는 인터넷상의 모든 정보를 학습하는 만큼 AI슬롭을 AI가 다시 학습할 경우 결국 전반적인 AI 콘텐츠 질의 하락을 초래할 수 있다.

> **NEWS 엿보기**
> 
> SNS 알고리즘을 악용해 '좋아요'와 수익을 노리는 저품질 콘텐츠 AI슬롭이 범람하고 있으며, 이로 인해 사용자의 경험이 왜곡되고 온라인 정보의 신뢰성이 급격히 떨어지고 있다.

## 초전도체(Superconductor)

■ 한국소비자원, 광주광역시도시공사, 조선일보

특정 임계온도에서 저항이 0이 되는 물질로, 저항이 없기 때문에 이를 활용하면 전력의 손실을 없앨 수 있다. 또 외부의 자기장에 반대되는 자기장을 갖는 반자성을 띤다. 초전도 현상을 이용한 기술은 이미 상용화되었으나, 이 현상을 구현하기 위한 초저온의 환경을 조성하는 데 많은 비용이 들기 때문에 상온·상압에서 작용하는 초전도체를 찾는 것은 오랜 숙원이었다. 그런데 2023년 국내의 퀀텀에너지연구소가 'LK-99'라고 이름 붙인 초전도체를 개발해냈다며, 관련논문을 인터넷에 게시하면서 전 세계의 이목을 끌었다. 그러나 국내외 연구진들이 논문 검증결과에 부정적 의견을 잇달아 내놓으면서 기대감은 크게 수그러들었다.

> **NEWS 엿보기**
> 
> 2025년 노벨 물리학상을 수상한 과학자들은 미래 전략기술로 꼽히는 양자컴퓨터의 바탕을 마련한 공로를 인정받았다. 이들은 양자컴퓨터의 시스템 전체를 '양자화'하기 위해 두 초전도체 사이에 얇은 절연층을 삽입해 만든 '조셉슨 접합' 구조를 고안하고 이를 통해 전자가 절연층을 뛰어넘는 이른바 '양자 터널링' 현상을 구현했다.

## 디지털서비스법(DSA)

유럽연합(EU)이 EU내 월별 이용자가 4,500만명 이상인 거대 글로벌 IT 기업에 유해콘텐츠 검열의무를 규정한 법이다. 규제대상인 기업들은 자사 플랫폼에서 미성년자를 대상으로 한 부적절한 콘텐츠, 허위정보, 특정 인종·성·종교에 대한 차별적 콘텐츠, 아동학대, 테러 선전 등의 불법 유해콘텐츠를 의무적으로 제거해야 하며 삭제 정보도 공개해야 한다. 규제대상인 거대 IT 기업들은 자사 플랫폼에서 불법 유해콘텐츠를 삭제하지 않을 경우 매출의 최대 6%에 달하는 과징금을 부여받고, 반복적이거나 심각한 위반으로 판단되는 경우에는 플랫폼의 EU 역내 운영 자체가 일시 정지되는 등 강력한 제재를 받게 된다. EU는 2023년 8월 25일부터 구글, 페이스북, 인스타그램, 틱톡, 엑스(X, 옛 트위터), 유튜브, 아마존 등 초대형 온라인 플랫폼 및 검색엔진을 대상으로 규제를 시행하고 있으며, 2024년에는 빅테크 기업들의 시장지배력 남용을 방지하기 위해 이들을 '게이트키퍼'로 지정해 특별 규제하는 '디지털시장법(DMA)'도 본격적으로 시행했다.

### 디지털시장법(DMA)
유럽연합(EU)이 빅테크 기업의 시장지배력을 억제하고 반경쟁 행위를 규제하기 위해 마련한 법안으로 사이드로딩 허용, 인앱결제 강제 금지, 자사 우대 금지, 상호운용성 확보 등의 의무를 이행하도록 규정하고 있다.

#### NEWS 엿보기

유럽연합이 2023년 8월부터 디지털서비스법을 시행하고 있는 가운데 같은 해 12월 규제 적용 플랫폼 목록에 성인콘텐츠 사이트 3곳을 추가했다고 밝혔다. 티에리 브르통 EU 내수 시장 담당 집행위원은 이러한 조치에 대해 "우리 아이들을 위한 더 안전한 온라인 환경을 조성하는 건 DSA의 최우선 집행과제"라고 설명했다.

# STEP 02 일반 핵심상식

―― | 과학·IT | ――

## 유전자가위
■ 이투데이

동식물 유전자의 특정 DNA 부위를 자른다고 하여 '가위'라는 표현을 사용하는데, 손상된 DNA를 잘라낸 후에 정상 DNA로 바꾸는 기술이라 할 수 있다. 4세대 유전자가위인 '프라임 에디팅'이 2019년 미국 브로드연구소에 의해 개발됐으며, 현재 3세대 유전자가위 '크리스퍼'는 상용화 단계에 진입한 상태다. 기존의 크리스퍼 기술이 DNA 이중가닥을 모두 절단해 교정하는 방식이라면, 프라임 에디팅은 한쪽 가닥만 절단해 원하는 염기를 삽입하거나 교체하는 정밀한 방식이다. 정확성이 높고 부작용이 적으며, 돌연변이 유전자에 맞춘 맞춤형 치료가 가능해 희귀 유전질환의 약 90% 교정에 활용될 수 있는 기술로 평가된다.

## 그래핀(Graphene)
■ 광주도시철도공사, UBC 울산방송

흑연은 탄소들이 벌집 모양의 육각형 그물처럼 배열된 평면들이 층으로 쌓여 있는 구조를 하고 있는데, 이 흑연의 한 층을 그래핀이라 부른다. 그래핀은 구리보다 100배 이상 전기가 잘 통하고 실리콘보다 100배 이상 전자를 빠르게 이동시킨다. 강도는 강철보다 200배 이상 강하고, 열전도성은 다이아몬드보다 2배 이상 높다.

### 그래핀 볼(Graphene Ball)

그래핀을 규소, 산소와 결합하여 팝콘 형태의 3차원 입체로 만든 것이다. 그래핀 볼을 리튬 이온 배터리의 양극 보호막과 음극 소재에 적용하면 기존 리튬 이온 배터리에 비해 충전 용량은 45% 증가하고, 충전 속도는 5배 빨라진다. 또 온도가 60℃까지 상승해도 안정성을 유지해 전기자동차용으로도 쓸 수 있다.

### 바이오시밀러(Biosimilar)
■ 이투데이, 헤럴드경제

바이오시밀러는 특허가 만료된 오리지널 바이오의약품을 모방하여 만든 의약품을 말한다. 사람이나 기타 생물에서 추출한 세포조직 호르몬 등을 이용하여 유전자 재결합·세포 배양 기술 등의 방법으로 개발한 바이오의약품을 모방하여 유사하게 만든다. 기존의 특허 받은 약품에 비해 가격이 저렴하다는 장점이 있다.

### GMO(Genetically Modified Organism)
■ 대전도시공사, 한국농수산식품유통공사, 한국농어촌공사

제초제와 병충해에 대한 내성과 저항력을 갖게 하거나 영양적인 가치와 보존성을 높이기 위해 해당 작물에 다른 동식물이나 미생물과 같은 외래 유전자를 주입하는 등 식물 유전자를 변형하여 생산한 '유전자 재조합 농산물'을 일컫는다. 1994년 무르지 않는 토마토를 시작으로 유전자 재조합이 시작되었고, 몬산토사에 의해 본격적으로 상품화되었다. 환경보호론자들은 안전성이 검증되지 않은 식품을 생산 및 유통하는 것은 인간을 실험대상으로 전락시키는 것이라 우려하며 GMO에 '프랑켄푸드'라는 이름을 붙여 비판한다. 우리나라는 GMO 수입이 늘고 있지만, 아직 명확한 규제가 없어서 'GMO 완전표시제' 도입에 대한 논의가 여전히 진행 중이다.

**GMO 완전표시제**
DNA 및 유전자변형 단백질의 잔류와 상관없이 GMO 원료를 표시하는 제도이다. 우리나라의 경우 가공 후 제품에 유전자변형 DNA 또는 외래 단백질이 남아있지 않거나 식품의 주요 원재료 함량 중 5위 안에 포함되지 않을 경우 이를 표시하지 않아도 되는 면제 규정이 있다. 시민단체는 GMO의 안전성이 입증되지 않은 만큼 '알 권리'를 보장받아야 한다며 완전표시제 도입을 촉구하고 있다.

### 슈뢰딩거의 고양이(Schrödinger's Cat)
■ 한겨레, 전주MBC

코펜하겐 학파의 '코펜하겐 해석'이 설명하는 양자역학의 중첩(Superposition) 개념을 반박하기 위해 물리학자 에르빈 슈뢰딩거가 제시한 '사고실험(Thought Experiment)'이다. 상자 속에 고양이, 방사성 물질과 방출 장치를 넣고 다시 상자를 열어 관찰하기 전까지는 고양이가 살아 있는 상태와 죽은 상태가 동시에 존재한다고 가정한다. 즉, '관측하기 전까지는 두 상태가 동시에 존재한다'는 양자역학의 중첩의 개념을 보여주는 비유적 실험이다. 슈뢰딩거는 중첩이라는 개념과 이에 대한 불완전성을 증명하려 이 사고실험을 고안했으나, 역설적이게도 슈뢰딩거의 고양이는 양자역할을 가장 잘 설명하는 상징으로 자리 잡았다.

### 뉴턴의 법칙
■ 서울주택도시공사, 코레일

- 관성의 법칙(뉴턴의 제1법칙)
  외부의 힘이 가해지지 않는 한 정지되어 있는 물체는 계속 정지하고 움직이는 물체는 계속 등속도 운동을 하는데 이를 정지관성 또는 운동관성이라 한다.

- 가속도의 법칙(뉴턴의 제2법칙)

  물체에 힘이 가해졌을 때 가속도의 크기는 힘의 크기에 비례하고, 질량에 반비례하며, 가속도의 방향은 힘의 방향과 일치한다.

- 작용·반작용의 법칙(뉴턴의 제3법칙)

  두 물체 간에 작용하는 힘은 늘 한 쌍으로 작용하며, 그 방향은 서로 반대이고 크기는 같다.

## 바람
■ MBC, 해양환경공단

공기는 기압 또는 온도에 의해 움직인다. 바다에서 부는 바람은 해풍, 육지에서 부는 바람은 육풍, 산에서 불어 내려오는 바람은 산바람, 골짜기에서 불어올라가는 바람은 골바람이라고 한다. 바람은 풍향과 풍속으로 나타내는데, 풍향은 16방위로 나타내고 풍속은 m/s로 나타낸다.

| | |
|---|---|
| 무역풍 | 아열대 지방의 해상에서 부는 바람으로, 1년 내내 부는 편동풍이다. 무역풍으로 인해 적도해류가 발생하며 무역풍 내에서는 폭풍도 없고 날씨가 매우 좋다. |
| 계절풍 | 비열차에 의한 대류에 의해 생기는 바람으로 일정한 지역에서 부는 바람이다. 여름에는 바다에서 육지로, 겨울에는 육지에서 바다로 바람이 분다. 우리나라는 여름에 남동계절풍, 겨울에 북동계절풍이 분다. |
| 편서풍 | 중위도 고압대와 고위도 저압대 사이에 위치한 온대 지방에서 1년 내내 서쪽으로부터 불어오는 바람이다. |

## 상대성이론(Theory of Relativity)
■ 도로교통공단

독일 물리학자 아인슈타인(A. Einstein)에 의하여 전개된 물리학의 이론체계이다. 현대 물리학의 중요한 이론으로 특수상대성이론과 일반상대성이론을 통틀어 상대성이론이라 한다. 20세기에 등장한 상대론과 양자론은 물리학을 고전물리학과 현대물리학으로 나누는 기준이 되었다.

**특수상대성이론**
빛의 속도는 변하지 않으며 시간과 공간은 각각 관찰자에 따라 정의된다.

**일반상대성이론**
빛의 진로는 강한 중력장 속에서 굽어진다는 이론으로, 특수상대성을 중력까지 확장한 개념이다.

### 도심항공교통(UAM ; Urban Air Mobility)
■ 전라남도공무직통합채용, 대전도시공사

기체, 운항, 서비스 등을 총칭하는 개념으로 전동 수직이착륙기(eVTOL)를 활용하여 지상에서 450m 정도의 저고도 공중에서 이동하는 도심교통시스템을 말한다. 도심의 교통체증이 한계에 다다르면서 이를 극복하기 위해 추진되고 있다. 도심항공교통의 핵심인 eVTOL은 옥상 등에서 수직이착륙이 가능해 활주로가 필요하지 않으며, 전기모터를 구동해 탄소배출이 거의 없다. 또한 소음이 적고 자율주행도 수월한 편이라는 점 때문에 미래의 도심형 항공교통수단으로 각광받고 있다.

### 비타민(Vitamin)
■ 대전교통공사, 한국동서발전, 한국원자력환경공단

물질대사와 생리작용을 돕는 유기물질이다. 아주 적은 양으로 신체의 기능을 조절하지만 대부분의 비타민은 체내에서 전혀 합성되지 못하거나 합성되는 양이 극소량이기 때문에 식품을 통해 섭취해야 한다. 충분한 공급이 이루어지지 않으면 각종 결핍증이 나타나게 된다. 비타민은 발견된 순서에 따라 A, B, C 등의 이름이 붙여졌는데, 크게 지용성 비타민과 수용성 비타민으로 나누어 구분한다. 지용성 비타민에는 비타민 A, D, E, F, K가 있고, 수용성 비타민에는 B1, B2, B6, B12, C, L, P 등이 있다.

### 에너지 보존의 법칙
■ 한국서부발전

열에너지의 총합과 운동에너지의 총합은 같아야 하는데 실제로는 운동에너지의 합이 항상 작다. 에너지가 전환되면서 소모되는 기타 에너지가 있기 때문이다. 이 에너지까지 합하면 전환 전의 에너지의 총합과 전환 후의 에너지의 총합은 같다.

- 증기기관차 : 수증기 분자의 열에너지 → 운동에너지
- 수력발전소 : 물의 위치에너지 → 터빈의 운동에너지 → 발전기의 전기에너지

### 엔트로피(Entropy)   ■ 한국남부발전

엔트로피는 무질서한 상태 또는 물질계의 배열 상태를 나타내는 물리량의 단위이다. 불안정한 물질이 평형을 이루고 안정된 상태로 나아갈 때 엔트로피가 증대되는데, 쉽게 말하면 평형 상태를 이루려고 하는 성질을 일컫는다. 세상의 모든 물질은 반드시 엔트로피가 증대되는 방향으로 나아가며 이를 열역학 제2법칙이라고도 한다.

### 엘니뇨(El Nino)   ■ 조선일보, 광주광역시도시공사

남미 연안은 남풍에 의해 호주 연안으로 바람이 불고 심층으로부터 차가운 해수가 솟는 지역으로, 연중 수온이 낮기 때문에 좋은 어장이 형성되어 있다. 그런데 무역풍이 알 수 없는 이유로 인해 약해지게 될 때 차가운 해수가 솟는 양이 줄어들어 엘니뇨가 발생한다. 엘니뇨 현상으로 태평양 적도 부근에서 따뜻한 해수가 밀려와 표층 수온이 평년보다 올라간다.

### OLED(Organic Light Emitting Diodes)   ■ MBN

유기발광다이오드는 형광성 유기화합물질을 이용하여 전류를 흐르게 하면 자체적으로 빛을 내는 발광 현상을 이용하는 디스플레이를 말한다. LCD보다 선명하고 보는 방향과 무관하게 잘 보이는 장점을 가진다. 화질의 반응속도 역시 LCD에 비해 1,000배 이상 빠르다.

## 불의 고리(Ring of Fire)
■ 인천서구문화재단, 대구도시공사, 경기관광공사

세계의 주요 지진대와 화산대 활동이 중첩되는 환태평양 조산대를 표현한 말이다. 남극의 팔머반도에서부터 남아메리카 안데스산맥, 북아메리카 산지와 알래스카, 쿠릴 열도, 일본 열도, 동인도 제도, 동남아시아 국가, 뉴질랜드와 태평양의 여러 섬으로 이어지는 지대로 이 지역의 활화산이 원 모양으로 분포돼 있어 이러한 이름이 붙었다. 해당 지역에서는 빈번하게 발생하는 지진으로 매년 큰 피해를 입는다.

## 온난화 현상
■ 한국연구재단

지구의 평균온도를 상승시키는 주범인 온실가스 종류로는 이산화탄소, 메탄, 프레온 가스가 있다. 지구의 기온이 점차 상승함으로 인해 해수면이 상승하고 해안선이 바뀌며 생태계에 변화를 가져오게 된다. 이로 인해 많은 환경 문제들이 야기되고 있어 전 세계적으로도 이산화탄소 배출량을 줄이기 위해 그린 업그레이드 운동 등의 환경운동을 하고 있다.

**그린 업그레이드 운동**
미국의 환경단체에서는 웹사이트에 탄소계산기를 운용하여 탄소배출량에 해당되는 환경보호 기금을 모금하는 그린 업그레이드 운동을 하고 있다. 그린 업그레이드 운동에 참여하는 사람들을 그린 업그레이드족이라고 한다.

## 2차 전지
■ 폴리텍, 한겨레, 머니투데이

현재 우리가 사용하는 스마트폰이나 전기차, 전기자전거에 주로 쓰이는 전지이다. 2차 전지는 화학전지의 일종으로 배터리 내부의 화학반응을 이용한다. 2차 전지는 방전된 후 충전하여 재사용이 가능하도록 만들어졌다. 이 2차 전지 가운데서도 주로 사용되는 것은 '리튬이온 전지'인데, 리튬이온이 전지의 양(+)극과 음(-)극을 이동하면서 일어나는 화학반응을 이용해 전기를 방출하고 충전한다. 양극에서 음극으로 이동하면 충전되고 그 반대가 될 때 방출되면서 외부에 에너지를 공급한다. 리튬은 금속원소 가운데 가장 가볍고 전압발생효율이 좋아 현재까지 애용되고 있다. 한편 리튬이온전지는 폭발 위험 등 꾸준히 안전성에 대한 지적을 받고 있어, 이를 해결할 차세대 전지의 개발도 계속되고 있다.

## 온실가스
■ 폴리텍

온실가스는 자연·인위적인 지구 대기기체의 구성물질로 지구 표면과 대기 그리고 구름에 의하여 우주로 방출되는 특정한 파장 범위를 지닌 적외선 복사열 에너지를 흡수했다가 다시 지구로 방출하는 기체이다. 대기의 온도를 적당히 유지하게 하여 생물들이 사는 데 적합한 환경을 만들지만, 만약 온실가스가 급격하게 상승하게 되면 지구의 기온이 계속 상승하게 되어 기후대의 변화, 해수면 상승, 지구 생태계 파괴 등 예측하기 어려운 커다란 변화와 피해를 입게 된다. 대표적인 온실기체는 이산화탄소, 메탄가스, 염화플루오린화탄소, 산화질소 등이 있다.

## 도파민(Dopamine)
■ 스튜디오S

쾌락과 행복감을 느끼게 해주는 신경전달물질이자 호르몬이다. 도파민은 뇌의 보상회로에서 분비되어 어떤 자극에 대한 보상을 예측하는 데 작용하고, 보상을 기대하는 정도에 따라 더 강한 반응을 일으킨다. 도파민은 동기부여·보상·기쁨·학습·운동조절 등에 관여하는데, 이 과정에서 보상자극을 받으면 도파민이 분비되고 행동을 강화한다. 최근에는 자극적인 숏폼(Short-form) 영상 등을 접한 청소년들이 빠른 자극에 익숙해져 도파민 중독을 일으킬 수 있다는 우려가 제기되고 있다.

## HIV(Human Immunodeficiency Virus) ▪ SBS

후천성면역결핍증, 일명 에이즈(AIDS)를 일으키는 원인 바이러스다. 사람면역결핍 바이러스라고도 한다. HIV에 감염되면 신체에 있는 면역세포가 파괴돼 면역력이 떨어지고 다양한 감염성 질환과 종양이 발생해 사망하게 된다. HIV는 성접촉, 주삿바늘 재사용, 수혈 등을 통해 감염될 수 있으나, 현재는 수혈에 의한 전파는 극히 드문 편이다. HIV 감염을 예방하기 위한 백신은 속속 개발되고 있으며, 2025년 6월에는 미국 '길리어드 사이언스'가 개발한 '레나카파비르 백신'이 '예즈투고'라는 상품명으로 미국 FDA 승인을 받아 화제가 됐다.

## 미항공우주국(NASA) ▪ CBS

소련이 미국보다 먼저 발사한 스푸트니크 위성의 충격으로 미국 정부가 미국항공자문위원회를 해체하고 1958년 발족한 대통령 직속 우주항공연구개발기관이다. 미국 워싱턴에 위치한 본부 이외에 유인우주선(우주왕복선)센터, 케네디 우주센터, 마샬 우주센터 등의 부속기관이 있다. 아폴로 계획, 우주왕복선 계획, 우주정거장 계획, 화성탐사 계획, 스카이랩 계획, 아르테미스 계획 등을 추진했다.

**스카이랩(Skylab)**
아폴로 계획에 사용된 새턴V 로켓, 새턴IB 로켓을 이용한 미국 최초의 우주정거장

## 과학 · IT

### 데이터마이닝(Data Mining) ■ 중소기업유통센터

'데이터(Data)'와 채굴을 뜻하는 '마이닝(Mining)'이 합쳐진 단어로 방대한 양의 데이터로부터 유용한 정보를 추출하는 것을 말한다. 기업 활동 과정에서 축적된 대량의 데이터를 분석해 경영 활동에 필요한 다양한 의사결정에 활용하기 위해 사용된다. 데이터마이닝은 통계학의 분석방법론은 물론 기계학습, 인공지능, 컴퓨터과학 등을 결합해 사용한다. 데이터의 형태와 범위가 다양해지고 그 규모가 방대해지는 빅데이터의 등장으로 데이터마이닝의 중요성이 부각되고 있다.

### 클라우드 컴퓨팅(Cloud Computing) ■ 신용보증기금

소프트웨어나 데이터를 컴퓨터 저장장치에 담지 않고 웹 공간에 두어 마음대로 다운받아 쓸 수 있는 인터넷 환경을 말한다. 인터넷상의 서버에 저장한 데이터를 언제 어디서나 인터넷에 접속해 다운받을 수 있어서 시·공간의 제약 없이 원하는 일을 할 수 있다. 구름(Cloud)처럼 무형인 인터넷상의 서버를 클라우드라고 하는데, 이를 통해 데이터의 저장·처리 및 콘텐츠 사용 등 각종 서비스를 제공한다. 클라우드 컴퓨팅을 활용하면 하드디스크 장애, 바이러스 감염 등으로 자료가 손상·손실될 수 있는 위험 없이 안전하게 자료를 보관할 수 있고 저장공간의 제약도 극복할 수 있다.

## 디도스(DDoS)
■ 서울디자인재단, 소상공인진흥공단

특정 컴퓨터의 자료를 삭제하거나 훔치는 것이 목적이 아니라 정당한 신호를 받지 못하게끔 방해하는 '분산서비스 거부'를 말한다. 여러 대의 컴퓨터가 일제히 공격해 대량접속이 일어나게 함으로써 해당 컴퓨터의 기능이 마비되게 한다. 자신도 모르는 사이에 악성코드에 감염돼 특정 사이트를 공격하는 PC로 쓰일 수 있다.

**악성코드**
컴퓨터가 제 기능을 하지 못하도록 악의적인 목적으로 유포된 소프트웨어

## NFC(Near Field Communication)
■ KBS, 서울산업진흥원, 한국기술교육대학교

약 10cm 이내의 근거리에서 데이터를 교환할 수 있는 비접촉식 무선통신으로 13.56MHz 대역의 주파수를 사용한다. 스마트폰에 교통카드, 신용카드, 멤버십카드, 쿠폰 등을 탑재할 수 있어 일상생활에 널리 쓰이고 있다. 짧은 통신 거리라는 단점이 있으나 기존 RFID 기술보다 보안성이 높다는 장점이 있다.

## 다크 패턴(Dark Pattern)
■ 이데일리

애플리케이션이나 웹사이트 등 온라인에서 사용자를 기만해 이득을 취하는 인터페이스를 말한다. 영국의 UX 전문가인 '해리 브링널'이 만든 용어로 온라인 업체들이 이용자의 심리나 행동패턴을 이용해 물건을 구매하거나 서비스에 가입하게 하는 것이다. 가령 웹사이트에서 프로그램을 다운받아 설치할 때 설치 인터페이스에 눈에 잘 띄지 않는 확인란을 숨겨 추가로 다른 프로그램이 설치되게 만든다거나, 서비스의 자동결제를 은근슬쩍 유도하기도 한다. 또 서비스에 가입하면서 이용자가 꼭 알아야 하지만, 업체에는 불리한 조항을 숨기는 등의 사례가 있다. 우리나라에서는 이 같은 다크 패턴의 폐해를

방지하기 위해 2025년 2월 전자상거래법을 개정해 규제를 강화했다.

## 프롭테크(PropTech)
■ 아주경제, 이투데이, 화성시환경공단

부동산(Property)과 기술(Technology)의 합성어로, 기존 부동산 산업과 IT 산업의 결합으로 볼 수 있다. 프롭테크는 크게 중개 및 임대, 부동산 관리, 프로젝트 개발, 투자 및 자금조달 부분으로 구분할 수 있다. 도입 초기 프롭테크 산업 성장을 통해 부동산 자산의 고도화와 신기술 접목으로 편리성이 확대되고, 이를 통한 삶의 질이 향상될 것으로 전망됐다. 현재 각종 부동산 중개 플랫폼을 중심으로 공급자 중심의 기존 부동산 시장을 넘어 정보 비대칭이 해소되고 고객 중심의 부동산 시장이 형성되고 있다.

## 핀테크(FinTech)
■ 머니투데이, 한국일보, 중소벤처기업진흥공단

Finance(금융)와 Technology(기술)의 합성어로, IT 기술을 이용한 금융 서비스를 의미한다. 세계화가 진행됨에 따라 국경을 벗어난 상거래가 급증하고 온라인과 모바일을 통한 금융 거래가 보편화되고 있는데, 이러한 추세가 핀테크를 촉진시켰다. 주로 모바일·SNS·빅데이터 등의 IT 기술을 활용한 지급 결제, 금융데이터 분석, 금융 소프트웨어, 플랫폼 등의 금융 서비스라고 할 수 있다. 가장 많이 활용하는 분야는 지급 결제로, 삼성페이나 카카오페이와 같은 모바일 간편결제 서비스가 대표적이다.

## 무어의 법칙(Moore's Law)  ■ MBC, 국립공원공단

인터넷 경제 3원칙 중 하나이다. 인텔사를 창립한 고든 무어가 1965년 마이크로 칩 용량이 18개월마다 2배가 될 것이라 예측하며 만든 법칙이다. 또한 컴퓨터 성능이 5년마다 10배, 10년마다는 100배씩 개선된다는 내용도 포함된다. 이 법칙은 컴퓨터나 메모리의 양은 두 배로 증가시켰으나, 비용은 오히려 감소하는 효과를 가져왔다. 우리나라에서는 비슷한 법칙으로 황의 법칙이 있다.

**황의 법칙**
삼성전자 황창규 전 사장이 발표한 '반도체 메모리의 용량이 1년마다 2배씩 증가한다'는 이론으로, 그의 성을 따서 '황의 법칙'이라고 한다.

| 인터넷 경제의 3원칙 | |
| --- | --- |
| 메트칼프의 법칙 | 인터넷을 이용하면 적은 노력을 들여도 커다란 결과를 얻을 수 있다는 법칙 |
| 가치사슬의 지배 법칙 | 조직은 계속적으로 발전해나가는데 항시 거래비용이 더 적게 드는 쪽으로 변화한다는 법칙 |
| 무어의 법칙 | 18개월을 주기로 컴퓨터 가격에는 변함이 없고 성능이 2배로 향상된다는 법칙 |

## 그리드 컴퓨팅(Grid Computing)  ■ 한국농어촌공사

PC나 서버, PDA 등 모든 컴퓨팅 기기를 연결해 컴퓨터 처리 능력을 한 곳으로 집중시킬 수 있는 인터넷망이다. 정보처리 능력을 슈퍼컴퓨터 수준 이상으로 극대화할 수 있으며 빠른 속도로 정보를 처리할 수 있다. 지진연구, 유전공학 등 복잡한 연구를 처리하는 데 필요한 기술로, 현재 여러 선진국에서 활발한 연구가 진행되고 있다.

## 디버깅(Debugging)  ■ MBC

원시 프로그램을 목적 프로그램으로 번역하는 과정에서 발생하는 오류를 찾아 수정하는 것을 말한다. 컴퓨터 프로그램에 오류가 발생했을 때 오류를 찾아내고 수정하는 작업이다. 프로그램 속에 있는 에러를 '버그'라고 하는데, 오류를 벌레(Bug)에 비유한 것이다.

**원시 프로그램**
사용자가 작성한 프로그램으로 번역기에 의해 기계어로 번역되기 이전 상태의 프로그램

**목적 프로그램**
컴퓨터가 이해할 수 있는 언어인 기계어로 작성된 프로그램

## 빅데이터(Big Data)
■ 남양주도시공사, 서울교통공사

디지털 환경에서 생성되는 대규모 데이터를 의미하기도 하고, 이러한 데이터로부터 가치를 추출하고 결과를 분석하는 기술을 의미하기도 한다. 보통 양·생성속도·다양성·복잡성·진실성을 빅데이터의 특징으로 본다. 빅데이터는 현대 IT 혁명시대를 이끌 혁신의 원천으로 간주된다. 그러나 노출된 개인정보 및 사생활에 대한 정보를 통제하는 능력이나 권력을 확보하여 통제력을 독점하는 빅브라더가 나타날 우려가 제기됐다.

**빅브라더(Big Brother)**
영국의 소설가 조지 오웰의 소설 〈1984년〉에서 처음 등장한 말로, 정보의 독점을 통해 사회를 통제하는 권력을 말한다. 이는 사회를 돌보는 보호적 감시라는 긍정적 의미와 권력자들의 사회통제 수단이라는 부정적 의미를 동시에 지닌다.

## 챗GPT(Chat GPT)
■ 수원시공공기관통합채용, 부산광역시공공기관통합채용

2022년 11월 30일 미국의 인공지능(AI) 연구재단 오픈AI(Open AI)가 개발한 대화형 AI 챗봇이다. 사용자가 대화창에 텍스트를 입력하면 그에 응답하는 방식으로 작동한다. 초기에는 GPT-3.5 언어모델을 기반으로 서비스를 시작했으며, GPT-4, GPT-4o를 거쳐 2025년 8월 GPT-5가 출시됐다. 챗GPT는 인간과 자연스럽게 대화를 나누기 위해 수백만 개의 웹페이지로 구성된 방대한 데이터베이스에서 사전 훈련된 대량생성 변환기를 사용하고 있으며, 사용자가 이전에 말한 맥락을 기억해 대화 흐름을 유지하기도 한다.

## N스크린
■ MBC

하나의 콘텐츠를 다양한 정보통신 기기에서 이용할 수 있는 네트워크 서비스를 말한다. 정보통신의 발달로 스마트폰·PC·태블릿 등 다양한 디지털 기기들이 나오고 있는데, 하나의 콘텐츠를 여러 디지털 기기를 활용해 시공간에 구애받지 않고 이용할 수 있다.

### RFID(Radio Frequency Identification)

■ KBS, 서울교통공사

'무선인식'이라고 하며, 생산에서 판매에 이르는 전 과정의 정보를 극소형 IC칩에 내장하여 이를 무선 주파수로 추적할 수 있도록 했다. 실시간으로 사물의 정보와 유통경로, 재고 현황까지 무선으로 파악할 수 있으며 바코드보다 저장용량이 커 바코드를 대체할 차세대 인식 기술로 꼽힌다. 대형할인점 계산, 도서관의 도서 출납관리, 대중교통 요금징수 시스템 등 활용범위가 다양해 여러 분야로 확산되고 있다.

**바코드**
컴퓨터가 정보를 읽기 쉽도록 하기 위해 문자나 숫자를 막대 기호와 조합시켜 코드화한 것이다. 광학식 마크 판독장치로 자동 판독되며 상품의 포장에 인쇄되어 가격을 표시하거나 판매된 제품의 목록과 가격 등의 판매 정보를 바로 수집할 수 있게 한다.

### 제로레이팅(Zero Rating)

■ 방송통신심의위원회, 폴리텍

특정 콘텐츠에 대한 데이터 비용을 이동통신사가 대신 지불하거나 콘텐츠 사업자가 부담하도록 하여 서비스 이용자는 무료로 이용할 수 있게 하는 것을 말한다. 예컨대 통신업체들이 넷플릭스나 페이스북 같은 특정 사이트에서 영상과 음악, 게시물 등을 무제한 무료로 받을 수 있는 것 등이다. 제로레이팅으로 소비자는 데이터 요금을 절약할 수 있고, 콘텐츠 사업자는 더 많은 고객을 모을 수 있다. 그러나 망 중립성을 위반할 소지가 있으며, 대규모 자본이 시장을 장악하는 문제가 발생할 수도 있다.

**망 중립성**
데이터 사업자가 데이터 트래픽의 종류에 관계없이 모든 데이터를 동등하게 취급하고, 이를 누구에게나 차별없이 제공해야 한다는 기본규범

### 스마트 그리드(Smart Grid)  ■ 한국전력공사

기존 전력망에 정보기술을 접목해 전력 공급자와 소비자가 실시간으로 정보를 교환함으로써 효율적으로 전력을 생산·소비하는 시스템을 말한다. 전체적인 전력 사용 상황에 따라 5~10분마다 전기요금 단가가 바뀌는 게 특징이다. 우리나라는 2030년까지 국내 전역에 스마트 그리드 설치 완료를 골자로 한 국가 로드맵을 확정했다.

### 유비쿼터스(Ubiquitous)  ■ MBC, 경향신문

유비쿼터스는 '언제 어디에나 존재한다'는 뜻의 라틴어로, 사용자가 컴퓨터나 네트워크를 의식하지 않고 장소에 상관없이 자유롭게 네트워크에 접속할 수 있는 환경을 말한다. 1988년 미국의 사무용 복사기 제조회사인 제록스의 마크 와이저(Mark Weiser)가 '유비쿼터스 컴퓨팅(Ubiquitous Computing)'이라는 용어를 사용하면서 처음으로 등장하였다. 모든 사물에 컴퓨터칩을 내장해 네트워크를 구축함으로써 컴퓨터와 자동차, 냉장고, 가스레인지, TV, 게임기, 내비게이션 등을 시간과 장소에 구애받지 않고 자유롭게 접속해 움직이게 할 수 있다.

### 딥러닝(Deep Learning)  ■ 한국농수산식품유통공사

컴퓨터가 다양한 데이터를 통해 사람처럼 스스로 학습할 수 있도록 인공신경망(ANN ; Artificial Neural Network)을 기반으로 구축한 머신러닝(기계학습 기술)의 일종이다. 인간의 두뇌가 방대한 데이터 속에서 패턴을 발견하고 사물을 구분하는 정보처리 과정을 모방하여 컴퓨터에 적용시킨 것이다. 이 기술을 적용하면 컴퓨터가 스스로 인지하고 판단할 수 있다. 이 기술은 사진·동영상·음성정보 등을 분류하는 데 활용되고 있다.

## 블록체인(Block Chain)
■ SBS, 한국토지주택공사

온라인 거래 시 거래당사자 사이(P2P)에서 오가는 비트코인과 같은 전자화폐를 사용할 때 돈이 한 번 이상 지불되는 것을 막는 기술이다. 거래가 기록되는 장부가 '블록(Block)'이 되고, 이 블록들은 계속 만들어져 시간의 흐름에 따라 연결된 '사슬(Chain)'을 이루게 된다. 이렇게 생성된 블록은 네트워크 안의 모든 참여자에게 전송되는데 모든 참여자가 이 거래를 승인해야 기존의 블록체인에 연결될 수 있다. 한 번 연결된 블록의 거래 기록은 변경할 수 없고 영구적으로 저장된다.

**P2P(Peer to Peer)**
인터넷을 통해 개인과 개인이 직접 연결되어 파일을 공유하는 것을 말한다. 컴퓨터와 컴퓨터를 직접 연결해 모든 참여자가 공급자인 동시에 수요자가 되는 형태이다.

## 디지털디톡스(Digital Detox)
■ 강서구시설관리공단

과도한 디지털 기기 사용으로 인한 주의력 저하, 불안, 스트레스 등을 완화하기 위해 일정기간 기기 사용을 제한하거나 멈추는 행위를 말한다. 단식으로 몸에 축적된 독소나 노폐물을 해독하듯이 스마트기기 사용을 잠시 중단함으로써 정신적 회복을 취한다.

## 사물인터넷(IoT ; Internet of Things)
■ 이투데이, 서울교통공사, 수원컨벤션센터

사물에 센서를 부착해 실시간 데이터를 인터넷으로 주고받는 기술이나 환경을 의미한다. 인터넷에 연결된 기기들이 센서 등을 통해 수집한 정보를 가지고 스스로 일을 처리할 수 있다. 1999년 케빈 애시튼 미국 MIT 교수가 처음 사용했다. 가전 기기부터 자동차, 물류, 유통, 헬스케어 등 다양한 분야에서 활용폭이 크다. 어디서나 스마트폰만 있으면 집 안의 전자 기기 · 가스 등을 제어할 수 있으며 물류 분야에서는 상품 등 자산의 위치추적이나 현황 파악, 원격지 운영관리에 사용이 가능하다.

### 죽은 인터넷 이론(Dead Internet Theory) ▪ SBS

인공지능(AI)이 발달하고 양산된 콘텐츠가 인터넷상에 범람하면서, 인터넷 공간이 더 이상 사람들이 직접 제작한 콘텐츠가 유통되고 재생산되는 세상이 아닌, AI·봇(Bot)·알고리즘 등이 대부분의 콘텐츠와 트래픽을 채우고 있다는 가설이다. 인터넷에 떠도는 수많은 정보들이 대부분 자동화된 봇이 만들어낸 산물이라는 것이다. 그러므로 현재 인터넷에는 실제 사람의 노력과 아이디어로 만들어진 것이 거의 없게 되었다는 비관론이다.

### 랜섬웨어(Ransomware) ▪ G1, KBS, 한전KDN

'몸값'을 의미하는 'Ransom'과 '소프트웨어(Software)'의 'Ware'를 합성한 말이다. 악성 프로그램의 일종으로, 사용자 동의 없이 컴퓨터에 설치되어 사용자의 문서 등 중요 파일을 암호화함으로써 파일을 사용할 수 없게 만든다. 이때 유포자는 암호를 풀어주는 대가로 금품을 요구한다. 대가를 지급하더라도 파일이 복구된다는 보장은 없으며, 비트코인과 같은 전자화폐 방식으로 요구하므로 추적도 어렵다.

### 어나니머스(Anonymous) ▪ 방송통신심의위원회, KBS

'익명'이라는 뜻의 해커들의 집단이다. 컴퓨터 해킹을 투쟁 수단으로 사용해 자신들의 의사에 반하는 사회나 국가 등 특정 대상에 대해 공격을 가하는 것이 특징이다. 다수의 기업을 해킹 공격했으며, 2010년 이란 정부에 디도스 공격, 2011년 소니사 플레이스테이션 네트워크를 집중 공격한 사건으로 유명하다.

# STEP 03 기출문제 Check

**01** 인공지능이 정보를 생산하는 과정에서 발생하는 오류를 뜻하는 용어는?

〈부산광역시공무직통합채용〉

① 할루시네이션
② 검색증강생성
③ 페르소나 챗봇
④ 리스폰서블 AI

 할루시네이션(Hallucination)은 원래 '환청'이나 '환각'을 뜻하는 단어였으나 최근에는 인공지능(AI)이 잘못된 정보나 허위정보를 생성하는 등의 오류를 일컫는다. 실제로 생성형 AI의 사용이 증가하면서 이를 이용해 정보를 검색·활용하는 과정에서 AI가 질문의 맥락에 맞지 않는 내용으로 답변하거나 사실이 아닌 내용을 마치 사실인 것처럼 답변해 논란이 된 바 있다.

**02** 개방형 클라우드와 폐쇄형 클라우드가 조합된 클라우드 컴퓨팅 방식은?

〈공무원연금공단〉

① 온 프레미스 클라우드
② 퍼블릭 클라우드
③ 프라이빗 클라우드
④ 하이브리드 클라우드

 하이브리드 클라우드는 공공에게 개방된 개방형(퍼블릭) 클라우드와 개인이나 기업 자체에서 활용하는 폐쇄형(프라이빗) 클라우드가 조합되었거나, 개방형 클라우드와 서버에 직접 설치된 온 프레미스(On-premise)를 조합한 방식의 클라우드 컴퓨팅을 말한다. 기업·개인이 보유한 IT 인프라와 데이터, 보안시스템을 한 곳에 몰아넣지 않고 그 특성과 중요도에 따라 분산하여 배치해, 업무효율성과 안전성을 획득할 수 있다.

**03** 다음 중 IT 용어에 대한 설명이 옳지 않은 것은? 〈MBC, 이투데이〉

① 5G의 G는 'Generation'을 의미한다.
② 사물인터넷을 의미하는 IoT는 'Internet of Things'의 약자이다.
③ '4차 산업혁명'은 다보스포럼의 회장 클라우스 슈밥이 정의한 용어이다.
④ AR은 'Augmented Reality'의 약자로 현실과 격리되어 인공적으로 만들어진 공간을 체험할 수 있는 '증강현실'을 의미한다.

**해설** 가상현실(VR)
인공적으로 만들어냈지만 현실과 비슷한 공간을 체험할 수 있는 IT 기술이다.

**04** 다음 중 모든 컴퓨터 기기를 하나의 초고속 네트워크로 연결해 집중적으로 사용할 수 있게 하는 기술은? 〈한국농어촌공사, 한국토지주택공사〉

① 멀티태스킹
② 그리드 컴퓨팅
③ 빅데이터
④ 그리드락

**해설** 그리드 컴퓨팅이란 네트워크를 통해 PC나 서버, PDA 등 모든 컴퓨팅 기기를 연결해 컴퓨터 처리 능력을 한곳으로 집중할 수 있는 기술이다.

**05** 기존의 DRAM을 수직으로 적층해 데이터 처리 속도를 강화한 메모리의 명칭은? 〈한국일보〉

① HBM
② VDM
③ RAM
④ SRAM

**해설** 컴퓨터의 주력 메모리로 사용되는 DRAM을 수직으로 쌓는 방식으로 제작하는 메모리를 HBM(High Bandwidth Memory)이라고 한다. '고대역폭메모리'라고도 부른다.

Answer  01 ① 02 ④ 03 ④ 04 ② 05 ①

**06** 컴퓨터 장치에 대한 다음 설명 중 틀린 것은?  〈서울시설공단, 대구시설관리공단〉

① USB : 휘발성 메모리장치이다.
② RAM : 주기억장치이다.
③ CPU : 중앙처리장치이다.
④ 메인보드 : 펌웨어로 구성되어 있다.

 USB는 플래시 메모리 기술을 이용한 비휘발성 메모리장치이다. 전기적으로 데이터를 지우고 다시 쓸 수 있어 보조기억장치로 쓰인다.


**07** '데이터마이닝'과 가장 관련 있는 IT 기술은 무엇인가?  〈농촌진흥청, 경기도시공사〉

① 빅데이터    ② 딥러닝
③ 머신러닝    ④ 인공지능

 데이터마이닝은 통계학적 관점에서 데이터를 찾고 통계상에 나타나는 현상과 흐름을 파악하는 것이다. 빅데이터 기술에 활용된다.


**08** 다음 중 OLED에 대한 설명으로 옳지 않은 것은?  〈전자신문, MBN〉

① 스스로 빛을 내는 현상을 이용했다.
② 휴대전화, PDA 등 전자 제품의 액정 소재로 사용된다.
③ 화질 반응속도가 빠르고 높은 화질을 자랑한다.
④ 에너지 소비량이 크고 가격이 높다.

 OLED(Organic Light Emitting Diodes)는 자체발광형 유기물질로, LCD를 대체할 꿈의 디스플레이로 각광받는다. 단순한 제조공정으로 인해 가격경쟁 면에서도 유리하다.


**09** 인공지능 프로그램이 다양한 데이터를 통해 스스로 학습할 수 있도록 인공신경망을 기반으로 한 기술은 무엇인가?  〈SBS〉

① 딥러닝    ② 빅크런치
③ 딥마인드   ④ 빅데이터

'딥러닝' 기술을 적용하여 인공지능 프로그램이 스스로 인지하고 판단할 수 있다. 이세돌 9단과의 바둑 대결에서 승리한 구글의 알파고 역시 딥러닝에 기반한 프로그램이다.

**10** 스마트폰이나 PC의 정보를 빼내서 수사하는 기법은 무엇인가? 〈문화일보〉

① 데이터마이닝  ② 디지털 포렌식
③ 디지털 디바이드  ④ 디지털 워터마크

 PC나 노트북, 스마트폰 등 각종 저장매체 또는 인터넷상에 남아 있는 각종 디지털 정보를 분석해 범죄 단서를 찾는 수사기법을 디지털 포렌식이라고 한다.

**11** 다음 중 환태평양조산대에 대한 설명으로 틀린 것은? 〈화성시공공기관통합채용〉

① 대부분 영역이 보존형 경계로 이루어져 있다.
② 불의 고리라고도 불린다.
③ 지구상에서 일어나는 지진의 대부분이 발생한다.
④ 태평양 판을 중심으로 말발굽 형태를 이루고 있다.

 환태평양조산대는 '불의 고리'라고도 불리며 지구상에서 발생하는 지진의 90%, 화산 활동의 75%가 발생하는 영역이다. 태평양 판을 말발굽 형태로 둘러싼 판들이 구조운동을 하며 지질 현상을 일으킨다. 대부분이 판들이 마주보고 섭입 및 충돌하는 수렴형 경계를 이루고 있다.

**12** 가상화폐로 거래할 때 발생할 수 있는 이중 지불이나 해킹을 막는 기술을 무엇이라 하는가? 〈MBN〉

① 프로젝트 제로  ② 차입매수
③ 블록체인  ④ 랜섬웨어

 블록체인은 온라인 거래 시 거래 당사자 사이(P2P)에서 오가는 비트코인과 같은 전자화폐를 사용할 때 돈이 한 번 이상 지불되는 것을 막는 기술이다.

Answer  06 ①  07 ①  08 ④  09 ①  10 ②  11 ①  12 ③

## 속성 6일차 과학·IT

### 논술·면접 기출문제

- 인공지능으로 인해 발생 가능한 문제는 무엇이 있는지 설명해 보시오. 〈한국전력공사〉

- 자율무인자동차의 발전이 고속도로에 미치는 영향과 그에 따른 도로공사의 역할과 대응에 대해 발표해 보시오. 〈한국도로공사〉

- 스마트그리드에 대해 아는 대로 설명해 보시오. 〈한국에너지공단〉

- 신에너지와 재생에너지의 차이를 발표해 보시오. 〈한국에너지공단〉

- 전기자동차 보급에 장애가 되는 요인과 그것을 해결할 수 있는 방법에 대해서 이야기해 보시오. 〈한국에너지공단〉

- 4차 산업혁명과 인구 감소에 대한 생각을 쓰시오. 〈산업은행〉

- 초연결시대의 Locality에 대해 논하시오. 〈MBC〉

- 반도체 이후 경제발전을 이끌 ICT 세 가지를 논하시오. 〈전자신문〉

- 2068년 새로운 신약 개발 성공으로 유전자 조작을 통해 외모, 성격, 능력 등을 인위적으로 바꿀 수 있는 시대가 되었다. 미래의 '나'가 3개의 신약을 들고 나를 찾아와 건네주는 상황을 가정했을 때 3개의 약은 어떤 효능을 가진 것인지 실제 나의 생활, 생각이나 경험을 반영해서 작문하시오. 〈중앙일보〉

- 한국이 노벨상을 받지 못하는 이유와 노벨상을 받으려면 어떻게 해야 하는지 생각을 밝히시오(한국과 일본의 연구개발 비용 지원에 관한 3~4줄짜리 동아일보 기사가 주어짐). 〈조선일보〉

- AI가 사람을 죽인다면 처벌할 수 있을지에 대해 논하시오. 〈아주경제〉

- 최근 발생한 보안 관련 이슈를 하나 선정하고, 보안상 어떤 문제점이 있었는지 말해 보시오. 〈한국산업인력공단〉

- 휴머노이드 로봇의 도입과 운영 방안에 대해 토론하시오. 〈한국원자력환경공단〉

- 신재생에너지와 드론의 결합 방안 및 선진국에서의 활용 사례를 발표해 보시오. 〈한국수자원공사〉

# 속성 7일차

## 문화·미디어·스포츠

Step 1  최신 시사상식
Step 2  일반 핵심상식
Step 3  기출문제 Check
        논술·면접 기출문제

# 01 최신 시사상식

## 소프트파워(Soft Power)
■ 코리아헤럴드, 중소벤처기업진흥공단

하버드대학교 케네디 스쿨의 조지프 나이(Joseph S. Nye) 교수가 처음 사용한 용어로 정치·외교·경제·사회학 등에서 광범위하게 사용되고 있다. 군사력이나 경제 제재 등 물리적으로 표현되는 힘인 하드파워(Hard Power)에 대응하는 개념으로 교육·학문·예술 등 인간의 이성 및 감성적 능력을 모두 포함하는 문화적 영향력을 말한다. 전문가들은 21세기에 들어서며 세계가 군사력을 바탕으로 한 하드파워, 즉 경성국가의 시대에서 소프트파워를 중심으로 한 연성국가의 시대로 접어들었다고 평가하고 있다. 대중문화의 전파, 특정 표준의 국제적 채택, 도덕적 우위와 확산 등을 거치며 우리나라를 비롯한 세계 여러 나라에서 자국의 소프트파워를 키우고 활용하기 위한 노력을 계속하고 있다.

### NEWS 엿보기

애니메이션 〈케이팝 데몬 헌터스〉의 세계적 인기로 K푸드를 비롯해 화장품, 관광 등 한국에 대한 관심이 부쩍 높아진 것으로 나타났다. 구글 검색 트렌드에 따르면 전 세계에서 '한국(Korea)' 검색량은 2025년 8월 20일 기준 2022년말 이후 2년 8개월 만에 최대치를 기록했다. 〈케데헌〉이 이끈 경제효과도 만만치 않은데, 금융업계에서는 〈케데헌〉으로 대표되는 한국 소프트파워 확산이 국내 화장품·음식료·엔터테인먼트 종목 주가의 재평가 가능성을 높일 것으로 전망하기도 했다.

## 힙트래디션(Hiptradition)

고유한 개성을 지니면서도 최신 유행에 밝고 신선하다는 뜻의 'Hip'과 전통을 뜻하는 'Tradition'을 합친 신조어로 우리 전통문화를 재해석해 즐기는 것을 의미한다. 한국의 전통문화를 MZ세대 특유의 감성으로 해석해 새로운 트렌드를 만드는 것으로 최근 소셜네트워크서비스(SNS)를 중심으로 인기를 끌고 있다. 대표적으로 반가사유상 미니어처, 자개소반 모양의 무선충전기, 고려청자의 문양을 본떠 만든 스마트폰 케이스 등 전통문화재를 기반으로 디자인된 상품의 판매율이 급증하면서 그 인기를 입증하고 있다.

### NEWS 엿보기

최근 2030세대 사이에서 힙트래디션 열풍이 부는 가운데 관련 상품을 기획·판매하고 있는 국립박물관문화재단에 따르면 국립문화재를 모티브로 한 상품의 매출액은 2020년 38억원, 2021년 66억원에서 2022년 117억원으로 급증한 것으로 나타났다.

## 국가유산

■ 한겨레, 뉴시스

2024년 5월 우리정부는 국제적으로 '유산(Heritage)'이라는 개념이 통용되는 기준에 발맞추어, '문화재'라는 용어를 '국가유산'으로 바꾸는 등의 내용을 담은 '국가유산기본법'을 시행한다고 밝혔다. 이로써 기존 '문화재청'도 '국가유산청'으로 새롭게 출범했다. 국가유산은 '인위적이거나 자연적으로 형성된 국가적·민족적 또는 세계적 유산으로서 역사적·예술적·학술적 또는 경관적 가치가 큰 우리나라의 소중한 유산'을 뜻하고, 크게 문화유산·자연유산·무형유산으로 구분된다.

### NEWS 엿보기

유네스코 세계유산인 종묘의 맞은편에 최고 높이 142m의 건물이 들어설 수 있도록 재개발 사업지 세운4구역의 높이 계획을 변경한 서울시에 대해 국가유산청이 유감을 표했다. 국가유산청은 "서울시가 일방적으로 변경 고시를 강행했다"며, 높은 건물이 종묘의 '탁월한 보편적 가치'를 해칠 우려가 있다고 반발했다.

## 토니상(Tony Awards)

■ 제주개발공사, 뉴스1, 한국일보

매년 미국 브로드웨이에서 상연된 연극과 뮤지컬의 우수한 업적에 대해 수여하는 상으로, 연극의 아카데미상이라고도 불린다. 해마다 5월 하순~6월 상순에 최종 발표와 시상식이 열리고, 연극 부문인 스트레이트 플레이와 뮤지컬 부문인 뮤지컬 플레이로 나뉘어 작품상, 남녀 주연상, 연출상 등이 수여된다.

**브로드웨이**
미국 뉴욕 맨해튼 타임스스퀘어 주변의 극장가로, 30여 개의 대규모 극장들이 밀집해 있어 뮤지컬, 연극 등 다양한 작품을 공연하는 세계 연극의 중심지이다. 이곳에서 공연되는 연극을 브로드웨이 연극이라 부른다.

### NEWS 엿보기

2025년 6월 8일 열린 제78회 토니상 시상식에서 대한민국의 창작뮤지컬 〈어쩌면 해피엔딩〉이 ▲ 뮤지컬 작품상 ▲ 극본상 ▲ 작사·작곡상 ▲ 무대디자인상 ▲ 연출상 ▲ 남우주연상 등 주요부문 상을 석권했다. 국내에서 초연된 완성작품이 미국 브로드웨이에 진출해 토니상을 수상한 것은 〈어쩌면 해피엔딩〉이 처음이다.

## 라이팅힙(Writing Hip)

■ 광주광역시공공기관통합채용

'쓰기(Writing)'와 '힙(Hip)'이 결합된 신조어로 손글씨 쓰기나 필사를 즐기는 현상을 뜻한다. 이는 독서를 멋지게 여기는 '텍스트힙(Text Hip)' 열풍의 연장선으로 볼 수 있다. 디지털 환경에 익숙한 1020세대에게는 손으로 직접 쓰는 행위가 새로운 자극이 되고, 3040세대에게는 아날로그 감성을 자극해 향수를 불러일으킨다. 이러한 흐름에 따라 문구용품 및 서적 수요도 증가하고 있다. 손글씨 필사를 SNS에 공유하는 문화가 늘고 있으며, 글쓰기를 배우는 창작활동으로까지 확대되고 있다.

### NEWS 엿보기

라이팅힙 열풍으로 2024년 온라인서점 예스24의 문구·기프트 분야 판매량이 전년 대비 18% 증가했으며, 교보문고는 20대 문구류 판매가 전년 대비 11% 증가했다.

## 코드커팅(Cord-cutting) · CBS, G1

'TV 선 자르기'라는 뜻으로, 케이블TV 가입을 해지하고 인터넷TV나 동영상 스트리밍 서비스 등으로 옮겨가는 것을 말한다. 이는 TV나 PC, 태블릿PC, 스마트폰 등 다양한 기기에서 하나의 콘텐츠를 끊김없이 이용할 수 있게 해주는 서비스인 N스크린과 기존 통신 및 방송사가 아닌 새로운 사업자가 인터넷으로 드라마나 영화 등 다양한 미디어 콘텐츠를 제공하는 서비스인 OTT(Over The Top)의 발달에 따른 것이다. TV 선을 자르지 않고 OTT 서비스에 추가로 가입하는 것을 '코드스태킹(Cord-stacking)'이라고 한다.

### NEWS 엿보기

TV 시청 감소와 온라인 동영상 서비스(OTT)의 약진이 맞물리면서 유료방송 이용자 3명 중 1명은 케이블TV, 인터넷TV(IPTV) 등 유료방송 가입을 해지하고 코드가 필요 없는 새로운 플랫폼으로 이동하는 '코드커팅'을 고려하는 것으로 나타났다.

## 부커상(Booker Prize)

■ 뉴스1, MBN

1969년 영국의 부커사가 제정한 문학상으로 노벨문학상, 공쿠르 문학상과 함께 세계 3대 문학상 중 하나로 꼽힌다. 해마다 영국연방 국가에서 출판된 영어 소설들을 대상으로 시상한다. 2005년에는 영어로 출간하거나 영어로 번역 가능한 소설을 출간한 작가에 대해 상을 수여하는 인터내셔널 부문이 신설되어 격년으로 진행되다 2016년부터 영어 번역소설을 출간한 작가와 번역가에 대해 매년 시상하는 것으로 변경됐다. 국내 작품 중에서는 2016년 한강의 〈채식주의자〉가 인터내셔널 수상작으로 선정돼 화제를 모았다. 2023년에는 천명관 작가의 〈고래〉가, 2024년에는 황석영 작가의 〈철도원 삼대〉가 인터내셔널 부문 최종후보에 올랐으나 아쉽게 수상에 이르지는 못했다.

### NEWS 엿보기

소설 〈채식주의자〉로 2016년 부커상 인터내셔널 부문을 수상하면서 세계적 명성을 얻은 한강 작가가 2024년 10월에 노벨문학상 수상자로 선정되는 쾌거를 이뤘다. 그는 죽음과 폭력 등 인간의 보편적 문제를 시적이고 서정적인 문체로 풀어내는 독창적인 작품세계를 구축했다는 평가를 받았다. 대표작에는 장편소설 〈소년이 온다〉, 〈흰〉, 〈작별하지 않는다〉와 소설집 〈채식주의자〉 등이 있다.

## 뮷즈(MU:DS)

■ 광주광역시공공기관통합채용

박물관을 뜻하는 영단어 'Museum'과 특정 브랜드에서 출시하는 상품을 뜻하는 영단어 'Goods'의 합성어로 박물관에서 소장 중인 유물이나 작품을 토대로 제작된 박물관 굿즈를 말한다. 또한 국립박물관문화재단이 국립중앙박물관 상품의 브랜드 정체성을 강화하기 위해 2022년 1월 론칭한 브랜드명이기도 하다. 이러한 뮷즈는 기존의 박물관 상품과는 차별화된 트렌디한 디자인으로 개성을 중시하는 젊은 세대의 취향을 사로잡으며 많은 인기를 얻고 있다.

### NEWS 엿보기

넷플릭스에서 방영된 미국 애니메이션 〈케이팝 데몬 헌터스〉의 흥행이 한국 전통문화에 대한 관심으로 이어지며 전 세계적으로 뮷즈에 대한 관심도가 높아졌다. 이러한 흐름 속에서 2025년 상반기 뮷즈 매출은 역대 최고치인 115억원을 달성했다.

## 그라데이션 K  ■ SBS

우리나라가 단일민족·단일문화라는 고정관념에서 벗어나 다양한 배경과 문화를 가진 사람들이 함께 어우러지면서 다문화국가로 진화하고 있다는 시대적 흐름이 반영된 용어다. 김난도 서울대 소비자학과 교수가 2025년 트렌드를 전망하며 발표한 10개 소비 키워드 중 하나로 '그라데이션'은 다양한 문화와 정체성이 경계 없이 융합하는 과정을 비유한 것이다. 행정안전부가 2024년 10월 발표한 자료에 따르면 국내 외국인 인구는 총인구수 대비 약 5%에 달한다.

### NEWS 엿보기

다문화가정이 늘어나면서 사회 전반적으로 여러 변화가 나타나는 가운데 외국 식재료나 글로벌 음식에 대한 수요가 증가하는 등 그라데이션 K가 한국의 소비패턴 변화를 주도하는 추세다.

## STEP 02 일반 핵심상식

| 문화 · 미디어 · 스포츠 |

### 보물과 국보
■ 전기신문, 포항시설관리공단

보물과 국보는 모두 유형국가유산으로, '보물'은 건조물·전적·서적·고문서·회화·조각·공예품·고고자료·무구 등의 국가유산 중 중요한 것을 국가유산청장이 문화유산위원회의 심의를 거쳐 지정하고, '국보'는 보물에 해당하는 국가유산 중 제작연대가 오래되고 시대 특유의 제작 기술이 뛰어나며 형태나 용도가 특이한 것을 문화유산위원회의 심의를 거쳐 지정한다. 따라서 국보보다 보물의 지정 수가 많다.

**무형유산**
역사적·예술적 가치가 있는 무형의 문화적 유산을 보존·계승하기 위해 국가에서 지정한 유산

**서울 4대문**
- 동대문 – 흥인지문
- 서대문 – 돈의문
- 남대문 – 숭례문
- 북대문 – 숙정문

### 다크투어리즘(Dark Tourism)
■ 문화일보, 이투데이, SBS

비극적인 사건이 벌어졌던 역사적 장소나 큰 재해가 발생했던 현장을 돌아보며 당시의 사건을 통해 교훈을 얻는 여행을 말한다. 우리나라에는 일제강점기 독립운동가들이 수감되었던 대전형무소, 한국전쟁 전후로 수만 명의 양민이 학살당한 제주 4·3 사건을 되돌아보게 하는 제주 4·3 평화공원 등이 이미 다크투어리즘의 명소로 자리 잡았고, 고문수사로 악명 높은 옛 중앙정보부가 있었던 남산에도 다크투어 코스가 조성됐다. 세계적으로는 체르노빌 원자력 발전소, 아우슈비츠 수용소 등이 다크투어리즘의 명소로 꼽힌다.

## 유네스코 지정 한국의 세계문화유산 · 세계기록유산

■ 조선일보, 문화일보, 광주광역시도시철도공사

| 구분 | 등재현황 |
|---|---|
| 세계유산 | 석굴암 · 불국사(1995), 해인사 장경판전(1995), 종묘(1995), 창덕궁(1997), 수원화성(1997), 경주역사유적지구(2000), 고창 · 화순 · 강화 고인돌 유적(2000), 제주화산섬과 용암동굴(2007), 조선왕릉(2009), 안동 하회 · 경주양동마을(2010), 남한산성(2014), 백제역사유적지(2015), 한국의 산지승원(2018), 한국의 서원(2019), 한국의 갯벌(2021), 가야고분군(2023), 반구천의 암각화(2025) |
| 세계기록유산 | 훈민정음 해례본(1997), 조선왕조실록(1997), 직지심체요절(2001), 승정원일기(2001), 해인사 대장경판 및 제경판(2007), 조선왕조의궤(2007), 동의보감(2009), 일성록(2011), 5 · 18 민주화운동 기록물(2011), 난중일기(2013), 새마을운동 기록물(2013), KBS 특별생방송 '이산가족을 찾습니다' 기록물(2015), 한국의 유교책판(2015), 조선왕실 어보와 어책(2017), 국채보상운동 기록물(2017), 조선통신사 기록물(2017), 4 · 19 혁명 기록물(2023), 동학농민혁명 기록물(2023), 제주 4 · 3 기록물(2025), 산림녹화 기록물(2025) |
| 인류무형문화유산 | 종묘제례 및 종묘제례악(2001), 판소리(2003), 강릉단오제(2005), 강강술래(2009), 남사당놀이(2009), 영산재(2009), 처용무(2009), 제주칠머리당영등굿(2009), 가곡(2010), 대목장(2010), 매사냥(2010), 택견(2011), 줄타기(2011), 한산모시짜기(2011), 아리랑(2012), 김장문화(2013), 농악(2014), 줄다리기(2015), 제주해녀문화(2016), 씨름(2018, 남북공동), 연등회(2020), 한국의 탈춤(2022), 한국의 장 담그기 문화(2024) |

### 한국의 갯벌

2021년 7월 유네스코 세계자연유산으로 지정된 갯벌로 서천갯벌(충남), 고창갯벌(전북), 신안갯벌(전남), 보성-순천갯벌(전남)의 4개 갯벌이 속한다. 한국의 갯벌은 제주화산섬과 용암동굴에 이어 14년 만에 두 번째로 등재된 세계자연유산이다.

## 노벨상(Nobel Prizes)
■ 뉴시스, 이투데이, 조선일보, 대구의료원

다이너마이트를 발명한 스웨덴의 화학자 알프레드 노벨(Alfred B. Nobel)은 인류복지에 가장 구체적으로 공헌한 사람들에게 나누어주도록 그의 유산을 기부하였고, 스웨덴의 왕립과학아카데미는 노벨재단을 설립하여 1901년부터 노벨상을 수여했다. 해마다 물리학·화학·생리의학·경제학·문학·평화의 6개 부문에서 인류 문명의 발달에 공헌한 사람이나 단체를 선정하여 수여한다. 평화상을 제외한 물리학, 화학, 생리의학, 경제학, 문학상의 시상식은 노벨의 사망일인 매년 12월 10일에 스톡홀름에서, 평화상 시상식은 같은 날 노르웨이 오슬로에서 열린다. 상은 생존자 개인에게 주는 것이 원칙이나 평화상은 단체나 조직에 줄 수 있다.

## 근대미술의 사조
■ 영남일보, 부산교통공사, 예술의전당

| 신고전주의 | • 18~19세기에 걸쳐 서구 전역에 나타난 예술양식<br>• 합리주의적 미학에 바탕을 둔 정확한 묘사<br>• 대표화가 : 다비드, 앵그르 |
|---|---|
| 낭만주의 | • 18~19세기 중반, 자유로운 내면세계를 표출한 양식<br>• 개성을 중시하고 주관적·감정적 태도가 두드러짐<br>• 대표화가 : 들라크루아 |
| 사실주의 | • 19세기 중엽, 프랑스 예술의 주류를 이룸<br>• 객관적 대상을 정확하게 묘사하려는 태도<br>• 대표화가 : 밀레, 쿠르베 |
| 인상주의 | • 19세기 후반 프랑스에서 일어난 중요한 회화운동<br>• 시간의 흐름에 따른 자연의 변화를 세밀하게 표현<br>• 대표화가 : 모네, 마네, 피사로, 르누아르 |

## 빈지뷰잉(Binge Viewing)   ▪ SBS

'폭식'을 뜻하는 'Binge'와 '보다'를 뜻하는 'Viewing'의 합성어로 드라마를 첫 회부터 끝까지 한번에 몰아보는 시청 행태를 뜻한다. 스마트폰과 같이 콘텐츠 소비에 최적화된 디바이스가 보편화되고, 개인 여가를 즐기는 문화가 강해지면서 이런 시청 방식은 더욱 늘어나고 있다.

## 미장센(Mise-en-scene)   ▪ SBS, 화성시문화재단

몽타주와 상대적인 개념으로 쓰이며, 특정 장면을 찍기 시작해서 멈추기까지 한 화면 속에 담기는 모든 영화적 요소와 이미지가 주제를 드러내도록 한다. 관객의 능동적 참여를 요구하고, 주로 예술영화에서 강조되는 연출 기법이다.

**몽타주(Montage)**
프랑스어 'Monter(모으다, 조합하다)'에서 유래한 용어로 원래 따로따로 촬영된 필름의 조각들을 창조적으로 결합해서 현실과는 다른 영화적 시간과 영화적 공간을 구성하는 것이다.

## 오마주(Hommage)   ▪ SBS, 방송통신심의위원회

오마주란 '존경, 경의'라는 뜻을 지닌 프랑스어로, 존경하는 예술가와 비슷하게 또는 원작 그대로 일부를 표현하는 것을 의미한다. 예술·문학작품에서는 존경하는 작가의 원작과 비슷한 작품을 창작하거나 원작을 그대로 재현해내는 것을 말하고, 영화에서는 존경하는 영화인 또는 영화의 장면을 재현해냄으로써 작가나 작품에 존경을 표하는 것을 나타낸다.

## 선댄스 영화제
■ 한겨레, 대전교통공사

미국의 감독 겸 배우 로버트 레드포드가 할리우드의 상업주의에 반발하고 독립영화 제작에 활기를 불어넣기 위해 창설하였다. 독립영화를 후원하기 위해 선댄스협회를 설립한 뒤, 1985년 '미국 영화제'를 흡수·통합하면서 시작되었다. 코엔 형제의 〈분노의 저격자〉, 쿠엔틴 타란티노의 〈저수지의 개들〉과 같은 영화가 선댄스 영화제를 통해 세상에 알려진 작품들이다.

## 스낵컬처(Snack Culture)
■ 부평구문화재단

언제 어디서나 간편히 즐길 수 있는 스낵(Snack)처럼, 이동시간 등 짧은 시간에도 쉽게 즐길 수 있는 새로운 형식의 문화소비 트렌드이다. 스마트폰, 태블릿PC 등 스마트 기기의 대량 보급으로 인해 인스턴트 즐길 거리를 찾는 소비자들이 증가하면서 나타난 현상이다. 스낵컬처는 내용이 가볍고, 시간과 장소의 구애를 받지 않으며, 비용부담이 적다는 특징이 있다.

## 아카데미상(Academy Award, OSCAR)
■ SBS

1929년에 시작된 것으로 오스카상으로도 불린다. 전년도에 발표된 미국 영화 및 LA에서 1주일 이상 상영된 외국 영화를 대상으로 우수한 작품과 그 밖의 업적에 대해 해마다 봄철에 시상한다. 2020년 2월 9일 열린 제92회 아카데미 시상식에서 우리나라 봉준호 감독의 〈기생충〉이 한국 영화로는 처음으로 작품상을 받았다. 다음해인 2021년 4월 25일 열린 제93회 아카데미 시상식에서는 배우 윤여정이 영화 〈미나리〉로 한국 배우 최초로 여우조연상을 수상했다.

## 음악의 빠르기
■ 영화진흥위원회, 오산문화재단

라르고(Largo) : 아주 느리고 폭넓게 → 아다지오(Adagio) : 아주 느리고 침착하게 → 안단테(Andante) : 느리게 → 모데라토(Moderato) : 보통 빠르게 → 알레그레토(Allegretto) : 조금 빠르게 → 알레그로(Allegro) : 빠르게 → 비바체(Vivace) : 빠르고 경쾌하게 → 프레스토(Presto) : 빠르고 성급하게

## 에미상(Emmy Awards)
■ SBS, 제주개발공사

TV의 아카데미상으로 불리는 이 상은 1948년 창설되어 뉴욕에서 개최되며, 미국 텔레비전예술과학아카데미가 주최한다. 본상격인 프라임타임 에미상과 주간 에미상, 로스앤젤레스 지역 에미상, 국제 에미상 등의 부문으로 나뉜다.

**프라임타임**
청취자가 가장 많은 황금시간대로, 프라임타임 에미상은 저녁 시간에 진행하는 프로그램에 대해 수상한다.

## 미쉐린 가이드(Michelin Guide)
■ 한국공항공사, SBS

프랑스의 타이어 회사 미쉐린이 발간하는 세계 최고 권위의 여행정보 안내서로, 타이어 구매 고객에게 서비스로 배포한 자동차 여행 안내책자에서 출발했다. 숙박시설과 식당에 관한 정보를 제공해주는 '레드'와 박물관, 자연경관 등 관광정보를 제공해주는 부록 형태의 '그린'이 있다. '레드'의 평가원은 일반 고객으로 가장해 동일한 식당을 연간 5~6회 방문하여 평가하는데, 별점을 부여하는 방식(최고 별 3개)으로 등급을 나눈다. '그린' 역시 별점을 부여하는 방식으로 평가한 후 대상을 소개한다.

## 카피라이트(Copyright)　　■ MBC

음악, 영화, 예술품이나 기술과 같은 지적 활동의 결과로 만들어진 창작물을 원작자의 동의 없이 함부로 인용하거나 복제할 수 없도록 하는 것이다. 예를 들어 소설을 창작했을 때 저자는 소설을 책으로 인쇄하고 배포하고, 영화로 만드는 등의 모든 행위에 대한 권리를 보호받을 수 있다.

**카피라이트와 카피레프트의 비교**

| 카피라이트 | 카피레프트 |
| --- | --- |
| 창작자에게 독점권 권리 부여 | 저작권 공유 운동 |
| 창작의 노고에 대한 정당한 대가 요구 | 창작 활성화로 자유로운 정보 이용 가능 |
| 궁극적으로 문화 발전을 유도 | 지식과 정보는 인류 전체의 공동 자산 |

## 피카레스크(Picaresque)　　■ SBS

도덕적 결함을 가진 악인을 주인공으로 내세워 이야기를 이끌어가는 형태의 소설·시나리오 등을 말한다. 15~16세기 스페인에서 처음 등장한 문학 장르 중 하나다. 사회 부적응자나 하층민, 악당 등이 주인공이 되어 극을 이끌어가면서 세계의 부조리함을 폭로하고 사회를 비판하려는 성격이 강하다. 한편 소설 장르에서 각각의 독립된 이야기가 같은 주제나 인물을 중심으로 짜인 연작형태의 구성방법을 '피카레스크식 구성'이라고도 한다.

## 문화가 있는 날
■ 수원시공공기관통합채용

문화체육관광부가 2014년 1월부터 매달 마지막 수요일에 지정한 날로, 국민이 더 쉽고 더 저렴하고 더 자주 문화생활을 접할 수 있도록 만든 제도다. 이날에는 전국 주요 국공립 박물관과 고궁, 미술관 등을 무료로 관람할 수 있는 이벤트를 진행한다. 한편 문화체육관광부는 한복 문화를 확산하고자 2021년 3월 31일부터 문화가 있는 날을 '한복 입기 좋은 날'로 함께 정하기도 했다.

## 팝아트(Pop Art)
■ 부산디자인진흥원, 화성도시공사

1950년대 영국에서 시작된 팝아트는 추상표현주의의 주관적 엄숙성에 반대하며 TV, 광고, 매스미디어 등 주위의 소재들을 예술의 영역 안으로 받아들인 사조를 말한다. 대중문화 속에 등장하는 이미지를 미술로 수용함으로써 순수예술과 대중예술의 경계를 깨뜨렸다는 평도 있지만 이를 소비문화에 굴복한 것으로 보는 시선도 있다. 앤디 워홀, 로이 리히텐슈타인 등이 대표적인 작가이다.

**앤디 워홀**
만화의 한 컷, 신문보도사진의 한 장면 등 매스미디어의 매체를 실크스크린으로 캔버스에 전사 확대하는 수법으로 현대의 대량소비문화를 찬미하는 동시에 비판한 인물이다.

## 할랄푸드
■ 매일신문, MBN

이슬람 율법에 따라 식물성 음식, 해산물, 육류 등을 가공한 음식으로 먹을 수 있도록 허용된 식품이다. 할랄제품으로는 이슬람식 알라의 이름으로 도살된 고기와 이를 원료로 한 화장품 등이며 술이나 마약류처럼 정신을 흐리게 하는 것은 물론 돼지고기, 개, 고양이 등의 동물, 자연사했거나 잔인하게 도살된 짐승의 고기는 금지된 품목이다. 최근 할랄푸드는 식재료의 가공·포장·운반·보관 등 전 과정에서 위생이 철저할 뿐 아니라 몸과 정신에 해로운 성분은 일체 허용하지 않아 각광받는 웰빙 음식으로 떠오르고 있다.

| 문화 · 미디어 · 스포츠 |

### 가짜뉴스(Fake News)
■ 서울신문, 코리아헤럴드, YTN

실제 사실을 보도하는 것처럼 보이지만 거짓 정보를 뉴스 형태로 만든 것으로, 대중의 시선을 끌기 위한 황색언론으로 분류된다. 일정 부분은 사실을 기반으로 하지만 특정 목적을 달성하기 위해 핵심을 왜곡하거나 조작한다. 이러한 형태의 가짜뉴스는 통신매체의 급격한 발달로 파급력을 키우면서 전 세계적인 문제가 되고 있다. 2016년 미국 대통령 선거에서 가짜뉴스로 형성된 여론이 급격히 확산된 사례가 대표적이다.

> **탈진실(Post-truth)**
> 사실의 진위와 상관없는 대중의 감정이나 신념이 여론을 형성하는 것을 말한다. 대중에게 호소력이 있느냐가 진실보다 중요하게 여겨져 나타나는 현상이다. 옥스퍼드 사전은 이를 전 세계적으로 나타나는 시대적 특성이라고 진단하며 2016년에 '올해의 단어'로 '탈진실'을 선정하기도 했다.

### OTT(Over The Top)
■ 경향신문, SBS, 보훈교육연구원

'Top(셋톱박스)을 통해 제공됨'을 의미하는 것으로, 범용인터넷을 통해 미디어 콘텐츠를 이용할 수 있는 서비스를 말한다. 시청자의 다양한 욕구, 온라인 동영상 이용의 증가는 OTT 서비스가 등장하는 계기가 되었으며 초고속 인터넷의 발달과 스마트 기기의 보급은 OTT 서비스의 발전을 가속화시켰다. 현재 대표적으로 넷플릭스 등에서 OTT 서비스가 널리 제공되고 있고, 그중에서도 미국은 가장 큰 OTT 시장을 갖고 있다.

## 미디어렙(Media Representative)  ■ 경기콘텐츠진흥원

'Media(매체)'와 'Representative(대표)'의 합성어로, 방송사의 위탁을 받아 광고주에게 광고를 판매해주고 판매대행 수수료를 받는 회사이다. 이런 대행체제는 방송사가 광고를 얻기 위해 광고주에게 압력을 가하거나 자본가인 광고주가 광고를 빌미로 방송사에 영향을 끼치는 것을 일부 막아주는 장점이 있다.

## 반론권  ■ 언론진흥재단

액세스권의 한 유형으로 신문·잡지·방송 등 언론보도에 의해 명예훼손을 당한 사람이 해당 언론에 대해 반박문이나 정정문을 게재 또는 방송하도록 요구할 수 있는 권리를 말한다. 우리나라는 정정보도청구권·반론보도청구권 등을 통해 반론권을 보장하고 있다.

**명예훼손**
사실 또는 허위의 사실을 적시하여 산 사람이나 죽은 사람에 대해 치욕·불명예 등을 초래하는 것이다.

- 정정보도청구권 : 언론보도 내용으로 인해 피해를 입었을 경우 해당 언론에 대해 정정하도록 요구할 수 있는 권리로, 사실보도에 한정되며 비판·논평에 대해서는 해당하지 않는다.
- 반론보도청구권 : 사실적 주장에 관한 보도로 피해를 입었을 경우 자신이 작성한 반론문을 해당 언론에 보도해줄 것을 요구할 수 있는 권리로, 보도 내용의 진실 여부와 관계없이 요구 가능하다.

## 스핀오프(Spin Off)

■ KBS, 종로구시설관리공단

초기에는 파생작을 뜻하지만 지금은 부수적으로 나오는 부산물 정도로 그 뜻이 넓게 쓰이고 있다. 드라마나 예능의 경우 기존의 작품에서 파생된 작품을 뜻하는 것으로 이해하면 쉽다. 비슷하게 책이나 영화 등에 사용되었던 것을 바탕으로 현재의 상황에 맞는 다른 스토리를 만들어내는 것을 말하기도 한다.

## 4대 통신사

■ 한겨레, MBC

| | |
|---|---|
| AP<br>(Associated Press) | 1848년 설립된 세계 최대의 통신사로, 비영리법인이다. 뉴스취재망과 서비스망을 갖추고 문자·사진·그래픽·오디오·비디오 뉴스 등을 제공한다. |
| UPI<br>(United Press International) | 1907년 뉴욕에서 창설된 통신사로, 1차 세계대전을 겪으며 국제통신사로 성장하였다. 하지만 여러 차례 소유주가 바뀌면서 쇠퇴하기 시작했고 2000년 통일교 교주 문선명이 세운 뉴스월드커뮤니케이션스에 인수되었다. |
| AFP<br>(Agence France-Presse) | 1835년 설립되어 근대적 통신사의 기원이라 불리는 아바스 통신사가 그 전신으로, 프랑스는 물론 라틴아메리카·서아시아 등에서도 활동하고 있다. |
| 로이터(Reuters) | 1851년 설립되어 영국의 뉴스 및 정보를 제공하는 국제통신사이다. 정확하고 신속한 보도가 강점이며 금융정보 제공의 비중이 크다. |

**통신사**
독자적인 취재 조직을 갖추고 뉴스와 기사 자료를 수집해서 신문사·방송국과의 계약하에 뉴스를 제공하는 기구

## CPM(Cost Per Mille)
■ 방송통신심의위원회, 주택금융공사

광고 비용을 측정하는 한 방법으로, 1,000회의 광고를 노출시키는 데 사용된 비용을 가리킨다. TV, Radio, 신문, 잡지 등 주요 매체뿐만 아니라, 온라인 광고에서도 활용되는 방법이다. 인터넷 온라인 광고에서는 웹페이지를 1,000뷰(View)하는 데 소요되는 비용을 말한다. CPM은 광고비를 얼마나 효율적으로 사용하는지 알 수 있는 지표가 된다.

## 스쿠프(Scoop)
■ 부산교통공사, MBC

일반적으로 특종기사를 다른 신문사나 방송국에 앞서 독점 보도하는 것을 말하며 '비트(Beat)'라고도 한다. 대기업이나 정치권력 등 뉴스제공자가 숨기고 있는 사실을 정확하게 폭로하는 것과 발표하려는 사항을 빠르게 입수해 보도하는 것, 이미 공지된 사실이지만 새로운 문제점을 찾아내 새로운 의미를 밝혀주는 것 등이 있다.

## PPL(Product Placement : 간접 광고)
■ 거제해양관광개발공사, 원주문화재단

기업의 상품을 영화나 TV 프로그램 등의 소품으로 배치시키거나 브랜드 로고를 특정 장면에 노출시키는 등의 방법으로 간접적으로 홍보하는 수단이다. 간접적이지만 그 효과와 영향이 매우 커서 일반적인 광고보다 까다로운 규정을 준수해야 한다.

### 엠바고(Embargo) ▪ 부천산업진흥원, 서울시복지재단

본래 특정 국가에 대한 무역·투자 등의 교류 금지를 뜻하지만 언론에서는 뉴스기사의 보도를 한시적으로 유보하는 것을 말한다. 즉, 정부기관 등의 정보제공자가 뉴스의 자료를 제보하면서 일정 시간까지 공개하지 말 것을 요구할 경우 그때까지 보도를 미루는 것이다. 흔히 "엠바고를 단다"고 말하며 정보제공자 측과의 관계를 고려하여 되도록 지켜주는 경우가 많다.

### 팩 저널리즘(Pack Journalism) ▪ 스튜디오S, CBS

기자들이 특정 기관이나 정당에 장기간 출입하다 보면 취재정보원과 시각 및 견해가 비슷해져 가는 팩(패거리) 저널리즘적 현상을 말한다. 팩 저널리즘은 독자적이고 객관적인 심층보도가 어렵고 사건을 보는 시야도 협소하게 변해 전반적인 개요를 파악하는 데도 어려움이 생긴다. 이에 따라 기자는 대부분의 기사를 보도성 자료에 의지하여 작성하거나, 독창성 없고 지나치게 획일적이며 무사안일한 보도만을 제공함으로써 결국 신문의 질적 저하와 신뢰도를 떨어뜨리게 된다.

### 오프더레코드(Off-the-record) ▪ YTN

보도하지 않는 것을 전제로, 기록에 남기지 않는 비공식 발언을 말한다. 소규모 집회나 인터뷰에서 뉴스제공자가 오프더레코드를 요구하는 경우, 기자는 그것을 공표하지 않겠다고 약속하고 발언자의 이야기를 정보로서 참고만 할 뿐 기사화해서는 안 된다. 취재기자는 오프더레코드를 지키는 것이 기본자세이지만 반드시 지켜야 할 의무는 없다.

| 문화 · 미디어 · **스포츠** |

## 근대 5종 경기
■ 매일경제, 충북대학교병원

근대 5종 경기는 원래 병사들의 종합 능력을 테스트할 목적으로 만들어졌다. 오랜 역사를 가진 종목으로 고대 그리스의 올림픽(BC 708년)까지 거슬러 올라간다. 1일 동안 펜싱, 수영, 승마, 복합(사격+육상) 경기 등 5개 종목을 순서대로 진행하며, 각 종목별 기록을 근대 5종 점수로 바꾸었을 때 총 득점이 가장 높은 선수가 우승한다. '근대 5종'이라는 이름으로 1912년 제5회 올림픽 경기대회 때부터 정식 종목으로 채택되었다.

### 고대 5종 경기
고대 올림픽에서 실시하던 종목으로 멀리뛰기, 원반던지기, 창던지기, 달리기, 레슬링의 다섯 종목을 말한다. 이 순서에 따라 경기가 진행되었으며, 이것이 근대 5종 경기로 발전하였다.

## 골프(Golf)
■ 스튜디오S, G1, MBN

각 홀마다 승패를 결정하는 매치 플레이(Match Play)와 정규 라운드에서 최소타수를 기록한 선수가 우승하는 스트로크 플레이(Stroke Play), 각 홀의 1위 선수가 홀마다 걸린 상금을 획득하는 방식인 스킨스게임(Skins Game)이 있다. 골프채는 '골프클럽(Golf Club)'이라고 하는데 한 경기에서 사용할 수 있는 클럽은 14개 이하이며, 상황에 따라 드라이브(Driver), 우드(Wood), 아이언(Iron), 웨지(Wedge), 퍼터(Putter) 등을 사용한다.

### 우드와 아이언
타구면이 있는 골프채의 머리 부분이 나무로 된 것은 우드, 쇳덩이로 된 것은 아이언이라 한다. 우드는 볼을 멀리 보내기 위한 클럽이고 아이언은 알맞은 거리에 따라 골라 쓰는 클럽으로, 우드가 아이언보다 길다.

## 골프 4대 메이저대회

■ MBC

| 구분 | 4대 메이저대회 |
|---|---|
| PGA | • PGA 챔피언십(PGA Championship)<br>• US 오픈(US Open)<br>• 영국 오픈(British Open)<br>• 마스터스(Masters) |
| LPGA | • AIG 위민스 오픈(구 RICOH 위민스 브리티시 오픈)<br>• US 여자 오픈<br>• KPMG 위민스 PGA 챔피언십(구 LPGA 챔피언십)<br>• ANA 인스퍼레이션(구 크래프트 나비스코 챔피언십) |

- PGA(Professional Golf Association) : 남자프로골프협회
- LPGA(Ladies Professional Golf Association) : 여자프로골프협회

**PGA**
1916년 미국 프로골프협회로 조직된 세계 최대의 프로골프협회로서 PGA 주관하에 열리고 있는 국제 골프대회를 총칭하여 PGA TOUR라고 한다.

**LPGA**
국가명칭 약자를 앞에 붙여 KLPGA(한국), JLPGA(일본) 등으로 부르지만, 미국의 경우에는 국가명칭 약자를 생략하고 LPGA라고 한다.

### 그린 재킷
마스터스 대회에서 우승자에게 입혀주는 옷이다. 1950년부터 시상식에서 전년도 우승자가 그린 재킷을 입혀주는 세리머니가 정례화됐고, 2년 연속 우승했을 경우는 오거스타 내셔널 GC의 회장이 직접 재킷을 입혀준다.

## 바이애슬론(Biathlon)

■ 부산교통공사

1960년 동계올림픽 정식 종목으로 채택된 것으로 스키 크로스컨트리와 소총 사격이 조합된 종목을 말한다. 눈이 많이 오는 북유럽에서는 중요한 군사 훈련의 한 분야이기도 한 바이애슬론은 속도만을 겨루는 경기가 아니라 표적 사격의 결과가 경기 성적에 크게 영향을 끼친다.

## 봅슬레이(Bobsleigh)
■ 조선일보, 국민일보

특수 고안된 썰매 형태의 원통형 기구를 타고 얼음으로 덮여있는 좁고 구불구불하며 경사진 트랙을 중력을 이용해 빠르게 미끄러져 내려가면서 가장 빨리 골인지점에 도착하는 것을 목표로 하는 겨울 스포츠이다. 출발 시에는 전원이 썰매를 밀어 추진력을 얻어야 하고 순서대로 썰매에 탑승한다. 맨 앞의 선수가 방향조절, 가장 늦게 타는 선수가 브레이크맨 역할을 한다.

## 루지(Luge)
■ MBC, SBS

썰매를 타고 약 1,000m의 얼음 코스를 활주하여 시간을 겨루는 겨울 스포츠 또는 그 썰매를 말한다. 1인승은 4회의 활주 시간을 합친 것, 2인승은 2회의 시간을 합친 것으로 우열을 가린다. 2018년 평창 동계올림픽에서도 루지는 공식 종목으로 채택되었고, 우리나라 박진용, 조정명 선수가 더블로 출전하여 최종 9위로 선전했다.

## 세계 4대 축구리그
■ SBS

일반적으로 영국의 프리미어리그(EPL), 독일의 분데스리가, 스페인의 라리가, 이탈리아의 세리에A를 말한다. 모두 유럽리그에 속해 있어 유럽 4대 리그라고도 불리며, 규모가 크다보니 리그별 특성 및 분석 방법이 다르다. 이 중 세리에A는 승부조작 이슈 이후 리그 수준이 하락하고 있다는 평가를 받기도 한다.

**분데스리가**
독일 프로축구 리그로 독일어의 'Bundes(연방)'와 'Liga(리그)'가 합해진 말이다. 독일이나 오스트리아에서 개최되는 모든 스포츠 종목의 리그를 뜻하나, 일반적으로는 독일의 축구리그를 가리킨다.

## 세계 4대 메이저 테니스 대회

■ 경향신문, 연합뉴스

4대 메이저대회 모두 국제테니스연맹(ITF)이 관장하며, 이 4개 대회에서 같은 해에 모두 우승할 경우 그랜드슬램(Grand Slam)을 달성했다고 한다.

| 대회 | 내용 |
| --- | --- |
| 윔블던 (Wimbledon) | 가장 오랜 역사를 지닌 테니스 대회이며 정식 명칭은 'All England Tennis Championship'으로 전영오픈이라는 명칭으로도 사용된다. 1877년 제1회 대회가 개최되었고, 1968년 프로들에게 본격적으로 오픈되었다. 경기는 잔디코트에서 진행된다. |
| 전미 오픈 (US Open) | 1881년 US National Championships라는 이름으로 시작하여 1965년 US 오픈으로 개칭하였다. 시즌 한해를 마감하는 매년 9월경 개최되며 총 상금이 가장 많은 대회이기도 하다. 경기는 하드코트에서 진행된다. |
| 프랑스 오픈 (French Open) | 1891년 출범해서 1968년부터는 프로들에게도 오픈되었다. 경기는 클레이코트에서 진행되며 프랑스 오픈이라는 명칭보다 클레이코트 대회라는 이미지로 더 많이 알려져 있다. |
| 호주 오픈 (Australian Open) | 1905년에 시작되었으며 1969년에 프로선수들에게 오픈되었다. 역사가 짧고 상금이 낮아 톱시드의 선수들 참가가 저조한 편이다. 경기는 하드코트에서 진행된다. |

**하드코트**
표면을 아스팔트나 콘크리트 등의 견고한 재질로 만든 코트로 탄력성이 거의 없다.

**클레이코트**
표면을 점토(Clay)로 만든 코트로 흙 재질에 가깝고 탄력성이 매우 크다.

## MLB(Major League Baseball)

■ 영화진흥위원회

미국 프로야구 최상위 리그다. '내셔널리그(NL ; National League)'와 '아메리칸리그(AL ; Americal League)'를 일컫는 말로, '빅리그(Big league)'라고도 한다. 내셔널리그는 1876년 발족하였으며, 현재 15개 구단으로 구성되어 있다. 아메리칸리그는 1900년 발족하였으며, 현재 15개 구단으로 구성되어 있다. 현재와 같은 양대 리그의 틀을 갖추게 된 것은 1901년 내셔널리그와 아메리칸리그가 리그전을 개시하면서부터다. 양 리그는 동부, 서부, 중부의 3개 지구로 구별되어 동일 지구 팀과는 각각 13경기를, 다른 지구 팀과는 각각 6~7경기를 벌이는 등 팀당 총 162게임을 치르게 된다. 그리고 각 리그의 1위 팀들은 7전 4선승제의 월드시리즈를 치르게 된다.

### 올림픽(Olympic)
■ 부산일보, SBS, 인천보훈병원

2년마다 하계올림픽과 동계올림픽이 번갈아 열리며, 국제올림픽위원회(IOC)가 감독한다. 1894년에 IOC가 창설되었고, 1896년 그리스 아테네에서 제1회 올림픽이 열렸다. 현존하는 거의 모든 국가가 참여할 정도로 그 규모면에서 세계 최대의 대회이다.

**동ㆍ하계 올림픽 개최지**
- 2028년 하계올림픽 개최지
 : 미국 로스앤젤레스(LA)
- 2026년 동계올림픽 개최지
 : 이탈리아 밀라노, 코르티나 담페초

### 월드컵(FIFA World Cup)
■ 경향신문, SBS, 부산보훈병원

클럽이나 소속에 상관없이 오직 선수의 국적에 따른 구분으로 하는 축구 경기이다. FIFA 주최로 국가별 성인 남성 단일팀이 참가하며 월드컵은 한 나라를 중심으로 열린다. 대회 기간 역시 올림픽은 보통 보름 정도이지만 월드컵은 약 한 달 동안 진행된다. 2026년 월드컵은 미국과 캐나다, 멕시코가 공동으로 개최하며, 본선 48개국 진출 체제로 진행되는 첫 월드컵이다.

**FIFA(국제축구연맹)**
축구 분야의 국제기구로, 국제올림픽위원회ㆍ국제육상연맹과 함께 세계 3대 체육기구로 불린다. 각종 국제 축구대회를 주관하며 국제 경기의 원활한 운영을 목적으로 한다.

### 컬링(Curling)
■ 한전KPS, 한국산업인력공단

경기는 각각 4명으로 구성된 두 팀이 직사각형의 얼음 링크 안에서 '컬링 스톤(Curling Stone)'이라 부르는 둥글고 납작한 돌을 미끄러뜨려 '하우스(House)'라 부르는 상대 팀의 표적 안에 넣어 득점하는 방식으로 진행된다. 총 10엔드로 진행되며 하우스 안에 스톤을 많이 넣은 팀이 승리하게 된다. 1998년부터 올림픽 정식 종목으로 채택되었다.

## 패럴림픽(Paralympic) ▪ YTN

1988년 서울올림픽 이후부터 올림픽이 끝난 후 올림픽을 개최한 도시에서 국제패럴림픽위원회(IPC)의 주관하에 개최된다. 패럴림픽은 원래 척추 장애자들끼리의 경기에서 비롯됐기 때문에 'Paraplegic(하반신 마비)'과 'Olympic(올림픽)'의 합성어였지만 다른 장애인들도 경기에 포함되면서 현재는 그리스어의 전치사 'Para(나란히)'를 사용하여 올림픽과 나란히 개최됨을 의미한다.

**장애인**
대한민국에서 법적인 공식 용어는 장애인이다. 장애우로 순화하며 장애를 가진 사람을 친근하게 불러주는 것 자체가 이미 장애인에 대한 동정을 전제로 한다는 시각이 있어 장애인으로 쓰는 것이 옳다.

## 헵타슬론(Heptathlon) ▪ YTN

여자 육상 7종 경기 연속 2일간의 경기로 1일째에 100m 허들, 높이뛰기, 투포환, 200m 달리기, 2일째에 멀리뛰기, 투창, 800m 달리기 등의 순서대로 진행한다. 순위는 혼성경기 득점표에 의한 각 종목의 종합득점으로 정한다.

### 데카슬론(Decathlon)
남자 육상 경기의 한 종목으로, 10종목을 2일 동안 겨루어 각 종목의 성적을 채점표에 의해 점수로 환산, 합계점이 많은 선수가 상위가 된다. 1일째에 100m 달리기, 멀리뛰기, 포환던지기, 높이뛰기, 400m 달리기, 2일째에 110m 허들, 원반던지기, 장대높이뛰기, 창던지기, 1,500m 달리기의 순서로 실시한다. 채점표는 국제육상경기연맹이 각 종목의 세계기록이나 기록의 한계 등을 기준으로 정한다.

## 퍼펙트 게임(Perpect Game) ■ 한겨레

한 명의 투수가 선발로 출전하여 단 한 명의 주자도 출루하는 것을 허용하지 않은 게임을 말한다. 국내 프로야구에서는 아직 달성한 선수가 없으며, 120년 역사의 메이저리그에서도 단 24명만이 기록할 정도로 실력과 운이 모두 따라주어야 하는 퍼펙트 기록이다.

**퍼펙트 기록**
정규 경기가 아닌 프로야구 2군 경기(퓨처스리그)에서는 퍼펙트 기록이 있다. 2011년 9월 17일 대전에서 롯데자이언츠의 이용훈 투수가 한화 2군을 상대로 퍼펙트 게임을 기록한 바 있다.

**연장 10회 노히트노런**
9회까지 노히트노런을 기록하다가 0 : 0 상황이 계속되어 10회로 경기가 넘어가 안타를 맞았을 경우 노히트노런은 인정되지 않는다. 노히트노런과 퍼펙트 게임은 투수의 완투승으로 경기가 종료되는 시점에 성립된다.

## 펜싱(Fencing) ■ 매일경제

유럽에서 유래하였으며, 국제 표준 용어는 모두 프랑스어가 사용된다. 사용하는 검에 따라 플뢰레, 에페, 사브르의 3종류로 남녀 개인전과 단체전이 있다.

| | |
|---|---|
| 플뢰레 (Fleuret) | 프랑스어의 꽃을 뜻하는 'Fleur'에서 나온 말로 칼날의 끝이 꽃처럼 생겨서 붙여졌다. 플뢰레는 심판의 시작 선언 후 먼저 공격적인 자세를 취한 선수에게 공격권이 주어진다. 공격을 당한 선수는 반드시 방어해야만 공격권을 얻을 수 있으며 유효 타깃은 얼굴, 팔, 다리를 제외한 몸통이다. |
| 에페 (Epee) | 그리스어의 창, 검 등을 의미하는 'Speer'에서 유래됐다. 에페는 먼저 찌르는 선수가 득점을 하게 된다. 마스크와 장갑을 포함한 상체 모두가 유효 타깃이며, 하체를 허리 부분부터 완벽하게 가릴 수 있는 에이프런 모양의 전기적 감지기가 장착된 옷을 착용한다. 에페는 빠르게 찌르는 선수가 점수를 얻지만 1/25초 이내에 서로 동시에 찔렀을 경우는 둘다 점수를 얻게 된다. |
| 사브르 (Sabre) | 검이란 뜻으로 베기와 찌르기를 겸용할 수 있는 검을 사용한다. 베기와 찌르기가 동시에 가능하다. 유효 타깃은 허리뼈보다 위이며 머리와 양팔도 포함된다. |

# STEP 03 기출문제 Check

**01** 가짜뉴스와 관련된 다음 글에서 빈칸 안에 들어갈 단어로 올바른 것은? 〈CBS〉

> 미국과 유럽 국가들이 사회를 혼란시키는 가짜뉴스와의 전쟁을 선포한 가운데 가짜뉴스의 발생 원인으로는 크게 두 가지가 꼽힌다. 대부분의 콘텐츠 수용자와 제작자들이 자신의 성향과 동일한 성격의 소식이라면 객관적 사실인지는 별로 중요하게 생각하지 않는 (　) 시대의 도래와 누구나 자유롭게 콘텐츠를 올릴 수 있는 1인 미디어 플랫폼의 발전이 그것이다.

① 포스트트루스　　② 미디어 리터러시
③ 프로파간다　　　④ 딥페이크

 가짜뉴스란 거짓 정보를 정상적인 뉴스처럼 위장하여 유포하는 행태를 뜻한다. 정보를 수용하는 이들 또한 뉴스가 진실인지 확인하려 하지 않고 그대로 믿거나, 자신이 믿고 싶은 것만 믿으려 하는데, 이러한 사회 현상을 '포스트트루스(탈진실)'라고 한다.

**02** 유럽의 문화예술에서 나타난 동방 취미 경향이나 서양의 동양에 대한 왜곡된 인식을 가리키는 말은 무엇인가? 〈정선아리랑문화재단〉

① 낭만주의
② 제국주의
③ 옥시덴탈리즘
④ 오리엔탈리즘

 오리엔탈리즘(Orientalism)이란 원래 유럽의 문화와 예술에서 나타난 동방 취미 경향을 나타내는 말이지만, 오늘날에는 서양의 동양에 대한 고정되고 왜곡된 인식과 태도 등을 총체적으로 나타내는 말로 쓰인다. 오리엔탈리즘의 반작용으로 나타난, 동양의 관점에서 서양을 적대시하거나 비하하는 인식과 태도를 옥시덴탈리즘(Occidentalism)이라고 한다.

**03** 다음 중 '레거시미디어'와 가장 거리가 먼 서비스 업체는 무엇인가? 〈CBS〉

① tvN
② MBC
③ Youtube
④ 조선일보

**해설** 최근 유튜브, 페이스북 등의 네트워크를 기반으로 한 양방향 소통 매체가 나타나 '뉴미디어'라는 이름으로 불리자, 그와 반대되는 TV, 신문 등에 기성미디어라는 의미의 '레거시미디어'라는 이름이 붙게 되었다.

**04** 축구경기에서 1명의 선수가 1경기에서 3득점을 하는 것을 뜻하는 용어는? 〈보훈교훈연구원〉

① 해트트릭
② 발롱도르
③ 멀티골
④ 그랜드슬램

**해설** 해트트릭은 축구경기에서 1명의 선수가 1경기에서 3득점을 하는 것을 말한다. 크리켓(Cricket) 경기에서 3명의 타자를 연속으로 삼진 아웃시킨 투수에게 그 명예를 기리는 뜻으로 선물한 '모자(Hat)'에서 유래한 이름이다.

**05** 다음 중 시상식과 시상 장르의 연결이 올바르지 않은 것은? 〈국제신문〉

① 토니상 – 연극 · 뮤지컬
② 그래미상 – 각본
③ 에미상 – 방송
④ 오스카상 – 영화

**해설** **EGOT**
에미상(방송), 그래미상(음반), 아카데미[오스카]상(영화), 토니상(연극 · 뮤지컬)의 미국 연예 4대상을 통틀어 이르는 말이다. 이들 모두를 받은 이를 EGOT라 부르는데 2018년 존 레전드가 최초의 흑인 남성 EGOT가 돼 화제가 되었다.

Answer   01 ①  02 ④  03 ③  04 ①  05 ②

**06** 채식주의자 중 가장 유연한 태도를 가진 낮은 단계의 사람들을 일컫는 말은?

〈헤럴드경제TV〉

① 플렉시테리언  ② 에코테리언
③ 로우테리언  ④ 프루테리언

 플렉시테리언은 '플렉시블(Flexible)'과 '베지테리언(Vegetarian)'의 합성어로, 기본적으로 채식을 하고 때때로 육식을 하기도 하는 준채식주의자다.


**07** 다음 중 세계 4대 통신사가 아닌 것은?

〈한국언론진흥재단, 건설경제신문〉

① AP  ② UPI
③ 로이터  ④ 블룸버그

 블룸버그는 금융 시장의 뉴스와 데이터, 분석정보를 서비스하는 미국의 미디어 그룹이다.


**08** 다음 중 음악의 빠르기에 대한 설명이 잘못된 것은?

〈전남신용보증재단〉

① 아다지오(Adagio) : 느리고 침착하게
② 모데라토(Moderato) : 보통 빠르게
③ 알레그레토(Allegretto) : 천천히
④ 프레스토(Presto) : 매우 빠르게

 알레그레토는 '조금 빠르게'를 의미한다.


**09** 다음 국악의 빠르기 중 가장 느린 장단은?

〈한국농어촌공사, 한국마사회〉

① 휘모리  ② 중모리
③ 진양조  ④ 자진모리

 **국악의 빠르기**
진양조 〈 중모리 〈 중중모리 〈 자진모리 〈 휘모리

**10** 다음 중 사물놀이에 해당하지 않는 것은?  〈부천시통합채용〉

① 꽹과리
② 장구
③ 징
④ 소고

 사물놀이란 꽹과리, 징, 장구, 북을 연주하는 음악 또는 놀이를 말한다.


**11** 2년마다 주기적으로 열리는 미술 전시회를 가리키는 용어는?  〈수원문화재단, 서울시설공단〉

① 트리엔날레
② 콰드리엔날레
③ 비엔날레
④ 아르누보

 비엔날레는 '2년마다'라는 뜻의 이탈리어로, 베니스 비엔날레에서 유래하여 국제미술 전시회의 대명사가 되었다.


**12** 국제장애인올림픽위원회의 주최로 4년 주기로 개최되며, 신체장애가 있는 운동선수가 참가하는 국제 스포츠대회의 명칭은?  〈대한장애인체육회, 대전도시철도공사〉

① 패럴림픽
② 유스올림픽
③ 스페셜올림픽
④ 유니버시아드 대회

 올림픽이 열리는 해에 올림픽 개최국에서 열리는 장애인들의 올림픽으로, 올림픽 폐막 후 2주 이내에 열 동안 진행된다. 어원은 장애인 또는 어깨를 맞대고 함께 스포츠를 즐긴다는 의미에서 옆을 의미하는 'Para'와 '올림픽'을 합성한 것이다.

## 속성 7일차 문화·미디어·스포츠

### 논술·면접 기출문제

- 유네스코 지정 세계문화유산에 대해 아는 대로 말해 보시오. 〈NH농협은행〉

- 고위공직자 가족의 일을 보도하는 것이 국민의 알 권리를 위한 일인지 논하시오. 〈뉴시스〉

- BTS의 성공이 시사하는 한류의 세계화 전략에 대해 생각한 바를 서술하시오. 〈경인일보〉

- 멜론, 스포티파이, 유튜브 뮤직 등 개인화를 넘어 초 개인화된 음원 플랫폼에 맞서 KBS 라디오 음악 프로그램이 지향해야 하는 차별화 전략을 논하시오(단, 'KBS 라디오 음악 프로그램은 (       )이다'로 시작해야 하며 (       )안에는 한국가수의 앨범명이나 노래 제목을 넣어야 한다). 〈KBS〉

- 88 서울올림픽처럼 스포츠 이벤트가 사회에 변화를 이끈 사례를 쓰고, 그 과정에서 미디어가 어떤 영향을 끼쳤는지 서술하시오. 이를 바탕으로 바람직한 스포츠 미디어의 역할은 무엇인지 서술하시오. 〈KBS〉

- 디지털시대의 미디어의 미래와 신문의 역할을 논술하시오. 〈한국경제신문〉

- 리메이크 드라마, 스타 작가 드라마가 쏟아져나오는 드라마 시장에서 각 제작사는 글로벌 수출, 플랫폼 다각화 전략 등을 펼치고 있다. 양질의 드라마 콘텐츠 제작을 위한 방안을 논리적인 근거와 함께 제시하시오. 〈SBS〉

- 기자가 탈법의 경계선에 직면하는 일들이 있다. 공익적인 보도를 위해 기자는 탈법 행위를 해도 되는지, 된다면 허용범위는 어느 정도여야 하는지에 대한 입장과 근거를 논하시오. 〈SBS〉

- 지역 방송사의 수익 제고를 위한 창의적이고 실전적인 방안을 제시하시오. 〈춘천MBC〉

- 유튜브 1인 방송은 언론이 될 수 있는가? 〈아주경제〉

- 정보 홍수의 사회다. 기자는 어떤 기준으로 보도할 가치가 있는 것과 아닌 것을 판단해야 하는가? 〈이투데이〉

- 코드커팅을 OTT 발달 개념과 연관지어 서술하시오. 〈CBS〉

7일차 학습완료 check ☐

## 필수 암기상식

우리 주변의 모든 '최초'
숫자로 외우는 상식
우리말 어휘
유의·반의 관계 한자어
한자성어
모아보는 테마별 상식

# 우리 주변의 모든 '최초'

부록 ■ 필수 암기상식

- 🔍 우리나라 최초의 우주인 ──────────────── 이소연 박사
- 🔍 우리나라에서 처음 금메달을 획득한 선수 ──────── 양정모 선수
- 🔍 우리나라 최초의 여왕 ──────────────── 선덕여왕
- 🔍 우리나라 최초의 근대적 헌법 ─────────── 홍범 14조
- 🔍 우리나라가 태극기를 처음 사용한 시점 ──────── 제물포 조약 이후
- 🔍 우리나라가 대한 국호를 처음 사용한 시점 ─────── 아관파천 이후
- 🔍 우리나라를 처음으로 유럽에 알린 책 ─────────〈하멜표류기〉
- 🔍 최초로 우리나라의 독립을 언급한 조약 ────────── 카이로 선언
- 🔍 우리나라 최초의 한국형 구축함 ──────────── 광개토대왕함
- 🔍 우리나라 최초 실전배치 잠수함 ──────────── 장보고함
- 🔍 우리나라 최초의 국산 자동차 ────────────── 시발(始發)자동차
- 🔍 우리나라 최초의 순 한글 신문 ─────────────── 독립신문
- 🔍 우리나라 최초로 한글로 창작된 국문소설 ──────〈홍길동전〉

- 🔍 우리나라 최초의 민간 극장 ------------------------- 원각사(圓覺社)
- 🔍 우리나라 최초로 한글이 새겨진 현존 최고의 금석문 ------ 이윤탁 한글 영비
- 🔍 현존하는 세계 최초 금속활자로 인쇄된 책 -------------- 〈직지심체요절〉
- 🔍 세계에서 해가 가장 먼저 뜨는 나라 ------------------ 키리바시공화국
- 🔍 세계 최초 여성 대통령을 배출한 나라 ----------------- 아르헨티나
- 🔍 세계 최초의 영화 ------------------------------- 〈기차의 도착〉
- 🔍 세계 최초의 해양 문명 ---------------------------- 에게 문명
- 🔍 세계 최초의 헌법 ------------------------------- 마그나카르타
- 🔍 세계 최초의 근대적인 조약 ------------------------- 베스트팔렌 조약
- 🔍 최초의 인류 ---------------------------------- 오스트랄로피테쿠스
- 🔍 최초의 인류 우주인 ----------------------------- 유리 가가린
- 🔍 최초로 노벨문학상을 수상한 아시아인 ----------------- 라빈드라나트 타고르
- 🔍 최초의 할리우드 블록버스터 ------------------------ 스티븐 스필버그 〈죠스〉
- 🔍 최초로 사회보험제도를 실시한 나라 ------------------- 독일
- 🔍 최초로 여성에게 참정권을 부여한 나라 ----------------- 뉴질랜드

부록 ■ 필수 암기상식

# 숫자로 외우는 상식

### '3'과 관련된 상식

- **빛의 3원색**  빨강, 초록, 파랑
- **색의 3원색**  빨강, 노랑, 파랑
- **연극의 3요소**  희곡, 배우, 관객
- **희곡의 3요소**  대사, 지문, 해설
- **시의 3요소**  운율, 심상, 주제
- **소설의 3요소**  주제, 구성, 문체
- **소설구성의 3요소**  인물, 사건, 배경
- **문학의 3대 장르**  시, 소설, 수필
- **조선시대 3사**  사간원, 사헌부, 홍문관
- **세계 3대 법전**  〈함무라비 법전〉, 〈로마법 대전〉, 〈나폴레옹 법전〉
- **3대 시민혁명**  영국 명예혁명, 프랑스 대혁명, 미국 독립혁명
- **노동3권**  단결권, 단체교섭권, 단체행동권
- **당3역**  사무총장, 원내대표, 정책위의장
- **정부 3부 요인**  국회의장, 대법원장, 국무총리
- **3대 영양소**  단백질, 지방, 탄수화물
- **세계 3대 유종**  서부텍사스중질유(WTI), 브렌트유, 두바이유
- **뉴턴의 3대 법칙**  관성의 법칙, 작용·반작용의 법칙, 가속도의 법칙
- **송도 3절(松都三絕)**  서경덕, 박연폭포, 황진이
- **임진왜란 3대 대첩**  한산대첩, 행주대첩, 진주대첩
- **중국의 3대 악녀**  한나라 여태후, 당나라 측천무후, 청나라 서태후

- 르네상스 시대 3대 화가  레오나르도 다빈치, 미켈란젤로, 라파엘로
- 세계 3대 광고제  클리오 광고제, 칸 국제 광고제, 뉴욕 페스티벌
- 세계 3대 미항  호주 시드니, 이탈리아 나폴리, 브라질 리우데자네이루
- 철인 3종 경기(트라이애슬론)  수영, 사이클, 마라톤
- 미국 3관(Triple Crown) 경주  켄터키 더비, 프리크니스 스테익스, 벨몬트 스테익스
- 세계 3대 인명사전  마르퀴즈 후즈후(Marquis Whos Who), 미국인명정보기관(ABI), 영국 케임브리지 국제인명센터(IBC)
- 세계 3대 오페라 극장  이탈리아 밀라노 라 스칼라 극장, 미국 뉴욕 메트로폴리탄 오페라 극장, 오스트리아 빈 국립오페라 극장

## '4'와 관련된 상식

- 사신도(四神圖)  청룡, 백호, 주작, 현무
- 세계 4대 종교  기독교, 이슬람교, 불교, 힌두교
- 세계 4대 문명  메소포타미아 문명, 인더스 문명, 황하 문명, 이집트 문명
- 세계 4대 경제블록  EU, NAFTA(현 USMCA), APEC, ASEAN(최근에는 EU, USMCA, RCEP, CPTPP가 꼽히기도 한다)
- 셰익스피어의 4대 비극  〈햄릿〉, 〈리어왕〉, 〈오셀로〉, 〈맥베스〉
- 베이컨의 4대 우상  종족의 우상, 동굴의 우상, 시장의 우상, 극장의 우상
- 세계 4대 뮤지컬  캣츠, 레미제라블, 오페라의 유령, 미스사이공
- 현악 4중주  바이올린 1, 바이올린 2, 비올라, 첼로
- 사물놀이  북, 장구, 징, 꽹과리
- 4대 사화  무오사화, 갑자사화, 기묘사화, 을사사화
- 서울의 4대문  숭례문, 숙정문, 흥인지문, 돈의문
- 맹자의 4단  인(仁), 의(義), 예(禮), 지(知)
- 중국의 4대 미인  서시, 왕소군, 초선, 양귀비
- 중국의 4대 발명품  종이, 화약, 나침반, 인쇄술

- **선거 4대 원칙** 직접선거, 보통선거, 평등선거, 비밀선거
- **4대 보험** 국민연금, 고용보험, 국민건강보험, 산업재해보상보험
- **4P** 제품(Product), 유통경로(Place), 판매촉진(Promotion), 가격(Price)
- **테니스 세계 4대 선수권** 호주 오픈대회, 프랑스 오픈대회(롤랑 카로스), 미국 US 오픈대회, 영국 오픈대회(윔블던 대회)
- **향약 4대 덕목** 덕업상권(德業相勸), 과실상규(過失相規), 예속상교(禮俗相交), 환난상휼(患難相恤)
- **사서(四書)** 〈논어〉, 〈맹자〉, 〈중용〉, 〈대학〉
- **경제 4단체** 전국경제인연합회, 대한상공회의소, 한국무역협회, 중소기업중앙회
- **경제 5단체** 경제 4단체 + 한국경영자총연합회
- **경제 6단체** 경제 5단체 + 은행연합회

## '5'와 관련된 상식

- **5대 사회악(베버리지)** 궁핍, 질병, 나태, 무지, 불결
- **금관 5중주** 트럼펫 1, 트럼펫 2, 호른, 트럼본, 튜바
- **목관 5중주** 플루트, 오보에, 클라리넷, 호른, 바순
- **판소리 5마당** 춘향가, 적벽가, 흥보가, 심청가, 수궁가
- **이슬람교도의 5대 의무** 하지(메카 순례), 샤하다(신앙고백), 살라트(기도), 자카트(자선), 사움(단식)
- **세속오계(世俗五戒)** 사군이충(事君以忠), 사친이효(事親以孝), 교우이신(交友以信), 임전무퇴(臨戰無退), 살생유택(殺生有擇)
- **오장(五臟)** 간장, 심장, 비장, 폐장, 신장
- **육부(六腑)** 대장, 소장, 쓸개, 위, 삼초, 방광
- **십장생(十長生)** 해, 산, 물, 돌, 달(구름), 소나무, 불로초, 거북, 학, 사슴
- **오경(五經)** 〈주역〉, 〈서경〉, 〈시경〉, 〈예기〉, 〈춘추〉

# 우리말 어휘

### 바람과 관련한 순우리말

- **갈마바람**  뱃사람들이 서남풍을 이르는 말
- **건들바람**  초가을에 선들선들 부는 바람
- **고추바람**  살을 에는 듯 매섭게 부는 차가운 바람
- **높새바람**  뱃사람들이 북동풍을 이르는 말
- **높하늬바람**  뱃사람들이 서북풍을 이르는 말
- **된마파람**  뱃사람들이 동남풍을 이르는 말
- **된바람**  북쪽 바람, 덴바람, 호풍, 삭풍
- **마파람**  남쪽 바람, 여름바람이나 가을바람
- **살바람**  좁은 틈으로 새어 들어오는 찬바람, 초봄에 부는 찬바람
- **색바람**  이른 가을에 부는 선선한 바람
- **샛바람**  동쪽 바람, 봄바람
- **소소리바람**  이른 봄의 맵고 스산한 바람
- **왜(倭)바람**  방향이 없이 이리저리 함부로 부는 바람
- **피죽바람**  모낼 무렵 오래 계속해 부는 아침 동풍과 저녁 서북풍을 이르는 말
- **하늬바람**  서쪽 바람, 여름바람이나 가을바람

### 비와 관련한 순우리말

- **개부심** 장마로 큰물이 난 뒤, 한동안 쉬었다가 다시 퍼붓는 비
- **건들장마** 초가을에 비가 오다가 금방 개고 또 비가 오다가 다시 개고 하는 장마
- **그믐치** 그믐 무렵에 오는 비
- **는개** 안개보다 조금 굵고 이슬비보다는 가는 비, 연우(煉雨)
- **먼지잼** 겨우 먼지나 날리지 않을 정도로 비가 조금 옴
- **목비** 모낼 무렵에 한목 오는 비
- **억수** 엄청나게 퍼붓는 비
- **여우비** 볕이 나 있는데 잠깐 오다가 그치는 비
- **웃비** 한창 내리다가 잠시 그친 비
- **작달비** 장대비, 좍좍 퍼붓는 비

### 눈과 관련한 순우리말

- **길눈** 한 길이 될 만큼 많이 쌓인 눈
- **누리** 우박
- **도둑눈** 밤사이에 사람들 모르게 내린 눈
- **마른눈** 비가 섞이지 않고 내리는 눈
- **숫눈** 눈이 와서 쌓인 상태 그대로의 깨끗한 눈
- **자국눈** 겨우 발자국이 날 만큼 적게 내린 눈
- **진눈깨비** 비가 섞여 내리는 눈

### 안개, 서리와 관련한 순우리말

- **무서리** 늦가을에 처음 내리는 묽은 서리
- **상고대** 나무나 풀에 내려 눈처럼 된 서리
- **서리꽃** 유리창 따위에 서린 김이 얼어서 꽃처럼 엉긴 무늬

- **성에가시** 성에의 뾰족뾰족한 것을 가시에 비유하여 이르는 말
- **해미** 바다 위에 낀 아주 짙은 안개

## 길과 관련한 순우리말

- **고샅길** 시골 마을의 좁은 골목길 또는 골목 사이
- **길섶** 길의 가장자리, 흔히 풀이 나 있는 곳
- **낭길** 낭떠러지를 끼고 난 길
- **모롱이** 산모퉁이의 휘어 둘린 곳
- **자드락길** 나지막한 산기슭의 비탈진 땅에 난 좁은 길
- **조롱목** 조롱 모양처럼 된 길목

## 단위와 관련한 순우리말

- **갓** 조기, 굴비 따위의 해산물은 10마리, 나물 종류는 10모숨을 한 줄로 엮은 것
- **강다리** 장작 100개비
- **고리** 소주 10사발
- **거리** 오이나 가지 따위의 50개
- **님** 바느질에 쓰는 토막 친 실을 세는 단위
- **닢** 납작한 물건을 세는 단위로 흔히 돈이나 가마니, 멍석 따위를 셀 때 쓴다.
- **단** 짚, 땔나무, 채소 따위의 묶음을 세는 단위
- **달포** 한 달 쯤, 삭여(朔餘)
- **담불** 벼 100섬
- **두름** 조기, 청어 따위를 10마리씩 두 줄로 묶은 20마리
- **마지기** 논 200평~300평, 밭 100평(씨앗을 한 말 정도 뿌릴 넓이)
- **마장** 오 리나 십 리(4km)가 못 되는 거리의 단위
- **매** 종이나 널빤지 따위를 세는 단위, 열매를 세는 단위, 젓가락 한 쌍
- **모** 모시실을 묶어 세는 단위, 한 모는 모시실 열 올

- **모숨** 한 줌 안에 들어올 만한 분량의 길고 가느다란 물건
- **뭇** 채소, 짚, 잎나무, 장작의 작은 묶음
- **발** 두 팔을 양옆으로 펴서 벌렸을 때 한쪽 손끝에서 다른 쪽 손끝까지의 길이
- **사리** 국수, 새끼, 실 따위의 뭉치를 세는 단위
- **새** 피륙의 날을 세는 단위로 한 새는 날실 여든 올이다.
- **섬** 부피의 단위. 곡식, 가루, 액체 따위의 부피(한 섬 = 약 180리터)
- **손** 한 손에 잡을 만한 분량을 세는 단위. 조기, 고등어, 배추 따위 한 손은 큰 것 하나와 작은 것 하나를 합한 것을 이르고, 미나리나 파 따위 한 손은 한 줌 분량을 이른다.
- **쌈** 바늘 24개
- **연** 종이 500장
- **우리** 기와 2,000장
- **자밤** 나물이나 양념 따위를 손가락 끝으로 집을 만한 분량을 세는 단위
- **접** 사과, 배 등 과일이나 무, 배추 등의 채소 100개
- **제** 한약의 분량을 나타내는 단위. 스무 첩
- **죽** 옷, 신, 그릇 따위의 10개
- **첩** 약봉지에 싼 약의 뭉치를 세는 단위
- **축** 오징어 20마리
- **쾌** 북어 20마리
- **토리** 실을 감은 뭉치 또는 그 단위
- **톳** 김 100장
- **필(匹)** 말이나 소를 세는 단위
- **필(疋)** 일정한 길이로 말아놓은 피륙을 세는 단위
- **한겻** 하루의 4분의 1인 6시간. 반나절
- **해포** 1년쯤

# 유의 · 반의 관계 한자어

부록 ■ 필수 암기상식

### 유의어

- 架空(가공)    虛構(허구)    사실이 아니고 상상으로 지어낸 일
- 間歇(간헐)    散發(산발)    일정한 시간 간격을 두고 되풀이 됨
- 堅持(견지)    固守(고수)    굳게 지님, 굳게 지킴
- 故國(고국)    祖國(조국)    조상 때부터 살던 나라
- 貢獻(공헌)    寄與(기여)    이바지함
- 匡正(광정)    廓正(확정)    잘못된 일이나 부정 따위를 바로잡음
- 九泉(구천)    黃泉(황천)    저승세계
- 龜鑑(귀감)    師表(사표)    거울로 삼아 본받을 만한 것
- 克明(극명)    闡明(천명)    주의나 주장을 똑똑히 밝힘
- 矜恤(긍휼)    憐憫(연민)    불쌍히 여김
- 懶惰(나타)    怠慢(태만)    느리고 게으름
- 斗護(두호)    庇護(비호)    두둔하여 편들고 보호함
- 連綿(연면)    綿綿(면면)    쭉 이어져 옴
- 虛頭(허두)    序頭(서두)    서두. 첫 부분
- 市井(시정)    閭閻(여염)    사람이 모여 사는 곳
- 軋轢(알력)    圭角(규각)    불화. 서로 사이가 벌어져 다투는 일
- 陸梁(육량)    跋扈(발호)    제멋대로 날뜀
- 湮滅(인멸)    烏有(오유)    흔적도 없이 사라짐
- 精髓(정수)    精華(정화)    가장 중요한 곳
- 桎梏(질곡)    束縛(속박)    자유를 구속당하고 억압당함
- 質朴(질박)    素朴(소박)    꾸민 데가 없이 수수함
- 刹那(찰나)    片刻(편각)    극히 짧은 시간

- 擅斷(천단)　　獨斷(독단)　　　제 마음대로 처단함
- 天賦(천부)　　天稟(천품)　　　선천적으로 타고남
- 逐鹿(축록)　　角逐(각축)　　　정권이나 지위를 얻으려고 서로 다툼
- 快差(쾌차)　　快癒(쾌유)　　　병이 완전히 나음
- 品階(품계)　　品位(품위)　　　직품과 직위
- 喜捨(희사)　　快擲(쾌척)　　　내놓음
- 蓋然性(개연성)　可能性(가능성)　현실에 있음직한 것
- 破天荒(파천황)　未曾有(미증유)　아무도 한 적이 없는 일을 처음 시작함

## 상대어

- 架空(가공)　　實在(실재)　　　減少(감소)　　增加(증가)
- 感情(감정)　　理性(이성)　　　蓋然(개연)　　必然(필연)
- 拒否(거부)　　容納(용납)　　　輕薄(경박)　　重厚(중후)
- 共鳴(공명)　　反駁(반박)　　　曇天(담천)　　晴天(청천)
- 灌木(관목)　　喬木(교목)　　　綿延(면연)　　間歇(간헐)
- 歸納(귀납)　　演繹(연역)　　　保守(보수)　　革新(혁신)
- 君子(군자)　　小人(소인)　　　扶桑(부상)　　咸池(함지)
- 貧寒(빈한)　　富裕(부유)　　　非番(비번)　　當番(당번)
- 永劫(영겁)　　刹那(찰나)　　　奢侈(사치)　　儉素(검소)
- 稱頌(칭송)　　詰責(힐책)　　　榮轉(영전)　　左遷(좌천)
- 橫斷(횡단)　　縱斷(종단)　　　厚待(후대)　　薄待(박대)
- 抽象的(추상적)　具體的(구체적)　斬新(참신)　　陳腐(진부)
- 退嬰的(퇴영적)　進取的(진취적)　緻密(치밀)　　疏略(소략)
- 高踏的(고답적)　世俗的(세속적)　內包(내포)　　外延(외연)
- 樂天的(낙천적)　厭世的(염세적)　敷衍(부연)　　省略(생략)
- 一般化(일반화)　特殊化(특수화)　人工(인공)　　自然(자연)
- 專制主義(전제주의)　民主主義(민주주의)

# 한자성어

## [ㄱ]

- **가가호호(家家戶戶)** 각 집과 각 호(戶)마다, 집집마다
- **가담항설(街談巷說)** 길거리에 떠도는 소문, 세상의 풍문(風聞)
- **가렴주구(苛斂誅求)** 세금을 가혹하게 거둬들여 국민을 괴롭힘 = 가정맹어호(苛政猛於虎)
- **가인박명(佳人薄命)** 아름다운 여자는 기박(奇薄)한 운명(運命)을 타고남
- **가정맹어호(苛政猛於虎)** 가혹하게 세금을 뜯어가는 정치는 호랑이에게 잡아먹히는 고통보다 더 무서움 = 가렴주구(苛斂誅求)
- **각골난망(刻骨難忘)** 뼛속에 새겨 두고 잊지 않는다는 뜻으로, 남에게 입은 은혜가 마음속 깊이 새겨져 잊히지 아니함
- **각주구검(刻舟求劍)** 배를 타고 가다가 강물에 칼을 빠뜨리자 칼이 떨어진 곳을 배에 새기고 나루에 이르러 칼을 찾았다는 고사로서, 어리석고 융통성이 없음을 말함
- **간담상조(肝膽相照)** 마음과 마음을 서로 비춰볼 정도로 마음을 터놓고 사귀는 것을 말함[산남(肝膽)은 산과 쓸개로 마음을 의미]
- **감언이설(甘言利說)** 남의 비위에 맞도록 꾸민 달콤한 말
- **감불생심(敢不生心)** 감히 생각도 못함 = 감불생의(敢不生意)
- **감탄고토(甘呑苦吐)** 달면 삼키고 쓰면 뱉는다는 뜻으로, 사리(事理)의 옳고 그름을 따지지 않고 자기 비위에 맞으면 좋아하고, 맞지 않으면 싫어한다는 말
- **갑남을녀(甲男乙女)** 갑(甲)이란 남자와 을(乙)이란 여자라는 뜻으로, 평범한 사람을 말함
- **갑론을박(甲論乙駁)** 서로 논박(論駁)함

- 강구연월(康衢煙月)  번화한 거리의 안개 낀 흐릿한 달이란 뜻으로, 태평한 시대의 평화로운 풍경 = 태평연월(太平烟月), 함포고복(含哺鼓腹), 고복격양(鼓腹擊壤)
- 개과천선(改過遷善)  허물을 고치고 착하게 됨
- 개세지재(蓋世之才)  세상을 뒤덮을 만한 재주, 또는 그러한 재주를 가진 사람
- 객반위주(客反爲主)  손이 도리어 주인이 됨 = 주객전도(主客顚倒)
- 거두절미(去頭截尾)  머리와 꼬리를 자르듯, 원인과 결과를 빼고 요점만 말함
- 거안사위(居安思危)  편안히 살 때 위태로움을 생각함
- 건곤일척(乾坤一擲)  운명과 흥망을 걸고 단판으로 승부나 성패를 겨룸. 또는 오직 한 번에 흥망성쇠가 걸려있는 일
- 격물치지(格物致知)  사물의 이치(理致)를 연구하여 자기의 지식을 확고하게 함
- 격세지감(隔世之感)  세대(世代)를 거른 듯이 몹시 달라진 느낌
- 격화소양(隔靴搔痒)  신을 신고 발바닥을 긁는다는 뜻으로, 일이 성에 차지 않는 것, 또는 일이 철저하지 못한 것을 가리킴
- 견강부회(牽强附會)  이치에 닿지 않는 것을 억지로 끌어다 붙임
- 견마지로(犬馬之勞)  '견마'는 '자기'의 겸칭(謙稱)이며, 자기의 수고를 겸손하게 이르는 말
- 견문발검(見蚊拔劍)  모기를 보고 칼을 뺀다는 뜻으로, 조그만 일에 허둥지둥 덤빔
- 결자해지(結者解之)  맺은 사람이 풀어야 한다는 뜻으로, 저지른 일은 스스로 해결해야 함
- 결초보은(結草報恩)  죽어서라도 은혜를 갚는다는 뜻
- 겸양지덕(謙讓之德)  겸손(謙遜)하고 사양(辭讓)하는 미덕
- 경거망동(輕擧妄動)  경솔하고 망령된 행동
- 경국지색(傾國之色)  위정자의 마음을 사로잡아 한 나라의 형세를 기울게 할 만큼 뛰어나게 아름다운 미인
- 경천동지(驚天動地)  하늘을 놀라게 하고 땅을 뒤흔든다는 뜻으로, 세상을 몹시 놀라게 함을 말함

- 계명구도(鷄鳴狗盜) 작은 재주가 뜻밖에 큰 구실을 한다는 뜻으로 사대부가 취하지 아니하는 천한 기예(技藝)를 가진 사람을 비유하기도 함. 제(齊)나라의 맹상군(孟嘗君)이 개 흉내를 내는 식객의 도움으로 여우 가죽옷을 훔쳐서 위기를 모면하고, 닭 우는 소리를 흉내 내는 식객의 도움으로 관문(關門)을 무사히 통과한 고사에서 유래한 말
- 고군분투(孤軍奮鬪) 외로운 군력(軍力)으로 분발하여 싸운다는 뜻으로, 홀로 여럿을 상대로 하여 싸우는 것을 말함
- 고립무원(孤立無援) 고립되어 구원받을 데가 없음 = 고립무의(孤立無依)
- 고식지계(姑息之計) 고식(姑息)은 아내와 자기 자식을 뜻하며, 당장의 편안함만을 꾀하는 임시적인 방편을 말함
- 고육지책(苦肉之策) 적을 속이는 수단의 일종으로, 제 몸을 괴롭히는 것을 돌보지 않고 쓰는 계책
- 곡학아세(曲學阿世) 학문을 왜곡하여 세속(世俗)에 아부(阿附)함
- 골육상쟁(骨肉相爭) 뼈와 살이 서로 싸운다는 뜻으로, 동족이나 친족끼리 싸우는 것을 비유함 = 골육상잔(骨肉相殘), 골육상전(骨肉相戰)
- 과유불급(過猶不及) 정도가 지나친 것은 오히려 모자란 것만 못하다는 뜻으로, 중용(中庸)을 강조한 말
- 과전이하(瓜田李下) 과전불납리 이하부정관(瓜田不納履李下不整冠 : 오이밭에서는 신을 고쳐 신지 않고, 자두나무 밑에서는 갓을 고쳐 쓰지 않는다)의 준말로서, 의심받을 일은 하지 말라는 뜻
- 관포지교(管鮑之交) 춘추시대 제(齊)나라의 관중(管仲)과 포숙(鮑叔)이 매우 사이좋게 교제하였다는 고사에서 유래한 말로 매우 다정하고 허물없는 교제를 말함
- 괄목상대(刮目相對) 눈을 비비고 상대를 대한다는 뜻으로, 남의 학식이나 재주가 급성장한 것을 보고 그에 대한 인식을 새롭게 함을 비유함
- 교각살우(矯角殺牛) 소의 뿔을 바로잡으려다 소를 죽인다는 뜻으로, 사소한 일로 인해 큰일을 그르침
- 교언영색(巧言令色) 남의 환심을 사려고 아첨하는 교묘한 말과 보기 좋게 꾸미는 얼굴빛
- 구곡간장(九曲肝腸) 깊은 마음속 또는 시름이 쌓인 마음속

- 구밀복검(口蜜腹劍) 입으로는 달콤한 말을 하지만 마음속으로는 칼을 품는다는 뜻으로, 겉으로는 친절한 듯하나 해칠 생각을 품는 것
- 구사일생(九死一生) 거의 죽을 뻔하다가 겨우 살아남
- 구상유취(口尙乳臭) 입에서 아직 젖내가 난다는 뜻으로, 언행이 매우 유치함
- 구우일모(九牛一毛) 아홉 마리 소의 털 가운데서 한 가닥의 털, 즉 아주 큰 사물의 극히 작은 부분을 뜻함
- 구절양장(九折羊腸) 아홉 번 꺾인 양의 창자란 뜻으로, 꼬불꼬불하고 험한 산길
- 군계일학(群鷄一鶴) 많은 닭 가운데 한 마리의 학이라는 뜻으로, 평범한 사람들 가운데 뛰어난 한 인물을 말함
- 군맹무상(群盲撫象) 여러 맹인이 코끼리를 어루만진다는 뜻으로 모든 사물을 자기 주관대로 그릇되게 판단하거나 일부밖에 파악하지 못하여 일을 망친다는 말
- 군신유의(君臣有義) 오륜(五倫)의 하나로, 임금과 신하에게는 의(義)가 있어야 한다는 말
- 군위신강(君爲臣綱) 삼강(三綱)의 하나로, 임금은 신하의 모범이 되어야 한다는 말
- 궁여지책(窮餘之策) 매우 궁한 나머지 짜낸 계책
- 권모술수(權謀術數) 목적 달성을 위해서 인정(人情)이나 도덕을 가리지 않고 권세와 모략, 중상 등 갖은 방법과 수단을 쓰는 술책
- 권불십년(權不十年) 아무리 높은 권세도 십 년을 가지 못한다는 말
- 권토중래(捲土重來) 흙먼지를 날리며 다시 온다는 뜻으로, 한 번 패한 세력을 회복해 전력을 다하여 다시 쳐들어옴을 말함
- 근묵자흑(近墨者黑) 먹을 가까이하는 사람은 검게 된다는 뜻으로, 나쁜 사람을 가까이하면 그 버릇에 물들기 쉽다는 말 = 근주자적(近朱者赤)
- 금과옥조(金科玉條) 금옥(金玉)과 같이 몹시 귀중한 법칙이나 규정
- 금란지계(金蘭之契) 다정한 친구 사이의 정의(情誼), 금란(金蘭)은 주역(周易)의 '二人同心 其利斷金 同心之言其臭如蘭(두 사람이 마음이 같으면 그 예리함이 쇠를 끊고, 마음이 같은 말은 그 향기가 난초와 같다)'에서 유래한 말
- 금상첨화(錦上添花) 비단 위에다 꽃을 얹는다는 뜻으로, 좋은 일이 겹침 ⇔ 설상가상(雪上加霜)

- 금석맹약(金石盟約) 쇠나 돌 같은 굳은 약속 = 금석지계(金石之契)
- 금의환향(錦衣還鄕) 비단옷을 입고 고향으로 돌아온다는 뜻, 출세하여 고향에 돌아옴
- 기호지세(騎虎之勢) 범을 타고 달리듯이 중도에 그만둘 수 없는 형세를 말함

## [ㄴ]

- 낙화유수(落花流水) 떨어지는 꽃과 물 흐르는 봄의 경치, 또는 영락(零落)한 상황
- 난공불락(難攻不落) 공격하기가 어려워 함락되지 않음
- 난형난제(難兄難弟) 누가 형이고 아우인지 분간하기 어렵다는 뜻으로, 사물 사이의 우열을 가리기 어려움
- 남가일몽(南柯一夢) 인생의 부귀영화가 모두 헛된 것임을 비유하여 이르는 말
- 남부여대(男負女戴) 남자는 등에 지고 여자는 머리에 인다는 뜻으로, 가난한 사람들이 떠돌아다니면서 사는 것을 말함
- 낭중지추(囊中之錐) 주머니 속에 든 송곳은 끝이 뾰족하여 밖으로 나온다는 뜻으로, 뛰어난 재주를 가진 사람은 숨기려 해도 저절로 드러난다는 뜻
- 내우외환(內憂外患) 나라 안팎의 근심 걱정
- 내유외강(內柔外剛) 겉으로는 강하게 보이나 속은 부드러움
- 노기충천(怒氣衝天) 성난 기색이 하늘을 찌를 정도라는 뜻으로, 잔뜩 화가 나있음을 말함
- 노심초사(勞心焦思) 마음으로 애를 쓰며 속을 태움
- 녹의홍상(綠衣紅裳) 연두저고리에 다홍치마, 즉 젊은 여자가 곱게 치장한 복색(服色)
- 논공행상(論功行賞) 공의 있고 없음, 작고 큼을 논해 그에 걸맞은 상을 줌
- 누란지세(累卵之勢) 달걀을 포개어 놓은 것과 같이 몹시 위태로운 형세를 뜻함 = 여리박빙(如履薄氷), 백척간두(百尺竿頭), 풍전등화(風前燈火), 초미지급(焦眉之急)

## [ㄷ]

- **다기망양(多岐亡羊)** 학문의 길이 여러 갈래여서 진리를 찾기 어려움
- **다다익선(多多益善)** 많을수록 더욱 좋음
- **단도직입(單刀直入)** 혼자서 칼 한 자루를 들고 적진(敵陣)에 쳐들어간다는 뜻으로, 문장·언론 등에서 요점을 바로 말하여 들어감을 말함
- **대기만성(大器晚成)** 큰 솥이나 큰 종 같은 것을 주조(鑄造)하는 데는 시간이 오래 걸리듯이, 크게 될 사람은 늦게 이루어진다는 말
- **대동소이(大同小異)** 거의 같고 조금 다름. 곧, 다른 점보다는 같은 점이 많음
- **도불습유(道不拾遺)** 나라가 태평하고 풍습이 아름다워 백성이 길에 떨어진 물건을 주워 가지지 아니함
- **도원결의(桃園結義)** 유비, 관우, 장비가 도원에서 의형제를 맺은 고사에서 유래한 말로서, 의형제를 맺거나 사욕을 버리고 공동의 목적을 위하여 합심함을 뜻함
- **독서삼매(讀書三昧)** 오직 책 읽기에만 골몰하는 일
- **독야청청(獨也靑靑)** 홀로 푸르다는 뜻으로, 혼탁한 세상에서 홀로 높은 절개를 지킴
- **동고동락(同苦同樂)** 괴로움과 즐거움을 함께 함
- **동문서답(東問西答)** 동쪽을 묻는데 서쪽을 대답한다는 뜻으로, 묻는 말에 대하여 아주 딴판의 소리로 대답함
- **동병상련(同病相憐)** 같은 병을 앓는 사람끼리 서로 가엾게 여긴다는 뜻으로, 처지가 비슷한 사람끼리 서로 동정함을 말함
- **동분서주(東奔西走)** 사방으로 이리저리 바삐 돌아다님
- **동상이몽(同床異夢)** 같은 잠자리에서 다른 꿈을 꾼다는 뜻으로, 같은 처지에 있으면서도 목표가 저마다 다름
- **동족방뇨(凍足放尿)** 언 발에 오줌을 누어서 녹인다는 뜻으로, 다급한 처지를 일시적으로 모면하나 상황을 도리어 더 악화시킨다는 말
- **두문불출(杜門不出)** 세상과의 인연을 끊고 은거함

## [ㅁ]

- **마이동풍(馬耳東風)** 동풍(봄바람)이 말의 귀에 스쳐 간다는 뜻으로, 남의 말을 귀담아 듣지 아니하고 지나쳐 흘려버림을 말함
- **막역지우(莫逆之友)** 서로의 뜻을 거스르지 않는 친한 벗 = 죽마고우(竹馬故友)
- **만경창파(萬頃蒼波)** 만 이랑의 푸른 물결, 한없이 넓고 푸른 바다를 말함
- **만시지탄(晚時之歎)** 때늦은 한탄(恨歎)
- **망년지교(忘年之交)** 나이를 잊고 사귄다는 뜻으로, 나이를 따지지 않고 교제하는 것
- **망양지탄(亡羊之歎)** 여러 갈래 길에서 양을 잃고 탄식한다는 뜻으로, 학문의 길이 여러 갈래라 방향을 잡기 어려움(자신의 학문의 폭이 좁음을 탄식하는 말로도 쓰임)
- **망운지정(望雲之情)** 타향에서 부모가 계신 쪽의 구름을 바라보고 부모를 그리워함
- **맥수지탄(麥秀之嘆)** 무성하게 자라는 보리를 보고 하는 탄식이라는 뜻으로, 고국의 멸망에 대한 탄식을 이르는 말
- **면종복배(面從腹背)** 얼굴 앞에서는 복종하고 마음속으로는 배반한다는 뜻 = 양봉음위(陽奉陰違)
- **명경지수(明鏡止水)** 맑은 거울과 조용히 멈춰 있는 물처럼 고요하고 잔잔한 마음
- **명약관화(明若觀火)** 밝기가 불을 보는 것과 같이 매우 명백하게 알 수 있음
- **목불인견(目不忍見)** 눈으로 차마 보지 못할 광경이나 참상
- **무릉도원(武陵桃源)** 속세를 떠난 별천지(別天地)
- **무소불위(無所不爲)** 못하는 것이 없음, 권세를 마음대로 부리는 사람이나 그런 경우를 말함
- **문경지교(刎頸之交)** 목이 달아나는 한이 있어도 마음이 변치 않을 만큼 친한 사이
- **문일지십(聞一知十)** 하나를 들으면 열을 앎
- **문전성시(門前成市)** 대문 앞이 시장을 이룬다는 뜻으로, 세도가나 부잣집 문앞이 방문객으로 시장을 이루다시피 함을 이르는 말 = 문정약시(門庭若市)

## [ㅂ]

- 반계곡경(盤溪曲徑)   서려 있는 계곡과 구불구불한 길이라는 뜻으로, 일을 순서대로 정당하게 하지 않고 그릇된 수단을 써서 억지로 함
- 발본색원(拔本塞源)   근본을 뽑고 근원을 막아 버린다는 뜻으로, 근본적인 차원에서 그 폐단을 없애 버림
- 배수지진(背水之陣)   물러설 수 없도록 물을 등지고 적을 치는 전법의 하나로서, 목숨을 걸고 싸우는 경우를 비유적으로 표현
- 방약무인(傍若無人)   곁에 사람이 없는 것 같이 여긴다는 뜻으로, 주위의 다른 사람을 전혀 의식하지 않은 채 제멋대로 마구 행동함을 이르는 말
- 백면서생(白面書生)   방안에 앉아 오로지 글만 읽어 얼굴이 희다는 뜻으로, 세상일에 경험이 적은 사람을 이르는 말
- 백문불여일견(百聞不如一見)   백 번 듣는 것이 한 번 보는 것만 못하다는 뜻으로, 무엇이든지 경험해야 확실히 알 수 있다는 말
- 백미(白眉)   여럿 중에 가장 뛰어난 사람이나 사물
- 백아절현(伯牙絕鉉)   백아(伯牙)가 친구의 죽음을 슬퍼하여 거문고 줄을 끊었다는 고사에서 유래한 말로서, 참다운 벗의 죽음을 이르는 말
- 백중지세(伯仲之勢)   우열의 차이가 없이 서로 엇비슷함을 이르는 말
- 부화뇌동(附和雷同)   우레(천둥) 소리에 맞춰 함께 한다는 뜻으로, 자신의 소신 없이 남이 하는 대로 따라함
- 분서갱유(焚書坑儒)   중국 진시황이 학자들의 정치적 비판을 금하기 위하여 책을 불사르고 유생을 구덩이에 매장해 죽인 사건, 언론 탄압을 비유함
- 불구대천(不俱戴天)   세상에서 같이 살 수 없을 만큼 큰 원한
- 비육지탄(脾肉之歎)   장수가 전쟁에 나가지 못하여 넓적다리에 살이 찌는 것을 한탄한다는 뜻으로, 뜻을 펴보지 못하고 허송세월함

## [ㅅ]

- **사고무친(四顧無親)** 사방을 둘러보아도 친척이 없다는 뜻으로, 의지할 사람이 없음
- **사면초가(四面楚歌)** 사방에서 들리는 초(楚)나라의 노래라는 뜻으로, 적에게 둘러싸인 상태이나 누구의 도움도 받을 수 없는 처지를 당함
- **사상누각(沙上樓閣)** 모래 위의 누각이라는 뜻으로, 오래 유지되지 못할 일이나 실현 불가능한 일을 말함
- **산해진미(山海珍味)** 산과 바다의 산물(産物)을 다 갖추어 아주 잘 차린 진귀한 음식이란 뜻으로, 온갖 귀한 재료로 만든 맛좋은 음식
- **살신성인(殺身成仁)** 자신을 희생해 인(仁)을 이루거나 옳은 도리를 행함
- **삼고초려(三顧草廬)** 중국의 삼국 시대에 촉한(蜀漢)의 유비(劉備)가 남양(南陽) 융중(隆中) 땅에 있는 제갈량(諸葛亮)의 초가집을 세 번이나 찾아가 자신의 큰 뜻을 말하고 그를 초빙하여 군사로 삼은 고사에서 유래한 말로서, 인재를 얻기 위해 참을성 있게 힘쓰는 것을 말함
- **삼인성호(三人成虎)** 세 사람이 범을 만들어 낸다는 뜻으로, 근거가 없는 말이라도 여러 사람이 말하면 사실이라고 믿게 된다는 말
- **상전벽해(桑田碧海)** 뽕나무 밭이 변하여 푸른 바다가 된다는 뜻으로, 세상의 일이 덧없이 빠르게 변하는 것을 말함
- **새옹지마(塞翁之馬)** 변방에 사는 한 노인이 기르는 말이 도망가고 준마(駿馬)를 데리고 돌아왔는데, 그 아들이 말을 타다가 떨어져 절름발이가 되었고 그로 말미암아 징병(徵兵)을 면하여 다른 사람처럼 전사(戰死)하지 않고 살아났다는 고사에서 유래한 말로서, 인생의 길흉화복(吉凶禍福)은 예측할 수 없다는 말 = 새옹득실(塞翁得失)
- **생자필멸(生者必滅)** 불교 용어로, 생명이 있는 것은 반드시 죽는다는 말
- **설상가상(雪上加霜)** 눈 위에 서리가 내린다는 뜻으로, 불행한 일이 거듭해 생김
- **소탐대실(小貪大失)** 욕심을 부려 작은 것을 탐하다가 큰 것을 잃음
- **속수무책(束手無策)** 손을 묶어 놓아 방책(方策)이 없다는 뜻으로, 손을 묶은 듯이 꼼짝할 수 없음을 말함

- 송구영신(送舊迎新) 묵은해를 보내고 새해를 맞이함
- 수구초심(首丘初心) 여우가 죽을 때 머리를 자기가 살던 굴로 향한다는 뜻으로서, 고향을 그리워하는 마음을 일컬음 = 호사수구(狐死首丘)
- 수불석권(手不釋卷) 손에서 책을 놓지 않는다는 뜻
- 수어지교(水魚之交) 물과 고기의 사이처럼 떨어질 수 없는 특별한 친분 = 수어지친(水魚之親)
- 수주대토(守株待兎) 송(宋)나라의 한 농부가 나무 그루터기에 토끼가 부딪쳐 죽는 것을 보고 그루터기를 지키면서 토끼를 기다렸다는 고사에서 유래한 말로, 구습(舊習)을 고수한 채 변통할 줄 모르는 어리석음을 비유함 = 각주구검(刻舟求劍)
- 순망치한(脣亡齒寒) 입술을 잃으면 이가 시리다는 뜻으로, 서로 도우며 떨어질 수 없는 밀접한 관계, 서로 도움으로써 성립되는 관계 등을 비유하여 이르는 말 = 순치지세(脣齒之勢)
- 시시비비(是是非非) 옳고 그름을 가리어 밝힘
- 식자우환(識字憂患) 글자를 아는 것이 도리어 근심을 사게 된다는 뜻으로, 똑바로 잘 알고 있지 못하기 때문에 그 지식이 오히려 걱정거리가 됨, 차라리 모르는 편이 나을 때 등을 말함
- 신상필벌(信賞必罰) 상벌(賞罰)을 공정하고 엄중히 하는 일
- 실사구시(實事求是) 실제의 일에서 진리를 추구하고 사실에 의거하여 진리를 탐구하는 것
- 십시일반(十匙一飯) 열 사람이 한 술씩 보태면 한 사람 먹을 분량이 된다는 뜻으로, 여러 사람이 힘을 합하면 한 사람을 구제하기는 쉽다는 말
- 십중팔구(十中八九) 열이면 그 중 여덟이나 아홉은 그러함 = 십상팔구(十常八九)

## [ㅇ]

- **아비규환(阿鼻叫喚)** 불교 용어로, 뜻하지 않은 사고가 발생하여 많은 사람이 괴로움을 당하여 울부짖는 참상
- **아전인수(我田引水)** 내 논에 물을 끌어들인다는 뜻, 자기의 이익만을 추구함
- **악전고투(惡戰苦鬪)** 어려운 싸움과 괴로운 다툼이라는 뜻으로, 죽을힘을 다하여 고되게 싸움
- **안거위사(安居危思)** 편안한 때에도 위험이 닥칠 것을 잊지 말고 대비하라는 말
- **안중지정(眼中之釘)** 눈에 박힌 못이라는 뜻으로, 나에게 해를 끼치는 사람, 미워서 항상 눈에 거슬리는 사람을 말함
- **안하무인(眼下無人)** 눈 아래 사람이 없다는 뜻으로, 교만하여 남을 업신여긴다는 뜻
- **암중모색(暗中摸索)** 어둠 속에서 손으로 더듬어 찾는다는 뜻으로, 어림짐작으로 추측함
- **양두구육(羊頭狗肉)** 양 머리를 걸어놓고 개고기를 판다는 뜻으로, 겉으로는 훌륭하다고 내세우나 속은 변변찮음
- **양상군자(梁上君子)** 대들보 위의 군자라는 뜻으로, 도둑이나 천장 위의 쥐를 비유함
- **양약고구(良藥苦口)** 좋은 약은 입에 씀, 충언은 귀에는 거슬리나 자신에게 이로움
- **어부지리(漁父之利)** 두 사람이 이해관계로 다투는 사이에 제3자가 이득을 얻음
- **어불성설(語不成說)** 말이 사리에 맞지 않음
- **언어도단(言語道斷)** 말문이 막힘. 너무 어이없어서 말하려고 해도 말할 수 없음
- **언중유골(言中有骨)** 보통의 예사로운 말 속에 단단한 속뜻이 들어 있다는 말
- **엄동설한(嚴冬雪寒)** 눈이 오고 몹시 추운 한겨울
- **역지사지(易地思之)** 처지를 바꿔놓고 생각함
- **연목구어(緣木求魚)** 나무에 올라 물고기를 구하듯 불가능한 일을 하려고 한다는 뜻으로 목적이나 수단이 일치하지 않아 성공이 불가능하다는 말, 또는 허술한 계책으로 큰일을 도모함
- **오리무중(五里霧中)** 짙은 안개가 5리(2km)나 끼어 있어 방향을 알 수 없음과 같이, 무슨 일에 대해 알 길이 없음

- 오월동주(吳越同舟) 오나라 사람과 월나라 사람이 한 배를 탄다는 뜻으로, 어려운 상황에서는 원수라도 협력하게 된다는 뜻. 또는 사이가 나쁜 사람끼리 같은 장소와 처지에 놓인다는 뜻
- 온고지신(溫故之新) 옛것을 익히고 그것으로 미루어 새것을 안다는 뜻
- 와신상담(臥薪嘗膽) 섶 위에 누워 쓸개를 맛본다는 뜻으로, 원수를 갚으려고 괴로움을 견딤
- 요산요수(樂山樂水) 지혜로운 사람은 물을 좋아하고, 어진 사람은 산을 좋아한다는 뜻
- 용두사미(龍頭蛇尾) 용의 머리에 뱀의 꼬리라는 말로, 시작은 거창했지만 결국엔 보잘 것 없이 흐지부지 끝남
- 우공이산(愚公移山) 우공이 산을 옮긴다는 뜻으로, 남들은 어리석게 여기나 한 가지 일을 꾸준히 하면 목적을 달성할 수 있음
- 우도할계(牛刀割鷄) 소 잡는 칼로 닭을 잡는다는 뜻으로, 큰일을 처리할 기능을 작은 일을 처리하는 데 씀
- 우후죽순(雨後竹筍) 비 온 뒤에 솟는 죽순같이 어떤 일이 한때에 많이 일어남
- 원앙지계(鴛鴦之契) 금슬이 좋은 부부를 원앙새에 비유하여 이르는 말
- 유비무환(有備無患) 평소에 준비가 철저하면 근심할 일이 없음
- 유유상종(類類相從) 비슷한 무리끼리 서로 내왕하며 사귐
- 은인자중(隱忍自重) 마음속으로 참으며 몸가짐을 자중함
- 읍참마속(泣斬馬謖) 울면서 마속(瑪謖)의 목을 벤다는 뜻으로 법의 공정을 지키기 위해 사사로운 정을 버림
- 이전투구(泥田鬪狗) 진흙탕에서 싸우는 개, 명분이 서지 않는 일로 몰골사납게 싸움
- 인면수심(人面獸心) 얼굴은 사람이나 마음은 짐승처럼 흉폭하고 잔인한 사람
- 인산인해(人山人海) 사람이 헤아릴 수 없이 많이 모임
- 일거양득(一擧兩得) 한 가지 일을 하여 두 가지 이익을 거둠
- 일구이언(一口二言) 한 입으로 두 가지 말을 한다는 뜻
- 일망타진(一網打盡) 그물을 한 번 쳐서 물고기를 모두 잡음
- 일사천리(一瀉千里) 강물이 단번에 천리를 간다는 뜻으로, 문장이나 일이 거침없이 명쾌하게 진행됨을 말함

- 일석이조(一石二鳥) 돌멩이 하나를 던져 두 마리의 새를 잡는다는 뜻으로, 한 가지 일로 두 가지 이익을 얻는다는 말
- 일장춘몽(一場春夢) 한바탕의 봄꿈처럼 헛된 부귀영화
- 일취월장(日就月將) 학문이나 실력이 나날이 발전함
- 일필휘지(一筆揮之) 단숨에 줄기차게 글씨나 그림을 훌륭하게 그려냄
- 일확천금(一攫千金) 단번에 거액의 돈을 얻음
- 임기응변(臨機應變) 뜻밖의 일을 당했을 때 재빨리 그에 맞게 대처하는 일
- 입신양명(立身揚名) 출세하여 이름을 세상에 널리 드날림

## [ㅈ]

- 자가당착(自家撞着) 문장이나 언행이 앞뒤가 어긋나 일치하지 않음
- 자격지심(自激之心) 자기가 한 일에 대하여 자기 스스로 미흡하게 여기는 마음
- 자업자득(自業自得) 제가 저지른 일의 과오를 제가 받음
- 자중지란(自中之亂) 같은 패 안에서 일어나는 싸움
- 자화자찬(自畵自讚) 자기가 그린 그림을 스스로 칭찬한다는 뜻으로, 제 일을 자랑함
- 전광석화(電光石火) 극히 짧은 순간 아주 신속한 동작
- 전전긍긍(戰戰兢兢) 매우 두려워 벌벌 떨며 두려워함
- 전화위복(轉禍爲福) 화(禍)를 바꾸어 오히려 복(福)이 되게 함
- 절차탁마(切磋琢磨) 옥돌을 자르고 줄로 쓸고 끌로 쪼고 갈아 빛을 낸다는 뜻으로 학문이나 인격을 갈고 닦음
- 절치부심(切齒腐心) 몹시 분하여 이를 갈고 속을 썩임
- 점입가경(漸入佳境) 경치나 문장, 사건이 갈수록 재미있게 전개됨
- 조령모개(朝令暮改) 아침에 명령을 내리고 저녁에 고친다는 뜻으로, 일관성 없는 정책을 빗대어 이르는 말
- 조삼모사(朝三暮四) 도토리를 아침에는 세 개 주고 저녁에는 네 개 준다는 뜻으로, 간사한 꾀로 남을 속여 희롱함을 이르는 말
- 조족지혈(鳥足之血) 새 발의 피라는 뜻으로, 그 양이 적거나 거의 쓸모가 없음

- **좌불안석(坐不安席)** 불안, 초조, 공포 따위 때문에 한 자리에 편하게 앉아 있지 못함
- **주객전도(主客顚倒)** 손님이 도리어 주인이 된다는 뜻으로, 대소·선후·경중이 바뀐 상태
- **주마가편(走馬加鞭)** 달리는 말에 채찍질한다는 뜻으로, 부지런하고 성실한 사람을 더 격려함
- **주마간산(走馬看山)** 말을 타고 달리면서 산을 본다는 뜻으로, 사물을 자세히 보지 못하고 겉만 대강 보고 지나감
- **주지육림(酒池肉林)** 술로 연못을 이루고 고기로 숲을 이룬다는 뜻으로, 극히 호사스럽고 방탕한 잔치를 이르는 말
- **죽마고우(竹馬故友)** 대나무로 만든 목마를 같이 타고 놀았던 친구라는 뜻으로, 어렸을 때부터 친하게 사귄 친구
- **중과부적(衆寡不敵)** 적은 수효로는 많은 수효에 대적하기 어려움
- **중구난방(衆口難防)** 여러 사람의 말을 다 막기가 어렵다는 뜻으로, 많은 사람이 마구 떠들어대는 소리는 감당하기 어려우니 행동을 조심해야 한다는 뜻
- **지록위마(指鹿爲馬)** 사슴을 가리켜 말이라고 한다는 뜻으로, 사실이 아닌 것을 사실로 만들어 강압적으로 인정하게 함, 또는 윗사람을 농락하여 권세를 마음대로 부림을 비유
- **진퇴양난(進退兩難)** 나아가지도 물러서지도 못하는 난처한 입장에 처함

[ ㅊ ]

- **창해상전(滄海桑田)** 푸른 바다가 변하여 뽕밭이 되는 것 같은 덧없는 세상의 변천
- **천고마비(天高馬肥)** 하늘이 높고 말은 살이 찌듯, 가을은 살기 좋은 계절이라는 말
- **천의무봉(天衣無縫)** 선녀의 옷에는 바느질한 자리가 없다는 뜻으로, 글이 자연스럽고 완벽함
- **천재일우(千載一遇)** 천 년에 한 번 만난다는 뜻으로, 매우 좋은 기회를 말함
- **천진난만(天眞爛漫)** 천진함이 넘친다는 뜻으로, 꾸밈이 없이 아주 순진함
- **천편일률(千篇一律)** 여러 사물이 변화가 없이 비슷비슷함

- 청산유수(靑山流水) 막힘이 없이 말을 잘함
- 청천벽력(靑天霹靂) 맑게 갠 하늘의 벼락(날벼락)이란 뜻으로, 필세(筆勢)가 매우 힘참 또는 갑자기 일어난 큰 사건이나 이변
- 청출어람(靑出於藍) 쪽에서 나온 물감이 쪽빛보다 푸르다는 뜻으로, 제자(후배)가 스승(선배)보다 나음
- 초미지급(焦眉之急) 눈썹에 불이 붙었다는 뜻으로, 매우 위급한 상태를 말함
- 초지일관(初志一貫) 처음 계획한 뜻을 이루려고 끝까지 밀고 나감
- 촌철살인(寸鐵殺人) 한 치의 쇠로 사람을 죽인다는 뜻으로, 간단한 짧은 말로 핵심을 찔러 사람을 감동시킴
- 칠종칠금(七縱七擒) 일곱 번 놓아주고 일곱 번 사로잡는 자유자재의 전술

## [ㅋ]

- 쾌도난마(快刀亂麻) 어지럽게 뒤얽힌 삼의 가닥을 잘 드는 칼로 베어 버린다는 뜻으로, 무질서한 상황을 통쾌하게 처리하는 것을 말함

## [ㅌ]

- 타산지석(他山之石) 다른 산에서 난 나쁜 돌도 자기의 구슬을 가는 데에 소용이 된다는 뜻으로, 남의 하찮은 언행(言行)일지라도 교훈이 되는 점이 있음
- 탁상공론(卓上空論) 실천성이 없이 탁자 위에서만 펼치는 헛된 논설이라는 뜻
- 토사구팽(兎死狗烹) 토끼가 잡히면 사냥개를 삶아 먹는다는 뜻으로, 필요할 때는 이용하고 이용 가치가 없을 때는 홀대하거나 제거함

## [ㅍ]

- 파란만장(波瀾萬丈) 파도의 물결치는 것이 만장(萬丈)의 길이나 된다는 뜻으로, 일의 진행에 변화가 심함을 비유하는 말
- 파렴치(破廉恥) 염치가 없어 도무지 부끄러움을 모름

- 파죽지세(破竹之勢) 　대나무를 쪼개는 기세라는 뜻으로, 세력이 강대하여 대적(大敵)을 거침없이 물리치고 쳐들어가는 기세를 말함
- 파천황(破天荒) 　천지개벽 이전의 혼돈한 상태를 깨뜨려 연다는 뜻으로, 이제까지 아무도 하지 않은 일을 행함을 이르는 말
- 풍수지탄(風樹之嘆) 　바람에 흔들리는 나무의 탄식, 즉 효도를 못한 자식의 슬픔

## [ ㅎ ]

- 한단지몽(邯鄲之夢) 　한단에서 꾼 꿈이라는 뜻으로, 인생과 영화의 덧없음을 말함
- 하로동선(夏爐冬扇) 　여름의 화로와 겨울의 부채라는 뜻으로, 격이나 철에 맞지 않거나 쓸데없는 사물을 비유하는 말
- 한우충동(汗牛充棟) 　수레에 실으면 소가 땀을 흘릴 정도이고 방 안에 쌓으면 들보에 닿을 정도란 뜻으로, 읽은 책이 매우 많음
- 항룡유회(亢龍有悔) 　절정에 이른 용은 자칫 후회하기 쉬움. 영달을 다한 자는 더 이상 오를 수 있는 길도 없으며, 쇠퇴할 염려가 있으므로 삼가라는 말
- 함흥차사(咸興差使) 　함흥으로 보낸 차사, 즉 사람이 돌아오지 않거나 소식이 없음
- 해로동혈(偕老同穴) 　살아서는 함께 늙고 죽어서는 같은 무덤에 묻힘. 생사를 같이 하는 부부의 사랑의 맹세
- 행불유경(行不由徑) 　지름길로 가지 않고 큰길을 걷는다는 뜻으로, 정정당당히 일함
- 형설지공(螢雪之功) 　갖은 고생을 하며 부지런히 학문을 닦은 공
- 호가호위(狐假虎威) 　여우가 호랑이의 위엄을 빌림, 즉 남의 권세를 빌려 위세를 부림
- 호사다마(好事多魔) 　좋은 일에는 방해되는 것이 많다는 뜻
- 호시탐탐(虎視眈眈) 　호랑이가 눈을 부릅뜨고 노려본다는 뜻으로, 날카로운 눈빛으로 형세를 바라보며 기회를 노린다는 말
- 호연지기(浩然之氣) 　하늘과 땅 사이에 넘치게 가득 찬 넓고도 큰 원기(元氣), 자유롭고 유쾌한 마음, 공명정대하여 조금도 부끄러운 바 없는 용기 등을 뜻함

- **호접지몽(胡蝶之夢)** 장자가 나비가 된 꿈이란 뜻으로, 만물일체(萬物一體)의 심정, 또는 인생의 덧없음을 비유하여 이르는 말
- **혹세무민(惑世誣民)** 세상 사람을 속여 미혹시키고 어지럽힘
- **혼비백산(魂飛魄散)** 넋이 날아가고 넋이 흩어지다라는 뜻으로, 몹시 놀라 어찌할 바를 모름
- **홍로점설(紅爐點雪)** 화로 위에 눈을 조금 뿌렸다는 뜻으로, 사욕이나 의혹이 일시에 사라져 마음이 탁 트이고 맑아짐, 또는 큰일을 함에 있어 작은 힘으로는 아무런 도움이 되지 않음
- **화룡점정(畫龍點睛)** 용을 그릴 때 마지막으로 눈을 그려 넣음, 즉 가장 긴요한 부분을 끝내어 일을 완성함
- **화무십일홍(花無十日紅)** 열흘 붉은 꽃이 없다는 뜻, 권세나 영화는 영원할 수 없음
- **화조월석(花朝月夕)** 꽃이 핀 아침과 달 밝은 저녁이란 뜻으로, 경치가 가장 좋은 때를 이르는 말. 또는 음력 2월 보름과 8월 보름 밤
- **화중지병(畫中之餠)** 그림의 떡, 즉 실제로 이용할 수 없거나 차지할 수 없는 것
- **환골탈태(換骨奪胎)** 옛 사람이나 남의 글에서 그 형식이나 내용을 모방하여 자기의 작품으로 꾸미는 것, 또는 용모가 환하고 아름다워 딴 사람처럼 됨
- **환부작신(換腐作新)** 낡은 것을 바꾸어 새 것으로 만듦
- **회자정리(會者定離)** 만나면 언젠가는 헤어지게 되어 있음
- **후안무치(厚顔無恥)** 얼굴 가죽이 두꺼워 부끄러운 줄을 모름
- **흥진비래(興盡悲來)** 즐거운 일이 다하면 슬픈 일이 닥쳐오기 마련임

# 모아보는 테마별 상식

부록 ▪ 필수 암기상식

## 효과

### ▶ 속물 효과(Snob Effect)

물건을 사는 이가 별로 없을 때는 즐겨 사용하다가 하나둘 다른 소비자들이 제품에 주목하기 시작하면 떠나는 고객층이나 경제 현상을 가리키는 용어다. 남들이 구입하기 어려운 값비싼 상품을 보면 오히려 사고 싶어 하는 속물근성에서 유래한다. 소비자가 제품을 구매할 때 자신은 남과 다르다는 생각을 갖는 것이 마치 백로 같다고 하여 백로 효과(白鷺效果)라고도 한다.

### ▶ 스파게티 볼 효과(Spaghetti Bowl Effect)

거래 비용 절감 및 관세장벽 해제를 위해 맺은 FTA지만 여러 나라와 각기 다르고 통일되지 않은 규약으로 체결을 계속하다보면 조약마다 다른 통관절차, 원산지 표기 규정 등을 확인하는 데 시간·인력이 더 소모되어 애초의 목적이 무색해지는 것을 말한다. 스파게티 볼 속에 스파게티 면들이 알 수 없이 꼬여 있는 모양에 비유한 말이다.

### ▶ 양산 효과(Umbrella Effect)

공기 중에 떠다니는 먼지를 비롯한 미세 입자들이 태양에서 오는 자외선과 적외선을 반사시키고 흡수해 지표면에 도달하는 빛의 양이 줄어들어 지구의 온도가 내려가는 것을 가리킨다. 화산 폭발, 소행성 충돌, 핵미사일 폭발과 같이 한꺼번에 많은 먼지가 발생해 급속도로 대기 온도가 급하강하는 경우와 공장과 자동차의 매연 등으로 서서히 지구의 온도가 내려가는 경우가 있다.

### ◐ 사일로 효과(Organizational Silos Effect)

사일로는 원래 곡식을 저장해두는 굴뚝 모양의 창고를 가리키는데, 한 회사 안에서 여러 부서들이 공동의 이익이 아닌 서로의 평가와 이익에만 관심이 있고 책임과 업무를 떠넘기기만 하는 부서 이기주의의 모습이 일렬로 늘어선 사일로와 닮았다는 데 비유한 말이다.

### ◐ 브래들리 효과(Bradley Effect)

미국 선거판에서 나온 말로 선거 전 여론조사에서 나온 유색 인종 후보 지지율보다 실제 개표 후 유색 인종 후보의 지지율이 낮은 것을 가리킨다. 여러 원인이 있는데 여론조사 때는 백인 유권자들이 흑인 등 여러 유색 인종 후보를 지지한다고 말했다가 실제 투표 때는 백인 후보를 찍는 것, 여론조사 집계 시 실제 유권자의 인종 비율을 고려하지 않고 인종별 동수로 집계한 것 등이 있다.

### ◐ 언더독 효과(Underdog Effect)

개싸움 중에 밑에 깔린 개가 이기기를 바라는 마음과 절대 강자에 대한 견제 심리가 발동하게 되는 현상으로 선거철에 지지율이 약한 후보에게 유권자들이 동정표를 주는 현상을 말한다.

### ◐ 밴드왜건 효과(Bandwagon Effect)

밴드왜건이란 서커스 행렬을 선도하는 악대 마차로, 사람들이 무의식적으로 그곳에 몰려들면서 군중이 점점 증가하는 것을 비유하여 생긴 용어이다. 정치에서는 특정 유력 후보가 앞서가는 경우 그 후보자에 대해 유권자의 지지가 더욱 커지는 것을 의미하고, 경제에서는 특정 상품의 수요가 증가하면 대중들이 따라 사는 경우를 말한다.

### ◐ 레몬 효과(Lemon Effect)

고객의 신뢰도와 질은 다르지만 같은 룰을 적용하려다 보니 높은 질의 고객들이 거래에서 빠지면서 상대적으로 낮은 질과 낮은 신뢰성의 고객들만 시장에 남게 되어 시장 전체가 질이 떨어지는 현상을 가리킨다. 레몬은 시큼하고 맛없는 과일이지만 다른 과일이 없을 때는 울며 겨자먹기로 구매할 수밖에 없는데 이런 상황을 가리키는 말이다.

### ● 헤일로 효과(Halo Effect)
인사고과를 평가할 때 어떤 사람에 대한 호의적 또는 비호의적 인상이나 특정 요소로부터 받은 인상이 다른 모든 요소를 평가하는 데 중요한 영향을 미치는 것을 말한다. '후광 효과'라고도 한다.

### ● 구축 효과(Crowding-out Effect)
국공채 발행을 통한 정부지출 증가는 화폐 시장에서 화폐의 수요 증가로 인해 이자율을 상승시키므로 기업으로 하여금 자본의 차입을 어렵게 한다. 이는 결국 투자를 위축시키고 가계로 하여금 소비의 기회비용을 상승시켜 소비를 줄이게 한다는 주장이다.

### ● J커브 효과(J-curve Effect)
무역수지가 좋지 않은 경우 환율인상으로 균형을 맞추는데 그 효과는 느리게 나타난다. 이때 그 모양이 알파벳 J와 비슷하다 하여 J커브 효과라 부른다.

### ● 바퀴벌레 효과(Cockroach Effect)
바퀴벌레의 특성인 무리지어 행동하는 것을 가리키는 말로 한 번 우수한 결과를 이뤄낸 집단은 계속해서 추진력을 얻어 우수한 실적을 일구게 된다는 말이다.

### ● 립스틱 효과(Lipstick Effect)
립스틱만 발라도 분위기를 바꾸는 효과를 얻는다는 뜻으로 경기가 불황일 때 립스틱처럼 저렴한 가격으로 만족할 수 있는 제품이 인기를 끄는 현상을 의미한다.

### ● 베블런 효과(Veblen Effect)
가격이 오르는데도 일부 계층의 과시욕이나 허영심 등으로 인해 수요가 줄어들지 않는 현상을 가리키는 말이다. 미국의 경제학자이자 사회학자인 소스타인 베블런 (Thorstein Bunde Veblen)이 자신의 저서 〈유한계급론〉(1899)에서 "상류층 계급의 두드러진 소비는 사회적 지위를 과시하기 위하여 자각 없이 행해진다"고 지적한 데서 유래했다.

## ● 윔블던 효과(Wimbledon Effect)

국내 시장에서 외국 기업이 자국 기업보다 잘 나가는 현상을 말한다. 영국의 유명 테니스 대회인 '윔블던 대회'가 외국 선수에게 문호를 개방한 이후 대회 자체의 명성은 올라갔지만, 영국인 우승자를 배출하는 것이 어려워진 것처럼 금융 시장을 개방하고 나서 외국계 자본이 국내 자본을 몰아내고 오히려 안방을 차지하는 현상을 가리킨다.

## ● 1월 효과(January Effect)

특별한 호재가 없었지만 신년 초에 주식 시장에 호황이 오는 것을 말한다. 여러 복잡한 요인이 많겠지만 주가가 일정한 때에 특별한 이유 없이 강세나 약세를 보이는 경우가 종종 있어 주식 시장에서는 계절적 이례 현상이라고 부른다. 여기에는 월별 효과, 월중 효과, 일별 효과 등이 있다.

## ● 피그말리온 효과(Pygmalion Effect)

그리스 신화에 나오는 조각가 피그말리온의 이름에서 유래한 심리학 용어로 타인의 기대나 관심으로 인해 능률이 오르거나 결과가 좋아지는 현상을 말한다. 조각가였던 피그말리온이 아름다운 여인상을 조각하고 그 여인상을 진심으로 사랑하게 되자 여신 아프로디테는 그의 사랑에 감동해 여인상에 생명을 주었다는 신화에서 비롯한 이 효과는 '무언가를 간절히 바라면 결국 그 소망이 이뤄진다'는 상징을 담고 있다.

## ● 스티그마 효과(Stigma Effect)

일명 '낙인 효과'라고 한다. 범법자 혹은 사회적 물의를 일으킨 자 혹은 성품이 좋지 않은 과거 행적으로 인해 사회적으로 거부 당하는 것을 가리킨다. '스티그마'는 불에 달군 인두를 과거 노예나 가축에 찍던 낙인을 말한다.

## ● 베르테르 효과(Werther Effect)

유명인 또는 평소 존경하던 사람이 자살을 할 경우 정신적으로 미성숙한 이들이 자살을 선망하는 현상을 보이며 따라서 자살하는 모방 자살 또는 자살 전염을 가리킨다. 괴테의 소설〈젊은 베르테르의 슬픔〉이 나온 18세기 말 유럽에서 극중 주인공인 베르테르를 흉내 낸 자살이 급증했고 이 소설은 한때 금서가 되기도 했다. 미국 자살 연구학자 데이비드 필립스가 명명했다.

### ➡ 나비 효과(Butterfly Effect)

아마존 정글에서 파닥이는 나비의 날갯짓이 몇 주 또는 몇 달 후 미국 텍사스 주에서 폭풍우를 일게 할 수 있다는 이론이다. 미국 매사추세츠 공대의 기상학자 로렌츠는 작은 바람이 지구의 기상을 극적으로 변화시키는 파급을 가져올 수 있다고 말하며 아주 적은 양의 차이가 큰 차이를 만들 수 있다고 주장하였다.

### ➡ 메디치 효과(Medici Effect)

서로 다른 이질적인 분야들이 결합할 때 각 요소가 지니는 에너지의 합보다 더 큰 에너지를 분출하여 창조적이고 혁신적인 시너지를 창출하는 현상을 말한다. 이 용어는 15세기 중세 이탈리아 피렌체의 메디치 가문에서 유래했다. 당시 메디치 가문은 문학, 철학, 과학 등 여러 분야의 전문가를 후원했는데 이 과정에서 자연스럽게 각 분야가 서로 융합돼 큰 시너지를 일으켰다고 한다.

### ➡ 플라시보 효과(Placebo Effect)

약효가 전혀 없는 가짜 약을 환자에게 먹였음에도 환자가 그 약이 정말 자신의 증상에 맞는 약이라고 믿고 있었을 때에 환자의 병세가 호전되는 효과를 말한다. 플라세보는 라틴어로 '마음에 들도록 한다'라는 뜻과 '가짜 약'이란 뜻을 가지고 있다.

### ➡ 눈덩이 효과(Snowball Effect)

작은 눈뭉치가 언덕을 굴러 내려가면서 스스로 몸집을 불려 나가는 것처럼 처음에는 미약하게 시작된 일이지만 점차 걷잡을 수 없는 기세로 확대되는 현상이다. 일정한 힘으로 전달되는 도미노 효과에 비해 눈덩이 효과는 가속적으로 증폭된다는 점에서 시작의 중요성이 훨씬 강하다.

### ➡ 노시보 효과(Nocebo Effect)

플라시보 효과와 반대되는 효과다. 환자가 부정적 암시에 사로잡혀 진짜 약을 먹어도 병세가 호전되지 않는 경우, 약이 아니라고 속이고 먹였더니 진짜로 약효가 나타나지 않는 경우 등을 가리킨다.

## ● 트리클 다운 효과(Trickle Down Effect)

미국 레이건(Ronald Wilson Reagan) 정부와 부시(George Herbert Walker Bush) 정부가 운용하던 경제정책으로 정부가 투자를 대기업 위주로 실시하여 상류층과 대기업의 부가 늘어나면 그 아래의 중소기업과 소비자에게도 혜택이 돌아간다는 이론이다.

## ● 디드로 효과(Diderot Effect)

프랑스의 철학자 드니 디드로가 선물로 가운 하나를 받았지만 그것에 맞추어 다른 것들도 바꾸다보니 결국 서재 전체를 바꿔버리게 됐다는 일화에서 유래했다. 하나의 물건을 사면 결국 그것과 어울리는 다른 물건들을 사고 싶은 강한 충동을 느끼게 되고 소비의 연쇄가 일어난다는 것이다. 현대 마케팅 방법으로 많이 이용되며 '마니아' 문화와도 연관이 크다.

## ● 쿨리지 효과(Coolidge Effect)

성적 상대가 바뀌었을 때 성적 욕구도 커지는 현상이다. 대부분의 포유류에서 관찰되는 상황으로 기존 상대와의 성관계로 성적 욕구가 줄었더라도 새로운 성적 대상이 나타날 경우 욕구가 다시 상승하는 연구 결과가 있었다.

## ● 핀볼 효과(Pinball Effect)

제임스 버크가 쓴 책의 이름으로, 사소한 사건이나 물건 하나가 도미노처럼 연결되고 점점 증폭되면서 세상을 움직일 수 있는 역사적 사건을 만들어 내는 현상을 뜻한다.

## ● 풍선 효과(Balloon Effect)

풍선의 한 곳을 누르면 다른 곳이 불거져 나오는 것처럼 하나의 문제를 해결하는 대신에 또 다른 문제가 새로 생겨나는 현상이다. 정부나 기업이 사회적·경영적으로 문제가 되는 사안에 대해 특정한 해결책을 내리면 예상하지 못한 다른 문제가 터지는 현상을 뜻한다.

## 법칙

### ➲ 아이드마의 법칙(Principle of AIDMA)
소비자의 구매심리 과정을 요약한 것으로 광고 제작의 기본 원칙이다. AIDMA의 A는 주의(Attention), I는 흥미(Interest), D는 욕구(Desire), M은 기억(Memory), A는 행위(Action)를 뜻한다.

### ➲ 빅3 법칙(The Rule of Three)
흔히 모든 시상과 순위의 발표는 3위까지만 하는 경우가 많다. 우리의 기억도 어떤 분야의 상위 세 명, 세 회사, 세 개만 기억하기 쉽다. 실제로 시장에서는 3개의 기업이 비등할 때 가장 안정적이며 상호 파괴의 가능성이 줄어들고 카르텔의 가능성도 줄어든다. 도리어 그 이상이 될 경우 전체 시장의 크기가 줄어들기도 한다. 이런 경험 때문에 사람들은 무의식적으로 숫자 '3'을 선호하는 것이라는 이론이다.

### ➲ 머피의 법칙(Murphy's Law)
일이 좀처럼 풀리지 않고 갈수록 꼬이기만 하는 경우에 흔히 쓴다. 일종의 경험 법칙으로, 자신이 바라는 것은 이루어지지 않고 우연히도 나쁜 방향으로만 일이 전개될 때 주로 쓰인다. 이와는 반대로 우연히도 자신에게 유리한 일만 계속해서 일어나는 것을 가리켜 '샐리의 법칙(Sally's Law)'이라고 한다.

### ➲ 오쿤의 법칙(Okun's Law)
실업률과 경제성장률 간의 상관관계이다. 고용의 증감 속도보다 국민총생산의 증감 속도가 더 급격하게 나타난다는 것이다. 오쿤은 대략 실업률이 1% 늘어나면 미국에서는 산출량이 약 3% 감소한다는 사실을 밝혀냈다.

### ➲ 파킨슨 법칙(Parkinson's Law)
영국의 역사학자 파킨슨이 공무원 조직의 비효율성을 지적하기 위해 제기한 이론으로 공무원 수는 업무량과 무관하게 증가하며, 승진을 위해 임의로 부하를 늘리다 보면 조직이 비대해질 수밖에 없다는 것이다.

### ◉ 메라비언의 법칙(The Law of Mehrabian)

상대방에 대한 인상이나 호감을 결정하는 데 있어서 청각은 38%, 시각은 55%의 영향을 미치는 반면, 언어는 겨우 7%만 작용한다는 이론이다. 효과적인 소통에 있어 말보다 '비언어적' 요소가 차지하는 비율이 무려 93%나 된다는 것으로 1971년 메라비언 교수가 자신의 저서 〈침묵의 메시지(Silent Messages)〉에서 제시한 개념이다. 현재 설득, 협상, 마케팅, 광고, 프레젠테이션 등 커뮤니케이션과 관련된 모든 분야의 이론이 이를 기반으로 하고 있다.

### ◉ 그레셤의 법칙(Gresham's Law)

16세기 영국의 그레셤이 제창한 '화폐 유통에 관한 법칙'으로 당시 영국에서는 귀금속인 금화나 은화가 화폐로 유통되었는데 비양심적인 사람들이 이 화폐의 귀금속 함량을 낮춰서 유통시켰고(악화), 귀금속 함량이 양호한 화폐(양화)를 보유한 사람들은 이를 시장에 풀지 않아 결국 시장에는 귀금속 함량이 낮은 악화만 유통되었다. 이를 가리켜 그레셤은 '악화가 양화를 구축한다'라고 말했고 이러한 현상을 그레셤의 법칙이라 한다.

### ◉ 깨진 유리창 법칙(Broken Windows Theory)

미국의 범죄학자가 1982년 '깨진 유리창'이라는 글에 처음으로 소개한 이론이다. 만일 길거리에 있는 상점에 어떤 이가 돌을 던져 유리창이 깨졌을 때 귀찮거나 어떠한 이유에서 이를 방치해두면 그 다음부터는 '해도 된다'라는 생각에 훨씬 더 큰 피해를 끼치도록 조장하는 결과가 된다는 것이다.

### ◉ 파레토 법칙(Pareto's Law)

'전체 결과의 80%가 전체 원인의 20%에서 일어나는 현상'을 가리킨다. 전통적인 오프라인 시장의 경제법칙으로 보통 '2080 법칙'이라고 불린다. 소수의 상위 20%가 하위 80%를 이끌어가는 비즈니스 현상이다. 시장뿐만 아니라 기간, 범죄율 등 다양하게 나타난다.

### ◉ 메트칼프 법칙(Metcalf's Law)

네트워크의 가치는 사용자 수의 제곱에 비례하고 비용 증가율은 일정하다는 법칙이다. 그러므로 네트워크의 크기는 무조건 키워나가는 것이 좋다는 네트워크 예찬론적인 주장이다.

## ➡ 롱테일 법칙(Long Tail's Law)

인터넷 전자상거래에서 확인되는 법칙으로 다수 80%에 해당하는 사소한 매출이 모여 상위 20%의 매출을 압도한다는 개념으로 파레토 법칙과는 정반대이다.

## ➡ 로의 법칙(Lo's Rule)

시장이 들쭉날쭉한데 펀드상품이 지속적으로 수익을 올리는 것은 불가능하며, 만약 수익률이 지속적일 경우 펀드매니저가 자료를 왜곡하거나 현실을 제대로 반영하지 않았을 가능성이 높은 것을 로의 법칙이라 한다.

## ➡ 바그너 법칙(Wagner's Law)

산업경제가 발전함에 따라 국민총생산에서 차지하는 공공지출의 몫도 증대하게 된다는 공공 부문 팽창의 법칙을 말한다. 즉, 산업경제가 발전하게 되면 교통·통신 서비스, 에너지 및 쓰레기 처리와 같은 보완적 수요가 동시에 증가하게 된다는 것이다.

## ➡ 페티의 법칙(Petty's Law)

농업국보다 제조업, 제조업보다 상업에 의한 이득이 훨씬 많으며, 경제가 진보하고 1인당 소득수준이 높아짐에 따라 사회적 취업 인구가 제1차 산업에서 제2차 산업으로, 이것은 다시 제3차 산업으로 그 비중이 높아져 간다는 것이다.

## ➡ 엥겔의 법칙(Engel's Law)

1857년 독일의 통계학자 에른스트 엥겔이 벨기에 노동자의 가계조사에 의하여 발견한 법칙으로, 당시 153세대의 가계지출을 조사한 결과 지출 총액 중 저소득 가계일수록 식료품비가 차지하는 비율이 높고, 고소득 가계일수록 식료품비가 차지하는 비율이 낮음을 발견하였다. 이 통계적 법칙을 엥겔의 법칙이라 하며, 총 가계지출액에서 식료품비가 점하는 비율을 엥겔 계수라고 한다.

## ➡ 1 : 4 : 6 법칙

일본에서 널리 통용되는 법칙으로 여기서 1은 월급쟁이, 4는 자영업자, 6은 전문직을 가리킨다. 월급쟁이가 자기 소득의 10퍼센트 정도를 소득에서 누락시키며, 자영업자는 소득 가운데 40퍼센트를, 전문직에 종사하는 사람들은 무려 세금의 60퍼센트를 떼먹는 세태를 빗대는 말이다.

## 영화제 · 상

### ● 뉴욕 영화제

베니스, 베를린, 토론토, 선댄스 등의 영화제에 출품된 작품들 가운데서도 가장 우수한 25개의 작품들만을 다시 선별해 대중 상영 위주로 진행되는 비경쟁영화제이다.

### ● 베니스 영화제

이탈리아의 베니스에서 매년 8월 말~9월 초에 개최되며 가장 오랜 역사를 자랑하는 국제영화제이다. 1932년에 시작되어 국제영화제로서는 가장 오랜 전통을 지니며, 칸 영화제와 쌍벽을 이룬다. 최우수 작품에는 그랑프리(산마르코 금사자상)가 수여되고 남우상·여우상 등 각 부문상이 시상된다. 1987년 강수연이 영화 〈씨받이〉로 여우주연상을 수상하였고, 2002년에는 〈오아시스〉의 이창동 감독이 감독상을, 문소리가 신인배우상을 수상했다. 2012년에는 김기덕 감독이 〈피에타〉로 황금사자상을 수상하였다.

### ● 베를린 영화제

베를린에서 1951년부터 정기적으로 열리는 국제영화제로 동서 화합을 기치로 내걸고 당시 분단 상태에 있던 독일의 통일을 기원하는 영화제로 시작되었다. 최우수 작품상인 금곰상, 감독상인 은곰상, 심사위원 대상, 주·조연상, 예술공헌상, 최우수 유럽영화상 등 여러 부문에 걸쳐 시상이 이루어지며, 10명의 심사위원단이 공식경쟁부문 출품작 가운데서 부문별로 선정해 시상한다. 2017년에는 배우 김민희가 〈밤의 해변에서 혼자〉로 여우주연상을 수상했다. 홍상수 감독은 2020년에 〈도망친 여자〉로 은곰상(감독상)을, 2021년에는 〈인트로덕션〉으로 은곰상(각본상)을, 2022년에는 〈소설가의 영화〉로 은곰상(심사위원대상)을 수상했다.

### ● 칸 영화제

프랑스의 국립영화센터에 의해 1946년 관광휴양지 칸에서 설립된 국제 경쟁영화제로 대상은 황금종려상이다. 심사위원은 저명한 작가, 영화감독, 배우, 시나리오 작가, 비평가 등으로 구성된다. 2019년에 봉준호 감독의 〈기생충〉이 한국 최초로 장편 황금종려상을 수상했다. 2022년에는 박찬욱 감독이 〈올드보이〉(2004)에 이어 〈헤어질 결심〉으로 두 번째 감독상을, 배우 송강호가 〈브로커〉로 한국 최초 남우주연상을 수상했다.

### ● 부산 국제영화제

1996년부터 매년 부산에서 열리는 국제영화제이다. 제1회 부산 국제영화제는 한국에서 열린 첫 번째 국제영화제로, 이후 국내외의 호응을 받으며 아시아 최고 영화제로 성장했다는 평가를 받고 있다.

### ● 부천 국제판타스틱 영화제

1997년 한국 최초의 판타스틱 영화제를 표방한 영화제로, 영화뿐 아니라 부천 전 시민이 함께하는 축제의 장으로 평가받는 영화제이다. 국내 최초로 경쟁 부문을 도입하였고 장르 역시 호러, 코미디, 판타지 등으로 특화시켜서 지금은 부산 국제영화제와 함께 한국의 대표적인 영화제로 성장하였다.

### ● 전주 국제영화제

2000년에 처음 시작된 전주 국제영화제는 '시민영화제'를 표방하는 영화제로, 자유롭고 독립적이며 진취적인 영화들을 많이 소개하고 있다. 접하기 힘든 독립·예술 영화를 중심으로 정체성을 유지하면서 안정된 기반을 다진 영화제이다.

### ● 통영 국제음악제

윤이상 선생을 기리기 위해 2000년 독일의 도나우에싱겐 현대음악제를 모델로 시작된 음악제로 2002년 통영 국제음악제로 이름을 바꾸고 규모도 키워 세계적인 수준의 음악제로 발돋움했다.

### ● 도빌 아시아영화제

유럽에서 유일하게 아시아 영화만을 모아 상영하는 국제영화제로 1999년에 시작되었다. 매년 3월에 프랑스 도빌에서 개최된다.

### ● 선댄스 영화제

1970년대 중반 영화배우 겸 감독인 로버트 레드포드가 창설한 독립영화제이다. 매년 1월에 미국 유타주 파크시티에서 열린다.

## ⭃ 청룡영화상
1963년 조선일보가 제정한 민간 영화상으로, 1973년 '영화법'이 개정되고 스크린 쿼터제가 도입되면서 한국 영화 산업이 침체되자 17년간 중단됐다가 1990년 12월 스포츠조선의 창간 기념사업으로 부활돼 오늘에 이르고 있다.

## ⭃ 백상예술대상
한국일보와 일간스포츠가 주최하는 종합예술상으로 연극·영화·TV 문화의 질적 향상과 균형적인 발전을 돕고자 제정되어 1965년에 제1회 시상식이 거행되었다.

## ⭃ 한국영화평론가협회상
영평상 혹은 영평상시상식이라고도 불리며, 한국영화평론가협회에서 1980년부터 매년 그해의 우수한 영화 및 영화인에게 수여하는 상이다.

## ⭃ 사하로프상
옛 소련 물리학자이자 반체제 인사인 안드레이 사하로프를 기려 1988년 제정된 유럽에서 가장 권위 있는 인권상으로 넬슨 만델라 전 남아프리카공화국 대통령, 전 미얀마 국가고문 아웅산 수치 여사 등이 수상했다.

## ⭃ 아쿠타가와상·나오키상
아쿠타가와상은 일본에서 가장 권위 있는 신인문학상이며, 나오키상은 대중문학의 중견 작가를 위한 문학상이다.

## ⭃ 그래미상
미국 레코드 예술과학아카데미가 1년 간의 우수한 레코드와 앨범을 선정해 수여하는 레코드상이다. 음반 업계 최고 권위의 상으로 1957년 제정되어 1959년 제1회 시상식을 한 이후 매년 봄에 열리며, 영화의 아카데미상에 비견된다. 팝과 클래식을 아우르며, 우수레코드·앨범·가곡·가수·편곡·녹음·재킷디자인 등 카테고리별 다양한 부문에 걸쳐 시상한다.

## 노벨상

세계에서 가장 권위 있고 국제적인 상으로, 노벨의 유언에 따라 설립된 기금으로 운영되는 상이다. 노벨상은 물리학, 화학, 생리의학, 문학 및 평화, 경제학의 6개 부문으로 나누어 해마다 각 선출기관이 결정한 사람에게 상금을 수여한다. 수상식은 매년 12월 10일(노벨 사망일) 스톡홀름에서 거행되는데, 소개사는 수상자의 모국어로, 추천사는 스웨덴어로 하며, 보통 스웨덴 국왕이 참석하여 시상하도록 되어 있다. 단, 평화상은 같은 날 노르웨이의 오슬로에서 시상된다.

## 이그노벨상

미국의 과학잡지 〈기발한 연구연보〉의 발행인 마크 에이브러햄스가 과학계의 엄숙주의를 비판하며 1991년 제정했다. 수상작은 대부분 전문 학술지에 실린 것으로, 보는 이의 폭소를 자아내지만 한 번쯤 곰곰이 생각해 보게 하는 연구들이다. 진짜 노벨상과는 달리 상금이 한 푼도 없지만 대부분의 수상자들이 자비를 들여 시상식에 참가할 정도로 권위가 높다.

## 대종상

문화체육관광부가 주관하는 영화상이다. 1958년부터 실시되던 국산영화상을 2회 이후부터 공보부에서 주관하면서 1961년 대종상으로 개명하였다. 그 후 1969년 제8회와 1970년 제9회 때 대한민국 문화예술상(영화 부문)으로 명칭을 바꾸었다가 1971년 제10회부터 다시 대종상으로 개칭하여 오늘에 이르고 있다.

## 부커상

영국연방 국가에서 출판된 영어 소설들을 대상으로 그해 최고 소설을 가려내는 영국 문학상으로 노벨문학상, 프랑스의 공쿠르문학상과 함께 세계 3대 문학상으로 꼽힌다. 1969년 제정되어 해마다 열리고 있다.

## 로리펙상

전설적인 영국의 카메라 기자 로리펙을 기리기 위해 만든 영국의 국제 영상저널리즘상이다. 세계 분쟁 지역 등에서 가장 뛰어난 영상뉴스를 촬영한 프리랜서 기자를 선정해 시상하며, 영상뉴스 분야에서 가장 권위 있는 상으로 평가받는다. 신문의 퓰리처상, 방송의 피버디상과 함께 세계 3대 언론상으로 꼽힌다.

## ◉ 아카데미상

미국에서 가장 권위 있는 영화상으로 정식 명칭은 '영화 예술 과학 아카데미상'이다. 그 전해에 발표된 미국 영화 및 미국에서 상영된 외국 영화를 대상으로 우수한 작품과 그 밖의 업적에 대하여 해마다 봄에 시상한다. 1927년 창설된 미국 영화 예술과학 아카데미의 주관으로 1929부터 매년 시상해 왔는데, 이는 오늘날 미국 영화계의 가장 큰 연중행사의 하나일 뿐만 아니라 세계적인 관심과 흥미의 대상이 되고 있다.

## ◉ 토니상

1947년에 브로드웨이의 유명한 여배우 앙투아네트 페리를 기념하기 위하여 미국의 극장기구·극장 및 제작자연맹 등에 의하여 창설된 상으로, 'A. 페리상'이라고도 한다. 영화의 아카데미상에 견줄 만한 상으로 연극의 아카데미상이라고도 부르며, 한 작품이 장기 흥행하는 미국 연극계에 큰 영향력을 미치고 있다.

## ◉ 퓰리처상

'미국의 신문왕'으로 불리는 헝가리계 미국인 조셉 퓰리처의 유언에 따라 그의 유산 200만달러를 기금으로 제정된 상이다. 저널리즘 14개 부문과 문학·음악 등 예술 7개 부문 그리고 특별감사상 등 모두 22개 부문을 시상한다.

## ◉ 골드만환경상

환경 분야에서 뛰어난 업적을 세운 풀뿌리 환경운동가에게 수여되는 세계 최대 규모의 환경상으로 미국 민간지도자인 리처드 골드만 부부가 설립한 골드만 재단이 1990년 제정한 민간 환경상이다.

## ◉ 에미상

TV의 아카데미상이라 평가되는 미국 최대의 프로그램 콩쿠르상으로 1948년 창설되었고 미국 텔레비전 예술과학아카데미(ATAS)가 주최하며 시상식은 뉴욕에서 개최된다. 프라임타임 에미상, 주간 에미상, 로스앤젤레스 지역 에미상, 국제 에미상 등이 있다. 본상격인 프라임타임 에미상은 매년 9월 LA에서 발표되며, 저녁 시간에 진행하는 프로그램에 대해 수상하는 것으로 각 분야에 걸쳐 수상한다.

### 🔸 골든글로브상

세계 84개국의 신문 및 잡지 기자로 구성된 할리우드 외국인기자협회가 매년 미국의 영화와 텔레비전 드라마를 대상으로 주는 상이다. 시상식은 만찬과 같이 진행된다. 1944년부터 할리우드 외신협회에서 기금 조성을 위해 시작했으며, 현재는 아카데미상과 전미 영화배우상과 함께 이 분야의 가장 주요한 상이 되었다.

### 🔸 템플턴상

노벨상에 종교 부문이 없는 것을 아쉬워한 미국의 실업가 템플턴이 1972년에 창설한 상이다. 매년 종교 분야에서 인류를 위해 크게 이바지한 인물들에게 시상한다. 상금이 가장 많은 상으로도 유명하다. 2017년 제45회 수상자인 미국의 철학가 앨빈 플랜팅가 교수는 110만파운드(약160억원)를 받았다. 또한 1973년 제1회 수상자는 테레사 수녀이며, 한국에서는 고(故) 한경직 목사가 1992년 제20회 수상자로 선정됐다.

### 🔸 막사이사이상

1957년 비행기 사고로 사망한 필리핀의 전 대통령 라몬 막사이사이를 기리기 위해 제정된 권위 있는 상으로 아시아의 노벨상으로 통한다. 매년 정부·공공 봉사, 국제협조증진, 지역사회지도, 언론문화 등의 부문에 기여한 사람을 뽑아 시상한다. 역대 수상자 중에는 장준하, 김활란, 이태영, 장기려, 오웅진, 법륜, 박원순 등 모두 20명의 한국인 수상자가 있다(2025년 11월 기준).

### 🔸 필즈상

국제수학자회의에서 수여하는 상으로, 수학계의 노벨상이라고도 불린다. 4년마다 회의가 있고, 회의 때마다 이 상이 수여된다. 시상식이 열리는 해의 1월을 기준으로 40세가 넘지 않는 젊은 수학자들을 대상으로 시상한다.

## 마케팅

### ● 걸리시 마케팅(Girlish Marketing)
10대 소녀 취향의 소비자를 겨냥한 홍보전략이다. 걸리시 소비자(Girlish Consumer)는 성년이 된 후에도 10대 소녀처럼 어려 보이고 싶은 욕구가 늘어남에 따라 보다 더 여성스러움을 추구하는 여성 소비자 계층으로, 남의 눈을 의식하지 않는 자기만족형 소비문화가 반영된 것으로 보고 있다.

### ● 핀셋 마케팅(Pincette Marketing)
핀셋으로 집어내듯이 정확하게 마케팅 대상고객을 선정하고 고객의 트렌드에 꼭 맞는 차별화된 서비스를 제공하는 것을 말한다.

### ● 노이즈 마케팅(Noise Marketing)
상품의 품질에 상관없이 오로지 상품을 판매할 목적으로 각종 이슈를 요란스럽게 치장해 구설수에 오르도록 하거나, 화젯거리로 소비자들의 이목을 현혹시켜 판매를 늘리는 마케팅 기법이다.

### ● 바이럴 마케팅(Viral Marketing)
바이럴(Viral)의 사전적 의미는 '바이러스성의'라는 뜻으로, 바이럴 마케팅은 전염성이 높은 바이러스처럼 입소문으로 광고 효과를 내는 마케팅 기법이다.

### ● 게릴라 마케팅(Guerilla Marketing)
1985년 제이 콘래드 레빈슨이 처음으로 선보인 마케팅 개념으로 게릴라전술을 마케팅전략에 응용한 것이다. 장소와 시간에 구애받지 않고 잠재고객이 많이 모인 공간에 갑자기 나타나 상품을 선전하거나 판매를 촉진하는 마케팅 기법이다.

### ● 래디컬 마케팅(Radical Marketing)
탁상공론의 마케팅에서 벗어나서 현장에 나가 고객의 목소리를 반영하는 마케팅으로 충성고객을 확보하는 것이다.

## 앰부시 마케팅(Ambush Marketing)
앰부시(Ambush)는 '매복'을 뜻하는 말로, 교묘히 규제를 피해가는 마케팅 기법이다. 기업은 대개 행사 중계방송의 텔레비전 광고를 구입하거나 공식 스폰서인 듯 보이기 위해 기업이 개별 선수나 팀의 스폰서가 되는 방식으로 앰부시 마케팅을 활용한다.

## 바이러스 마케팅(Virus Marketing)
기업이 만든 재미있고 신선한 내용의 플래시 애니메이션, 혹은 UCC 속에 기업 광고를 슬쩍 끼워 넣어, 네티즌들이 자신의 이메일로 뿌리거나, 블로그 같은 곳에 자발적으로 올려서 결국 기업이나 제품의 홍보 효과를 거두는 마케팅 기법이다.

## 세그먼트 마케팅(Segment Marketing)
고객층의 성향에 맞게 제품이나 서비스, 판매 방법 등을 다양화 · 세분화하는 마케팅 기법이다.

## 테카르트 마케팅(Techart Marketing)
유명 디자이너의 손길을 제품 생산에 반영해 소비자의 감성까지 만족시키는 마케팅 기법의 하나로 '기술(Technology)'과 '예술(Art)'의 합성어이다. 냉장고 · 에어컨 같은 가전 제품에 접목됐으나 담배에까지 유명 디자이너의 작품이 들어간 바 있으며 우리나라에서는 고(故) 앙드레 김이 대표적이다.

## 니치 마케팅(Niche Marketing)
니치는 '빈틈' 또는 '틈새'를 뜻하며, 남이 아직 모르는 좋은 낚시터라는 은유적 의미를 담고 있다. 니치 마케팅은 특정한 성격을 가진 소규모의 소비자를 대상으로 판매목표를 설정하는 것으로 남이 아직 모르고 있는 좋은 곳, 빈틈을 찾아 그곳을 공략하는 마케팅 기법이다.

## 디마케팅(Demarketing)
기업들이 자사 상품에 대한 고객의 구매를 의도적으로 줄임으로써 적절한 수요를 창출하는 마케팅 기법이다. 즉, 기업들이 상품을 많이 판매하기보다는 오히려 고객들의 구매를 줄임으로써 적절한 수요를 창출하고 장기적으로는 수익의 극대화를 꾀하는 것이다. 맥주회사가 고급 브랜드를 일정한 업소에만 선택적으로 공급하는 경우가 그 예이다.

### ◉ 스텔스 마케팅(Stealth Marketing)

소비자가 상술이라는 것을 전혀 인식하지 못하게 전개하는 브랜드 커뮤니케이션 전략으로 '언더커버 마케팅(Undercover Marketing)'이라고도 한다. 광고, PR의 홍수 속에서 일명 콘크리트 소비자라 불리는 현대인들에게 도전하는 기업은 더욱 새롭고 독특한 커뮤니케이션 방법을 모색해야 하는데, 이 방어막을 무력화시키고 마케팅 효과를 극대화하려는 노력의 수단이 스텔스 마케팅이다.

### ◉ 플래그십 마케팅(Flagship Marketing)

대기업과의 정면대결을 피하고, 자사의 특정 상품 브랜드를 집중적으로 마케팅 활동을 펼치면서 브랜드의 긍정적 이미지를 극대화하는 기법이다. 토털 브랜드(Total Brand) 전략과 반대되는 개념으로 기업인지도를 앞세워 매출 신장을 도모하는 것이 아니라 특정 브랜드의 매출신장에 힘입어 기업이미지를 개선하는 것이다.

## 콤플렉스

### ◉ 요나 콤플렉스(Jonah Complex)

인간이 가지고 있는 모태 귀소 본능을 일컫는 말로 구약성서에 나오는 요나(Jonah)의 이야기에서 유래되었다. 요나는 고래 뱃속에 들어 갔다가 나와 회개한 인물이다. 보통은 소년기 이하 미성년자들에게 잘 나타나는 것으로 과도하게 폐쇄적인 성격을 보이거나 유아기 혹은 아동기의 습관적 행동 및 퇴행적인 증상을 보인다. 쉽게 말해 어머니 뱃속 시절을 그리워하여 현실에 적응하지 못하는 것을 말한다.

### ◉ 나폴레옹 콤플렉스(Napoleon Complex)

키가 작은 사람들의 보상심리로 공격적이고 과장된 행동을 하는 것을 말한다. 나폴레옹 1세의 키가 작은 데서 연유한 말로 외모 · 가문 · 학력 등이 보잘 것 없었던 나폴레옹은 자신의 콤플렉스를 보상하려는 심리 때문에 진짜 나폴레옹이 될 수 있었다. 부족한 것을 보상하고 해소하려는 끝없는 욕구가 바로 도약을 위한 분발심을 불러일으킨 것으로, 자신의 콤플렉스에 대한 보상심리로 공격적이고 과장된 행동을 하는 심리적 요소를 가리킨다.

## ➡ 오이디푸스 콤플렉스(Oedipus Complex)

아들이 어머니에 대해 애정의 감정을 느끼면서 아버지에 대해서는 질투와 혐오를 지니는 경향이다. 정신분석학자 프로이트는 3~6세 사이의 남자아이가 이성인 어머니의 사랑을 독차지하기 위해 동성의 아버지를 경쟁자로 적대시하는 심리 현상을 오이디푸스 콤플렉스라고 하였다. 그리스 신화에서 오이디푸스는 테베의 왕 라이오스와 이오카스테 사이에서 낳은 아들인데 숙명적으로 아버지를 살해하고 스핑크스의 수수께끼를 풀어 테베의 왕이 되었다. 어머니인 줄 모르고 결혼한 그들은 그 사실을 알자 이오카스테는 자살하고 오이디푸스는 자기 눈을 뽑는다.

## ➡ 엘렉트라 콤플렉스(Electra Complex)

딸이 아버지에게 애정을 품고 어머니를 경쟁자로 인식하여 반감을 갖는 경향이다. 정신분석학에서 오이디푸스 콤플렉스와 대비되는 개념으로 프로이트가 이론을 정립하고 융이 이름을 붙였다. 그리스 신화에서 아가멤논의 딸 엘렉트라가 보여준 아버지에 대한 집념과 어머니에 대한 증오에서 유래하였다.

## ➡ 카인 콤플렉스(Cain Complex)

부모의 사랑을 독차지하기 위해 형제 간에 나타나는 심리적 갈등이나 적대감, 경쟁심을 말한다. 창세기에 등장하는 아담과 하와의 아들인 카인이 그의 동생 아벨을 시기하여 죽인 데서 유래하였다.

## ➡ 프로크루스테스 콤플렉스(Procrustes Complex)

모든 일을 자신의 잣대로 해석하고 안주하는 현상이다. 아테네의 영웅 테세우스가 괴물들을 물리치는 여행을 하던 중 침대를 가지고 여행객을 괴롭히는 프로크루스테스를 만났는데, 그는 나그네들을 자신의 침대에 눕혀서 침대보다 키가 크면 다리를 자르고, 작으면 늘여서 고통을 주었다던 데에서 유래했다.

## ➡ 메두사 콤플렉스(Medusa Complex)

환경 변화를 외면하게 만드는 지나친 자부심에서 기인한 말로, 원래 메두사는 매우 아름다운 소녀였으나 자신의 미모에 자만해 아테네 여신보다 예쁘다고 자랑하다가 벌을 받아 모든 남성이 혐오하는 괴물 신세가 되었다. 즉, 메두사 콤플렉스란 지나친 자부심으로 인해 위험에 빠지는 것을 의미한다.

### ⊙ 인피리어리티 콤플렉스(Inferiority Complex)

아들러의 이론체계인 개인심리학에서의 기본개념이다. 인간은 자기 안에 존재하는 열등한 요소를 인정하지 않으려는 경향이 있으며, 그것이 억압되어 일종의 콤플렉스로서 작용한다고 하였다. 이 콤플렉스가 강하면 침착하지 못하고 성급해지며, 걱정이 많고 남의 일을 생각하지 못하게 된다.

## 증후군

### ⊙ 라이 증후군(Reye Syndrome)

바이러스 감염(인플루엔자, 수두)에 걸린 어린이나 사춘기 청소년들이 치료 말기에 뇌압항진과 간장애 때문에 갑자기 심한 구토와 혼수 상태에 빠져 생명이 위험한 상태까지 이르는 질환이다.

### ⊙ 뮌하우젠 증후군(Munchausen's Syndrome)

병적으로 거짓말을 일삼고, 그럴듯하게 이야기를 지어내며, 결국 거짓말에 도취해 버리는 증후군을 말한다.

### ⊙ 스톡홀름 증후군(Stockholm Syndrome)

인질이 인질범에게 동화되어 그들에게 동조하는 비이성적 현상을 가리키는 범죄심리학 용어이다.

### ⊙ 리마 증후군(Lima Syndrome)

인질범들이 인질들에게 정신적으로 동화되어 자신을 인질과 동일시함으로써 공격적인 태도가 완화되는 현상을 가리키는 범죄심리학 용어이다.

### ⊙ VDT 증후군(Visual Display Terminal Syndrome)

컴퓨터 단말기를 오랜 시간 사용함으로써 발생하는 질병을 의미하는 것으로 'VDT(Visual Display Termial)'란 주로 컴퓨터 모니터를 말한다. VDT 증후군의 증상으로 가장 많은 것은 눈의 피로와 시력 저하이다.

### ⬇ 피터팬 증후군(Peterpan Syndrome)
성년이 되어도 어른들의 사회에 적응할 수 없는 어른아이와 같은 남성들이 나타내는 심리적인 증후군을 말한다.

### ⬇ 빈 둥지 증후군(Empty Nest Syndrome)
중년의 주부가 자기 정체성 상실을 느끼는 심리적 현상으로 '공소 증후군'이라고도 한다.

### ⬇ 새집 증후군(Sick House Syndrome)
집이나 건물을 새로 지을 때 사용하는 건축 자재나 벽지 등에서 나오는 유해물질로 인해 거주자들이 느끼는 건강상 문제 및 불쾌감을 말한다.

### ⬇ 리플리 증후군(Ripley Syndrome)
남들을 속이게 되는데 도가 지나쳐 점점 거짓말이 늘고 결국 자기 자신도 그 거짓이 진실인양 믿게 되는 증후군이다.

### ⬇ OA 증후군(OA Syndrome)
OA(Office Automation)의 도입과 함께 각종 컴퓨터의 비디오 표시장치를 취급하는 일을 하는 사람들에게 특유하게 발생하는 심신의 증상이다.

### ⬇ 아키바 증후군(Akiva Syndrome)
집중력이 천재를 만든다는 학설이다. 1세기경 유태인 목동 아키바가 실의(失意) 속에서 바위에 떨어지는 물방울이 구멍을 뚫는 것을 보고 대학자로 대성한 역사적 사례를 의학 용어로 원용한 것이다. 아인슈타인의 뇌 또한 천재는 타고나는 것이 아니라 후천적인 것임을 암시한다.

### ⬇ 아인슈타인 증후군(Einstein Syndrome)
지능이 일찍 발달한 어린이들이 말하는 능력이 늦게 발달하는 현상을 말한다.

### ⬇ 서번트 증후군(Savant Syndrome)
지적 장애를 가진 사람들이 이와는 대조적으로 특정 분야의 천재성을 동시에 갖게 되는 현상을 말한다.

● **파랑새 증후군(Bluebird Syndrome)**

장래의 행복만을 꿈꾸면서 현실에 만족하지 못하는 사람을 의미한다. 즉, 몽상가처럼 지금 시점에 만족하지 못하고 새로운 이상만을 추구하며 사는 것을 말한다.

● **LID 증후군(Loss Isolation Depression Syndrome)**

핵가족화에 기인한 노인들의 고독병을 말한다. 자녀들은 분가해서 떠나고 주위에 의지할 사람들이 하나둘 세상을 떠나면서 그 손실에 따른 고독감을 느끼고, 자녀와 떨어져 대화할 상대를 잃은 채 소외되기도 하는데, 이런 상태가 지속되면 우울증에 빠지게 되는 증상이다.

● **므두셀라 증후군(Methuselah Syndrome)**

과거는 항상 좋고 아름다운 것으로 생각하려는 현상을 말한다. 므두셀라는 성경에 나오는, 969세로 세상에서 가장 오래 산 인물이다. 그가 나이를 먹어갈수록 과거를 항상 좋게만 떠올리곤 했다는 데서 유래됐다.

● **리셋 증후군(Reset Syndrome)**

컴퓨터가 느려지거나 제대로 작동하지 않을 때, 리셋(Reset) 버튼만 누르면 처음부터 다시 시작할 수 있는 것처럼 현실 세계에서도 '리셋'이 가능할 것으로 착각하는 현상을 말한다.

● **샹그릴라 증후군(Shangrila Syndrome)**

시간적인 여유와 경제적인 풍요를 가진 시니어 계층을 중심으로 단조롭고 무색무취한 삶의 틀을 깨고, 젊게 살아가고자 하는 노력을 통틀어 샹그릴라 증후군이라고 한다. 샹그릴라는 영국의 소설가 제임스 힐튼의 〈잃어버린 지평선〉(1983)에 등장하는 이상적인 도시의 이름이다.

● **NIH 증후군(Not Invented Here Syndrome)**

집단 내부의 단결이 공고해지면서 외부의 새로운 시각이나 아이디어를 배척하게 되는 현상을 말한다.

### ➲ 슈퍼노바 증후군(Supernova Syndrome)
슈퍼노바(초신성)란 항성 진화의 마지막 단계에 이른 별이 폭발하면서 엄청난 에너지를 순간적으로 방출, 그 밝기가 평소의 수억 배에 이르렀다가 서서히 사그라지는 현상으로 심리학에서는 열심히 인생을 산 사람들이 성공 뒤 갑작스럽게 허탈감을 느끼는 것을 말한다. 주로 정상의 자리에 오른 CEO들에게 찾아온다.

### ➲ 번아웃 증후군(Burnout Syndrome)
오직 한 가지 일에만 몰두하던 사람이 신체적·정서적인 극도의 피로감으로 인해 무기력증이나 자기혐오, 직무 거부 등에 빠지는 증후군이다.

### ➲ 클레랑보 증후군(Clerambault Syndrome)
'연애망상증'이라고도 하며, 주로 여성에게 나타나지만 일부 폭력적인 남성에게도 나타난다. 자신이 애착을 가진 상대의 사소한 행동이 자신을 사랑하는 것 때문이라고 착각하는 병적 증후군이다.

### ➲ 스탕달 증후군(Stendhal Syndrome)
뛰어난 미술품이나 예술작품을 보았을 때 순간적으로 느끼는 각종 정신적 충동이나 분열 증상으로, 이 현상을 처음으로 기록한 스탕달의 이름을 따서 심리학자들이 명칭을 붙였다.

### ➲ 제노비스 증후군(Genovese Syndrome)
주위에 사람들이 많을수록 어려움에 처한 사람을 돕지 않게 되는 현상을 뜻하는 심리학 용어이다. 또한 어떠한 사건이 일어났을 때, 다른 사람들은 어떻게 행동하는가에 따라 판단하여 행동하는 현상을 의미한다. '대중적 무관심' 또는 '구경꾼 효과'라고 하기도 한다.

### ➲ 모글리 증후군(Mowgli Syndrome)
애니메이션 〈정글북〉의 주인공 모글리처럼 인간과의 소통이 되지 않는 것이 특징으로 오랜 시간 동물과 함께 지내면서 그 행동과 언어를 닮아 가는 것을 말한다.

## 사람 관련 용어

### ⬩ 더블 스쿨맨(Double School Man)
화이트칼라를 지향하지만 샐러리맨은 되기 싫은, 즉 전문직을 선호하는 사람을 지칭하는 말이다.

### ⬩ 모라토리엄족
휴학으로 사회 진출을 미룬 학생들을 지칭하는 말로, 채무상환 기간에 외채가 많아 채무상환 기간을 일시적으로 연기한다는 뜻의 '모라토리엄'에서 유래했다.

### ⬩ 캥거루족
과잉보호나 취직난 등 때문에 나이가 들어서도 부모 품을 떠나지 못하는 젊은이들로 마치 어미 주머니 속 새끼 캥거루처럼 부모에게 의지해 사는 젊은 세대를 가리킨다.

### ⬩ 프리터(Freeter)족
필요한 돈이 모일 때까지만 일하고 쉽게 일자리를 떠나는 사람들로, 일본에서 유행하는 집단이다. 일본 노동성은 이들을 아르바이트나 시간제로 돈을 버는 15~34세의 노동인구라고 정의한다.

### ⬩ 딩크(DINK)족
'Double Income No Kids'의 머리글자를 딴 것으로 자녀 없이 부부만의 생활을 즐기는 사람들을 말한다.

### ⬩ 딘스(DINS)족
'Double Income No Sex'의 머리글자를 딴 것으로 세계적인 경제 불황으로 치열한 경쟁사회에서 생존하려고 몸부림치는 맞벌이 부부들에게 물리적인 시간의 부족과 스트레스, 피로누적 등의 이유로 성관계(Sex) 없는 결혼생활을 영위하는 세태를 가리키는 말이다.

### 🔸 노노스(Nonos)족

명품 브랜드가 각 소비 계층에 폭넓게 확산되자 아예 브랜드를 없애고 디자인을 차별화한 노노스는 '노 로고(No Logo), 노 디자인(No Design)'의 줄임말로 장식과 과시에 집착하는 대신, 겉으로 드러나지 않는 명품을 즐기는 계층을 일컫는 말이다.

### 🔸 예티(Yetties)족

젊고(Young), 기업가적이며(Entrepreneurial), 기술에 바탕을 둔(Tech Based) 인터넷 엘리트를 말한다. 지난 1980년대 새로운 소비문화의 주도층으로 부상했던 여피족과는 달리 예티족은 옷이나 넥타이에 신경을 쓰지 않는다.

### 🔸 그럼피(Grumpy)족

'Grown up mature professional(성숙한 전문인)'에서 유래한 말로, 부와 명성을 추구하는 여피족과는 달리 기존 가치관에 도전하는 성숙한 직업인을 가리키며 미국의 새로운 주도세력으로 주목되고 있다.

### 🔸 그린 노마드(Green Nomad)족

도심 속에 살면서 자연을 추구하는 사람들로 산과 바다 등 자연을 찾아가지 않고도 현재 살고 있는 집과 사무실을 친환경적인 공간으로 만드는 등 도심 속에서 자연을 느끼는 새로운 소비층이다.

### 🔸 로엘(LOEL)족

가족을 위한 소비보다 자신의 외모나 스타일을 단장하는데 적극적으로 소비하는 중년 남성을 뜻한다. 공중파에서 인기리에 방영됐던 드라마 <시크릿 가든>의 남자 주인공이 운영하는 백화점 이름에서 탄생했다.

### 🔸 통크(TONK)족

'Two Only No Kids'의 머리글자를 딴 것으로 자녀에게 의지하지 않고 살려는 노부부를 말한다.

### 🔸 듀크(DEWK)족

'Dual Employed With Kids'의 머리글자를 딴 것으로 맞벌이를 하더라도 아이는 꼭 갖는다는 사람들로, 이들은 자녀를 적게 낳아 남부럽지 않게 키우려고 한다.

## 🔸 니트(NEET)족
'Not in Education, Employment or Training'의 머리글자를 딴 것으로 교육을 받는 학생도 아니면서 구직 활동은커녕 직업훈련도 받지 않는 사람들을 말한다.

## 🔸 잡 노마드(Job Nomad)족
직업을 따라 유랑하는 유목민이라는 뜻으로 평생직장 개념이 사라진 뒤 일을 좇아 직장을 옮겨다니는 사람들을 말한다. 직장이라는 공간에 얽매이지 않고 자유롭고 능동적으로 삶을 개척해 나가는 것이 특징이다. 독일의 미래학자 군둘라 엥리슈의 저서 〈잡 노마드 사회〉에서 처음 나왔다.

## 🔸 노블레스 노마드(Noblesse Nomad)족
명품, 골동품 등 물건을 소유하는 대신 여행, 레저, 공연 관람 등 무형의 경험을 수집하는 새로운 소비자층이다. 귀족적 유목민이라는 의미로 노블레스 노마드족으로 불린다.

## 🔸 좀비(Zombie)족
조직 내에서 주체성 없이 무사 안일주의에 빠진 이들을 비꼬는 것으로 오로지 요령과 처세술만으로 소극적으로 행동하는 직장인을 가리킨다.

## 🔸 글루미(Gloomy)족
자기 혼자만의 시간을 즐기는 사람들을 말한다. 사전적 의미는 '우울한 사람들'이지만 역으로 글루미족은 고독 · 우울 · 침울한 기분 등을 자기만의 자유로운 공간에서 즐기며 극복하려는 사람들이다.

## 🔸 노무(NOMU)족
'No More Uncle'의 줄임말로 나이와 상관없이 자유로운 사고와 생활을 추구하는 40~50대를 말한다. 노무족은 자신의 외모에 관심을 갖고, 다방면에서 자기계발에 힘쓰며, 다른 세대와의 융합에 적극적이다.

## 🔸 나토(NATO)족
'No Action Talking Only'의 줄임말로 나토족은 일반적으로 자신에게 할당된 업무만을 수행하고 나머지는 허황되게 말만 할 뿐 실천하지 않는 직장인을 일컫는다.

## 네스팅(Nesting)족

네스팅족은 '새가 둥우리를 짓다'라는 뜻의 'Nest'에서 이름 붙여진 것으로 '신가정주의'를 뜻한다. 이들은 단란하고 화목한 가정 분위기를 무엇보다 중요시하고 이에 따른 집안 가꾸기에 열중하는 사람들로 일이나 돈, 명예보다도 가정을 중요하게 여긴다.

## 갤러리(Gallery)족

주인의식을 갖고 일을 하기보다는 구경꾼처럼 회사생활을 하는 직장인을 말한다. 이들은 장기적인 회사의 비전보다 당장 보너스, 휴가 등에 관심을 쏟으며 책임질 일은 적극적으로 회피하는 특징이 있다.

## 슬로비(Slobbie)족

1990년대 미국을 중심으로 느리게 살면서 물질보다 마음, 직장보다 가정을 중시하는 사람들을 말한다. 이들은 고액연봉을 받고 벤처 등지로 옮기는 사람 못지않게 능력을 인정받으면서도 묵묵히 자기 자리를 지키는 특성이 있다.

## 코쿤(Cocoon)족

이들은 '나홀로족'의 유형 중 하나로 바깥 세상에서 도피해 자신만의 공간에 머문다. 그곳은 대부분 방안이며, 가끔 튜닝한 자동차가 되기도 한다. 요즘은 인터넷, 게임 등을 매개로 한 사이버 코쿤족도 많다.

## 욘(Yawns)족

젊고 부자지만 평범한 삶을 좋아하고 추구하는(Young and Wealthy but Normal) 사람을 말한다.

## 보보스(Bobos)족

부르주아(Bourgeois)의 물질적 실리와 보헤미안(Bohemian)의 정신적 풍요를 동시에 누리는 미국의 새로운 상류 계급을 가리키는 용어다. 부르주아와 보헤미안의 합성어로 '보보'라고도 한다. 이들은 히피나 보헤미안처럼 자유로운 정신을 유지하면서 예술적 고상함을 향유하는 데 힘쓴다.

### ● 신디스(Sindies)족

'Single Incomed Newly Divorced Woman'의 줄임말로 이혼은 했지만 경제적으로 능력 있는 당당한 여성을 말한다. 깔끔하면서도 지적이며 주로 전문직에 종사하는 경우가 많다.

### ● 로하스(LOHAS)족

'Lifestyles of Health and Sustainability'의 약어로, 건강이나 환경의 지속 가능성, 사회적 책임 등 자신의 가치관에 비춰 구매결정을 하는 친환경적·합리적 소비 패턴을 지향하는 사람들을 일컫는다. 로하스라는 용어는 1999년 콘셔스미디어의 테드닝 광고국장이 처음으로 사용했으며, 미국 전체 소비자의 27%인 5,500만명이 로하스족의 특성을 지니고 있는 것으로 알려진 바 있다. 이는 전체 인구의 4분의 1이 넘는 숫자로, 한때 미국에서 유기농과 요가 열풍을 주도했다.

### ● 디제라티(Digerati)

'디지털(Digital)'과 '지식 계급(Literati)'의 합성어로서 정보화 시대에 선도적 역할을 하는 디지털 지식으로 무장한 신흥 지식 계급을 말한다.

### ● 오팔(OPAL)족

'Old People with Active Life'의 줄임말로 고령화 사회로 접어들면서 여전히 왕성한 취미·직업 활동을 하는 노인들을 말한다. 이들은 조용히 시간을 보내며 현재에 만족하는 삶을 사는 것이 아니라 적극적이고 활동적으로 자신의 삶을 아름답게 가꾸어 가며 사는 노인들을 일컫는다.

### ● 키덜트(Kidult)족

키덜트는 어린아이를 뜻하는 '키드(Kid)'와 성인을 뜻하는 '어덜트(Adult)'의 합성어로 어른이 되어서도 어린이의 취미를 즐기고 어린이의 감수성을 지닌 성인을 말한다.

## 주링허우(九零後) 세대

1990년대 중국에서 출생한 세대로, 부모의 경제적인 풍요로움을 기반으로 자기중심적인 성격이 강한 것이 특징이다. 또한 시대의 변화에 민감하고 각자의 개성이 뚜렷하며, 해외 쇼핑관광을 즐긴다. 주로 화장품, 패션, IT 기기에 관심이 많다.

## MZ세대

1980년대 초~2000년대 초 출생한 밀레니얼 세대(Millennialls)와 1990년대 중반~2000년대 초반 출생한 Z세대를 합친 말이다. MZ세대의 개념을 처음으로 제시한 〈트렌드 MZ 2019〉에 따르면 이들의 트렌드가 사회 주류 트렌드로 진화하는 데에 걸리는 시간은 1년 내외일 것이라고 예상되기도 했다. MZ세대의 등장으로 각 업계에서는 이들을 사로잡기 위한 다양한 마케팅이 등장하고 있다.

## 애플(APPLE) 세대

대단히 활동적(Active)이고 자부심(Pride)이 강하면서도 여유와 안정(Peace)을 지니고 있고, 고급문화(Luxury)를 추구하면서 경제력을 소유한(Economy) 노년층을 일컫는 말이다.